古典文獻研究輯刊

三九編

潘美月・杜潔祥 主編

第20冊

為功名而讀
——晚宋古文選本研究(下)

岑天翔 著

國家圖書館出版品預行編目資料

為功名而讀——晚宋古文選本研究（下）／岑天翔 著 -- 初版
-- 新北市：花木蘭文化事業有限公司，2024〔民 113〕
目 4+168 面；19×26 公分
（古典文獻研究輯刊 三九編；第 20 冊）
ISBN 978-626-344-940-4（精裝）
1.CST：古文 2.CST：科舉 3.CST：研究考訂 4.CST：宋代
011.08   113009814

ISBN-978-626-344-940-4

9 786263 449404

古典文獻研究輯刊
三九編　第二十冊　　　　　　　ISBN：978-626-344-940-4

為功名而讀
——晚宋古文選本研究（下）

作　　者　岑天翔
主　　編　潘美月、杜潔祥
總 編 輯　杜潔祥
副總編輯　楊嘉樂
編輯主任　許郁翎
編　　輯　潘玟靜、蔡正宣　美術編輯　陳逸婷
出　　版　花木蘭文化事業有限公司
發 行 人　高小娟
聯絡地址　235 新北市中和區中安街七二號十三樓
　　　　　電話：02-2923-1455／傳真：02-2923-1400
網　　址　http://www.huamulan.tw 信箱 service@huamulans.com
印　　刷　普羅文化出版廣告事業
初　　版　2024 年 9 月
定　　價　三九編 65 冊（精裝）新台幣 175,000 元　　版權所有・請勿翻印

為功名而讀
——晚宋古文選本研究（下）

岑天翔 著

作者簡介

岑天翔，一九九六年生，浙江慈溪人。二〇一四至二〇一八年就讀於華中師範大學文學院，期間赴澳門大學中國文學系交換留學。後就讀於臺灣大學中國文學系，於二〇二一年獲文學碩士學位。現為日本學術振興會特別研究員（DC2），大阪大學人文學研究科博士後期課程，主持日本學術振興會研究課題「南宋士大夫の內面と詩に關する研究——鄉里との結びつきに著目して」（23KJ1429）。研習宋代文獻與文學之餘，亦愛好現地探訪文化史蹟。

提　　要

　　本書在重建書籍生產及使用活動的歷史語境的基礎上，運用版本目錄學、西方書籍史等研究方法，對晚宋時期（1208～1279）的古文選本進行了綜合性的研究。

　　本書上編為「綜論編」，探討晚宋時期古文選本的興起緣由、生成機制、閱讀活動、知識體系，以及與理學的關係等問題。主要觀點如下：第一，古文選本中附加的評語及點抹符號實源自科舉考官評閱試卷的形式，並且在商業出版的助力下得以廣泛流行。第二，晚宋古文選本的編者出現身分下移的新動向，由此產生「純為舉業者設」的編輯目的及「彙編式」的生成機制；同時在書坊的商業化運作下其物質形態與文本內容亦頻遭改動，呈現出功利化的取向。第三，作為晚宋古文選本主要讀者的中下層士人形成一種閱讀習慣——即利用注解、評語、點抹符號等迅速與精準地理解文章主旨及精要處；這種功利化的閱讀方法對晚宋士人文化產生影響，形成了「讀書偷惰」、「學風惡化」等社會風尚。第四，從晚宋古文選本可以看出時人有關古文概念、編輯體例、文體分類、經典形塑、文章解說等方面認識的變化，晚宋古文之學趨向實用性、功利化發展。第五，晚宋時期以古文選本為代表的科舉參考書積極選錄及改編理學文本，這對理學的向下傳播起到正向作用，但同時也對理學造成傾向性篩選及思想轉化等影響。

　　本書下編為「個案編」，利用傳統版本學的研究方法，針對《文章正印》、《回瀾文鑑》兩部稀見晚宋古文選本進行個案研究。《文章正印》僅見臺北故宮博物院庋藏，屬「彙編式評點選本」，選文偏好宋人文章，尤其是選入大量南宋理學家的文章；在彙編前人評注時，尤為看重樓昉與呂祖謙的評點。該書與《古文集成》存在文獻因襲關係，既有保存宋人佚文、佚著的文獻價值，又有揭示晚宋理學文化與古文之學互滲情勢的重要意義。《回瀾文鑑》僅存三個版本，該書選文傾向於選錄南宋同時代的作家與作品；評點特色體現為標揭立意議論，尤重識見與新奇；注重揭示篇章結構、行文方法、造語修辭等，在宋代古文評點與文章學的發展脈絡中有著一定的意義。

　　附錄三篇則是利用南宋古文選本輯考楊萬里、胡銓、馬存等宋人佚文，以及王安石佚著《淮南雜說》的成果。

目

次

上 冊

第壹章 緒 論 ……………………………………… 1

第一節 研究緣起 ………………………………… 1

第二節 文獻回顧 ………………………………… 5

一、古文選本與評點的研究 …………………… 6

二、科舉考試用書與思想文化的研究 ………… 11

第三節 研究進路 ………………………………… 15

第四節 概念界定 ………………………………… 18

一、關於「晚宋」概念的界定 ………………… 18

二、關於「古文選本」概念的界定 …………… 19

三、關於「中下層士人」概念的界定 ………… 21

上編 綜論編 …………………………………… 23

第貳章 科舉社會與商業出版:晚宋社會與古文
選本的起源及流行 ………………………… 25

第一節 走向近世:晚宋的歷史意義 …………… 25

一、失落的晚宋研究 …………………………… 25

二、中國社會的「近世轉型」 ………………… 27

三、晚宋社會文化中的「近世性」 …………… 30

第二節　科舉社會與商業出版：晚宋的歷史語境…35
　一、晚宋的科舉社會……………………………35
　二、晚宋的商業出版……………………………44
第三節　古文選本的起源與流行………………52
　一、前人的研究與拓展的空間………………52
　二、古文選本評語起源問題新探……………53
　三、古文選本點抹符號起源問題新探………56
　四、科舉社會、商業出版與古文選本的流行‥63

第參章　編輯、出版及閱讀：晚宋古文選本的
　　　　書籍史考察……………………………67
第一節　晚宋古文選本的編輯…………………67
　一、編者的身分與群體來源…………………68
　二、書籍性質與編輯目的……………………72
　三、生成機制與選文傾向……………………78
第二節　晚宋古文選本的出版…………………84
　一、商業書坊與出版競爭……………………84
　二、書籍形製的動態改易……………………88
第三節　晚宋古文選本的閱讀…………………98
　一、中下層士人的閱讀社群…………………98
　二、書籍形式與讀者閱讀活動的重構………102
　三、科舉參考書與晚宋閱讀文化的形塑……108

第肆章　為功名而讀：古文選本所見晚宋古文
　　　　之學的變容……………………………115
第一節　「古文」概念的流衍…………………115
　一、精英式的「古文」概念…………………116
　二、通俗化的「古文」概念…………………122
第二節　編次體例的新變………………………127
　一、編次體例的多元化………………………128
　二、文體知識的精細化………………………132
第三節　經典譜系的形塑………………………136
　一、作家的經典化……………………………136
　二、文本的經典化……………………………139
　三、批評的經典化……………………………142

第四節　文章解說的轉軌 …………………… 144

一、從「無法」到「有法」 ……………… 144

二、晚宋古文選本與法度觀念的強化 ……… 148

第伍章　俗化一大厄？：科舉參考書所見晚宋
理學的向下傳播及思想變容 ………… 157

第一節　前言 ………………………………… 157

第二節　選粹與類編：科舉參考書對理學文本的
選錄與改編 ………………………… 159

一、時文選本對理學學說的吸收 ………… 159

二、古文選本對理學文本的採摭 ………… 160

三、類編書籍對理學著作的改編 ………… 161

第三節　刊刻流布：科舉參考書與理學的向下
傳播 ………………………………… 163

第四節　俗化一大厄？──科舉參考書與理學的
思想變容 …………………………… 166

一、文本的篩選 …………………………… 166

二、結構的改造 …………………………… 168

三、文學性的評點 ………………………… 170

第五節　餘論 ………………………………… 173

下　冊

下編　個案編 ………………………………… 175

第陸章　《文章正印》考論 ………………… 177

第一節　版式特徵與著錄流傳 ……………… 177

第二節　編次體例與編選好尚 ……………… 180

一、選文的體例與編選好尚 ……………… 180

二、批點的體例與編選好尚 ……………… 182

第三節　與《古文集成》之關係 …………… 184

第四節　文獻價值與文章學意義 …………… 188

一、文獻價值 ……………………………… 188

二、文章學意義 …………………………… 192

第柒章　《回瀾文鑑》考論 ………………… 195

第一節　版本、體例及性質 ………………… 195

一、兩種版本敘錄 …………………… 195

二、編者及成書時間 ………………… 199

三、編輯體例 ………………………… 200

四、書籍性質 ………………………… 201

第二節　選文好尚與評點特色 ………… 202

一、選文好尚 ………………………… 202

二、評點特色 ………………………… 205

第三節　文獻價值與文章學意義 ……… 211

一、文獻價值 ………………………… 211

二、文章學意義 ……………………… 212

第捌章　結　語 …………………………… 217

附錄壹　《全宋文》失收佚文三十五篇輯錄 ……… 223

附錄貳　馬存文章的輯佚、考證及研究 ……… 263

附錄參　王安石《淮南雜說》的輯佚與研究 …… 281

引用書目 …………………………………… 311

後　記 ……………………………………… 339

圖目次

附圖一　宋代社會分層示意圖 ………………… 22

附圖二　宋刊本《文章正印》卷首序書影 ……… 178

附圖三　宋刊本《文章正印》別集卷十一書影 … 181

附圖四　宋刊本《文章正印》前集卷一書影 …… 183

附圖五　明鈔本《回瀾文鑑》卷首目錄書影 …… 198

附圖六　明鈔本《回瀾文鑑》卷一書影 ……… 199

表目次

附表一　晚宋刊印古文選本題名例舉 ……………… 89

附表二　晚宋古文選本行格及版框尺寸例舉 ……… 93

附表三　宋代《崇古文訣》選目動態變化表 ……… 94

附表四　南宋古文選本選錄唐宋八大家作品統計 · 138

附表五　《文章正印》收錄宋人佚文統計 ……… 189

附表六　《回瀾文鑑》選錄作家作品統計 ……… 202

下編　個案編

　　本書的「綜論編」主要就晚宋古文選本的生成、閱讀，以及與古文之學、理學的關係進行了整體性的考察；「個案編」希望轉而針對晚宋古文選本展開個案研究，致力於考述版本文獻、書籍體例，抉探選文好尚與評點特色，發覆文獻價值及文章學意義。透過此一「點與面交織」、「文獻與文化結合」的形式，希望為讀者呈現出一個較為全面且深入的關於晚宋古文選本的圖景。

　　鑒於《古文集成》、《妙絕今古文選》、《文章百段錦》、《文章軌範》等四種晚宋古文選本，目前學界已經有一定的研究，版本文獻、書籍體例相關的基礎問題已經得到釐清。職是之故，以下主要圍繞學界幾乎完全忽視卻頗為重要的兩部晚宋古文選本，進行專門的個案研究。這兩部選本分別是：

　　甲，臺北故宮博物院庋藏之《文章正印》。

　　乙，中國南京圖書館及寧波天一閣博物館庋藏之《回瀾文鑑》。

第陸章　《文章正印》考論

　　檢視目前學界關於南宋古文選本的研究，成書於晚宋的《新編諸儒批點古今文章正印》幾乎完全為學界忽視。〔註1〕這大概是因為《文章正印》目前僅存臺北故宮博物院庋藏的一部宋刻本（統一編號：贈善 003410-003425），久藏深櫃，難得一見。但此書具有重要的文獻價值，利用此書可以輯佚得若干宋人文章；同時此書體現了一種新的古文選本的編輯形態，對於文章學研究亦頗具價值，對此書加以研探，有助於深化對晚宋選本文化的認識。

第一節　版式特徵與著錄流傳

　　臺北故宮博物院庋藏宋刻《文章正印》共有十六冊，分前、後、續、別四集。其中，前集、後集各十八卷，續集、別集各二十卷。封面題署「文章正印」，卷首有咸淳九年（1273）通直郎簽書武安軍節度判官廳公事劉震孫的序文，及「新編諸儒批點古今文章正印目錄前集」（黑圍陰刻）。卷末附有咸淳九年（1273）迪功郎饒州州學教授廖起山伯高的序文。正文卷首題作「新編諸儒批點古今文章正印卷之一前集（墨圍陰刻），通直郎簽書武安軍節度判官廳公

〔註 1〕　就筆者所見，目前海內外未有論著專門研究《文章正印》一書，僅有魏希德、李由二人在研究中曾利用到此書。魏希德以科舉選本作為研究對象，討論南宋科舉考試標準之轉變，曾將此書作為晚宋科舉選本的一種，稍作考察。儘管魏氏論述的內容不多，但觀點頗具啟發意義。李由曾利用此書及《古文集成》作為旁證，考辨樓昉《崇古文訣》版本系統，關於此書本身的討論並不多。參見〔比利時〕魏希德著，胡永光譯：《義旨之爭：南宋科舉規範之折衝》（杭州：浙江大學出版社，2015 年），頁 232～234。參見李由：《樓昉《崇古文訣》版本新考》，《文獻》，2017 年第 4 期，頁 7～17。

事劉震孫類編，迪功郎新饒州州學教授廖起山校正」。後集以下每集之首有目錄，卷首題之體式皆與前集相同。是書半葉十三行，行二十四字，注小字雙行（僅刻右行，左行則空白），黑口，左右雙邊，雙黑魚尾，附刻圈、點、抹等評點記號。別集卷末有「戊子歲陽月日置」的識語。有「五福／五代／堂寶」（朱方）、「八徵／耄念／之寶」（朱方）、「太上／皇帝／之寶」（朱方）、「天祿／繼鑑」（朱方）、「乾隆／御覽／之寶」（朱橢）、「天祿／琳琅」（朱方）等鈐印。〔註2〕

附圖二　宋刊本《文章正印》卷首序書影

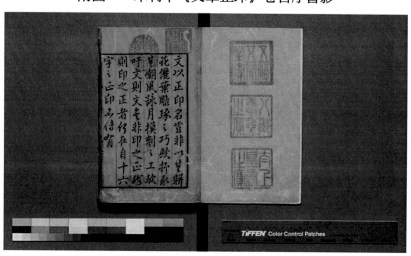

（國立故宮博物院藏本，經館藏單位授權刊佈）

卷首劉震孫的序文且介紹了此書的編纂緣起與旨趣，可資學界參考，具有一定的價值。但該文未見《全宋文》收錄，研究者得見不易，茲將全文抄錄如下：

> 文以正印名，豈非以其駢花儷葉，雕琢之巧歟？抑取其嘲風詠月，模刻之工歟？吁！文則文矣，非印之正。然則印之正者何在？自十六字之正印不傳，有考亭夫子以精察危微，一純渾融，著為《中庸》之序，則堯舜之正印得所傳。自六五字之正印不續，有康節先生以

〔註2〕 日本學者阿部隆一撰寫的《故宮博物院藏沈氏研易樓捐贈宋元版本志》與劉薔的《天祿琳琅知見書錄》，針對《文章正印》的版式特徵有更為詳細的介紹，分別參見〔日〕阿部隆一：《增訂中國訪書志》（東京：汲古書院，昭和五十八年〔1983〕），頁740。劉薔：《天祿琳琅知見書錄》（北京：北京大學出版社，2017年），頁264。

元會運世，演為皇極之訓，則箕子之正印有所屬。是之為印，乃印之正。否則心不印乎古，文欲耀乎今，猶輪猿飾，而人弗庸，徒飾矣。故太元擬易，而不印乎易？五行論法疇，而不印乎疇？文乎，文乎，其貴於有正印也。如此古今之文固多，而行於世者亦眾，有以「層瀾」名者，未必皆倒峽障川之文，有以「奧論」名者，未必皆出幽入冥之語，又有以「崇古」名者，未必皆尚商盤周誥之作。文之正印如此，夫是編上溯乎古，近採諸今。凡諸儒之著述，前輩之批點，莫不具備，誠可謂集古今之大成矣。學者玩味，因批以求意之相關，因點以觀文字之造妙，則胸中洞融，筆下滂霈，擢棘闈、冠蘭省、魁楓陛，纍纍之印垂金，腰間之印如斗，皆自此正印中來矣，顧不偉歟。咸淳九年癸酉詔歲正印望日，通直郎簽書武安軍節度判官廳公事賜緋魚袋，劉震孫東叟序。〔註3〕

卷末有廖起山撰寫的後序，亦未見《全宋文》收錄，茲將全文抄錄如下：

正印亦未嘗刊磨也。至我朝關洛諸儒相與明道，及考亭而集厥大成，其視吾夫子之〔金〕〔註4〕聲玉振者，同一符契，斯其正印之攸屬歟。梅石劉君東叟類古今之文而成編，名之曰《文章正印》。余館其西塾，與纂輯之意，因敘於卷端，為知道告君子正而不它，必有能傳千古之印者。時咸淳癸酉二月朔日，迪功郎饒州州學教授廖起山伯高習庵序。〔註5〕

根據卷首南宋咸淳九年（1273）正月劉震孫之序，以及卷末咸淳九年（1273）二月廖起山之序，則《文章正印》當刊刻於南宋咸淳九年（1273）。根據阿部隆一的判斷，此書符合宋末建刻本的版式特徵，則此書應是劉震孫在福建建陽地區刊刻。宋元時期，《文章正印》未見任何書目著錄，亦未見時人文集、筆記中提及。至明代，則有馮繼科纂修之《（嘉靖）建陽縣志》卷五「書坊書目」條下，著錄有「《文章正印》」一書，當即此書。〔註6〕這應該是

〔註3〕〔宋〕劉震孫編：《新編諸儒批點古今文章正印》（臺北故宮博物院藏南宋咸淳九年〔1273〕刻本），卷首，頁1a～4a。

〔註4〕「聲玉振者」前一字，原書因蟲蛀嚴重，已經無法辨識。依據上下文意，推測可能為「金」字。

〔註5〕〔宋〕劉震孫編：《新編諸儒批點古今文章正印》（臺北故宮博物院藏南宋咸淳九年〔1273〕刻本），卷末，頁1a～2b。

〔註6〕〔明〕馮繼科纂修：《建陽縣志》（上海：上海古籍書店，1962年，《天一閣藏明代方志選刊》影印明嘉靖三十二年〔1533〕刻本），卷5，頁25b。

目前所見關於《文章正印》最早的著錄記錄。〔註7〕此後，該書成為清宮天祿琳琅藏書，《天祿琳琅書目後編》曾著錄此書。〔註8〕據《溥儀賞溥傑宮中古籍及書畫目錄》著錄，此書於宣統十四年（1922）八月十六日賞溥傑，當是溥儀假賞溥傑之名而售於市。〔註9〕此書後由沈仲濤購得，一直為沈仲濤之研易樓收藏，至一九八○年，沈氏將此書在內的研易樓藏書，悉數捐贈臺北故宮博物院。〔註10〕後由臺北故宮博物院收藏至今。

第二節　編次體例與編選好尚

正如劉震孫序文所揭，《文章正印》是採選歷代諸家各類文章，並且彙編前人的評語、圈點而成。本節主要討論《文章正印》的選文與彙編前人批點的體例，嘗試勾勒《文章正印》一書的編輯體例；同時探析此書在選文與彙編批點時體現的編選好尚。

一、選文的體例與編選好尚

《文章正印》的編者具有較為清晰明確的文體意識。全書以文體為綱進行類編，前集選錄書、記二類，後集選錄序、說二類，續集選錄論、銘、箴三類，別集選錄傳、贊、頌、碑、圖、解、辨、原、辭九類。《文章正印》的分類編排，體現了南宋人的古文觀念，以及對於文體分類的認識，具有重要的文體學意義。南宋古文評點選本多以作者為綱進行編纂，如呂祖謙《古文關鍵》、樓昉《崇古文訣》、謝枋得《文章軌範》等書皆是如此，但《文章正印》以文體作為優先關注的對象，將作家、作品分散至不同的文體之中，淡化了作家的個性與風格。這反映了晚宋時期古文文本的閱讀、評點存在著複雜多元的面向。

〔註7〕 祝尚書謂：「是書未見於明人書目，今知最早著錄者為《天祿琳琅書目後編》。」此說恐失察。參見祝尚書：《宋人總集敘錄（增訂本）》（北京：中華書局，2019年），頁458。

〔註8〕 〔清〕彭瑞元等撰，徐德明標點：《天祿琳琅書目後編》（上海：上海古籍出版社，2007年），卷7，頁560。

〔註9〕 中國第一歷史檔案館編：〈溥儀賞溥傑宮中古籍及書畫目錄（上）〉，《歷史檔案》，1996年第1期，頁90。

〔註10〕 魏美月：〈研易樓主沈仲濤捐贈宋版圖書始末〉，《故宮文物月刊》第13期（1984年4月），頁138～143。昌彼得：〈志存文獻名留宛委——悼念沈仲濤先生〉，《故宮文物月刊》第124期（1993年7月），頁4～9。

　　《文章正印》選文的編選好尚，同樣值得注意。就時代而言，該書選文更傾向於選錄宋代的文章。全書近六百篇選文，唐代及唐以前的文章只有一百篇左右，而宋人文章則接近五百篇。特別是南宋的文章則被編者大量選入書中，佔據了該書選文的絕大部分。顯然該書的編者更加看重同時代的文章。

　　《文章正印》編選的文體同樣有創新獨到之處。該書創設並選錄了「圖」類文體，此舉在先前的古文選本中從未出現。《文章正印》選錄的「圖」，皆是太極、八卦相關的易學圖。其編排形式一般是先配一幅易學圖，之後再附上一段或幾段前儒的解說文字。如別集卷十一收錄〈河圖象數圖〉、〈洛書範數圖〉，圖後又節錄朱熹《易學啟蒙》、〈書河圖洛書後〉中的相關文字，作為易學圖的解說。此卷另收錄〈九疇本大衍數之圖〉、〈太極貫一圖〉，圖後皆附有合沙先生鄭東卿的解說文字。再如卷十二收錄〈伏羲始畫八卦之圖〉，圖後附蔡元定、朱熹的解說文字；收錄〈伏羲八卦正位之圖〉，圖後附邵伯溫、蔡元定《皇極經世指要》、朱熹〈原卦畫〉的解說文字。

附圖三　宋刊本《文章正印》別集卷十一書影

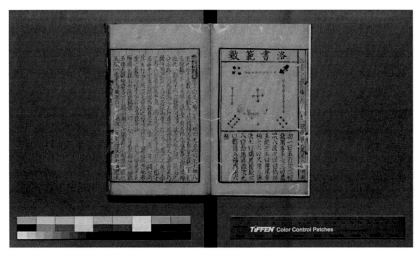

（國立故宮博物院藏本，經館藏單位授權刊佈）

　　《文章正印》選文的另一大特色，在於前所未有地大量選錄了宋代理學家的文章。據筆者統計，《文章正印》選錄朱熹文章五十六篇，張栻三十篇，呂祖謙九篇，程頤八篇，胡宏七篇，其餘周敦頤、邵雍、張載、黃榦、劉子翬等各有若干篇文章入選。反觀先前古文選本最常入選的古文家作品，以作為古文典範的「韓柳歐蘇」的作品為例，《文章正印》分別選錄韓愈文章三十二

篇，柳宗元十七篇，蘇軾二十三篇，歐陽脩二十二篇，數量上相比理學家處於劣勢。就篇目而言，南宋理學家闡發心性學說以及理學修養工夫的經典文本，都被編者納入至古文選本閱讀、評點的體系之中，如張載的〈西銘〉、〈東銘〉，朱熹的〈中庸章句序〉、〈大學章句序〉，以及張栻的〈主一箴〉等都悉數入選。

再如前文所述，該書創新地選錄「圖」類文體，這也反映了該書選文的理學傾向。因為這些太極、八卦相關的易學圖，正是南宋理學家熱衷討論的內容；圖後附錄的解說文字，也都出自朱熹、蔡元定等理學家之手，體現了理學的思想內容。就理學派別而言，《文章正印》選錄易學圖，尤其是受到以邵雍為首的象數易學派的影響。劉震孫在序文中即表達了對於邵雍學術的推重，認為邵雍的學術是繼承了箕子的正統學說。〔註11〕經翻檢比對，該書選錄的易學圖實際是抄撮彙編自蔡元定的《皇極經世指要》，其中〈伏羲始畫八卦之圖〉、〈伏羲八卦正位之圖〉、〈六十四卦方圖〉、〈六十四卦圓圖〉、〈經世演易之圖〉、〈經世天地四象之圖〉等六幅圖及圖後的部分解說文字都來自於蔡元定的《皇極經世指要》。〔註12〕而蔡元定正是邵雍易學的繼承者，蔡氏的《皇極經世指要》一書正是為解釋邵雍的《皇極經世書》而作，書中對邵雍學術進行了傳承與闡發。〔註13〕由此亦可觀察《文章正印》推重邵雍象數易學的學術旨趣。

二、批點的體例與編選好尚

《文章正印》在選錄古今文章的同時，將前人針對這些文章的評語、注釋、圈點彙整於一書之中。編者劉震孫對這些批注頗為看重，在他看來，讀者閱讀這些批點，一方面能夠準確深入地理解文章意義，另一方面也能幫助欣賞

〔註11〕劉震孫在序文中提及：「自六五字之正印不續，有康節先生以元會運世，演為皇極之訓，則箕子之正印有所屬。」「六五字」是指《尚書‧洪範》中箕子提出的「洪範九疇」，邵雍曾作《皇極經世書》，以「元、會、運、世」作為象數法則，推演闡發「洪範九疇」的思想內容。故劉震孫認為邵雍的學術是繼承了箕子的正統學說。

〔註12〕〔宋〕蔡元定：《西山公集‧皇極經世指要》，收入〔明〕蔡元鸜輯：《蔡氏九儒書》（濟南：齊魯書社，1997年，四庫全書存目叢書影印遼寧省圖書館藏清雍正十一年〔1733〕蔡氏重刻本），卷2，總頁628～656。

〔註13〕侯外廬等主編的《宋明理學史》即指出《皇極經世指要》「是一部對邵雍學術的全面而又明晰的概括」。參見侯外廬等主編：《宋明理學史》（北京：人民出版社，1997年），頁519。

文字的妙處，進而提升文章寫作的能力，在科舉考試中取得優異的成績。

　　《文章正印》彙編前人批點的體例為：將原書的總評全部移錄至題下，並且墨圍陰刻標注評者；將原書文中的旁批，以單行小字的形式插入正文之中，作為夾批。如前集卷一收錄李斯〈上秦皇書〉一文，題下評語：「迂齋批：此先秦古書也。中間兩三節，一反一覆，一起一伏，略加轉換數個字而精神愈出，意思愈明，無限曲折變態。誰謂文章之妙不在虛字助辭乎？」〔註14〕這些評語完全移錄自樓昉《崇古文訣》卷一李斯〈上秦皇逐客書〉題下的總評。而文中的夾批，如「不引前代他國事，只說秦，亦有意」，「結得直是斬截」等語，也與元刻本《崇古文訣》的文中旁批完全一致。〔註15〕

附圖四　宋刊本《文章正印》前集卷一書影

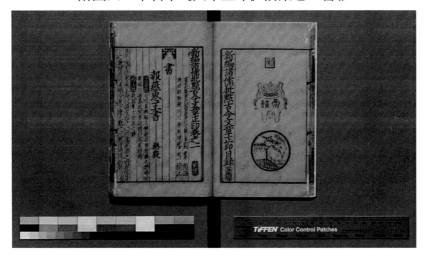

（國立故宮博物院藏本，經館藏單位授權刊佈）

　　《文章正印》批點的來源豐富多樣，涵括評點選本、文人筆記、理學家語錄等多種著述體裁。如部分批點來自《唐子西語錄》、《復齋謾錄》、《苕溪漁隱叢話》等筆記，在數量上並不突出，一般只有零星數則，但仍具有一定的文獻價值。其中值得注意的是，《文章正印》將《二程語錄》、《龜山語錄》等理學家語錄，納入至古文評點的體系之中，用以幫助讀者理解《西銘》等理學的經典文本，體現了此書推重理學的編選好尚。

〔註14〕〔宋〕劉震孫編：《新編諸儒批點古今文章正印》（臺北故宮博物院藏南宋咸淳九年〔1273〕刻本），前集卷1，頁5b。

〔註15〕〔宋〕樓昉：《迂齋先生標注崇古文訣》（北京：北京圖書館出版社，2005年，《中華再造善本》影印中國國家圖書館藏元刻本），卷22，頁4a。

　　《文章正印》批點的主體內容來源自幾部選本，分別是：敦齋的《古文標準》，呂祖謙的《古文關鍵》、《東萊集注觀瀾文集》，以及樓昉的《崇古文訣》。經統計，《文章正印》中採錄敦齋《古文標準》批點的文章共十九篇，採錄呂祖謙《古文關鍵》、《東萊集注觀瀾文集》的文章共四十三篇，採錄樓昉《崇古文訣》批點的文章共八十二篇。由是可見，《文章正印》的編者更看重來自於評點選本的批點，其中對於樓昉的《崇古文訣》最為看重，採錄批點的數量最多，其次是呂祖謙的批點。真德秀的《文章正宗》以「明義理、切世用」為編選宗旨，最接近於理學的選文、批點標準，但頗具理學旨趣的《文章正印》採錄真德秀批點的數量卻不多，這主要是因為《文章正宗》的選文範圍為先秦至唐末，而《文章正印》的選文絕大部分為宋文，並不能說《文章正印》的編者不看重真德秀的批點。

第三節　與《古文集成》之關係

　　《文章正印》與《古文集成》是南宋晚期的兩部古文選本，二者時間相近，性質相同，但關於這兩本書之間的關係，以往學者較少論及。〔註16〕故在論述《文章正印》價值之前，擬就二書之關係先作一考察。〔註17〕

　　本書認為《文章正印》與《古文集成》之間存在因襲關係，理由如下。首先，二書的編輯體例相同，皆依據文體進行類編，選錄文章的同時將前人的圈點、批注進行彙編。

　　其次，從選文的篇目來看，二書出現大量的重複篇目。以「記」類文章為例，《文章正印》前集共計選錄八十三篇。《古文集成》乙集共計選錄七十二篇，其中六十九篇與《文章正印》雷同，佔比約百分之九十六。再以「書」類文章為例，《文章正印》前集共計選錄四十六篇。《古文集成》丙集共計選錄三十七篇，其中三十七篇文章，全部見於《文章正印》，佔比為百分之一百。

　　就全書整體而言，二書的選目也大多類同。但有一例外，即《古文集成》

〔註16〕祝尚書《宋人總集敘錄》著錄二書，但並未提及二書之間的關係。論及二書之間關係的，筆者所見僅有魏希德曾將四庫本《古文集成》與《文章正印》比對，並作出簡單的推測。參見〔比利時〕魏希德著，胡永光譯：《義旨之爭：南宋科舉規範之折衝》（杭州：浙江大學出版社，2015年），頁296～297。

〔註17〕需要說明的是，四庫本《古文集成》中的批注、圈點被館臣刪削殆盡，卷次體例也遭到改竄，故本書比勘所用《古文集成》的版本為《中華再造善本》影印中國國家圖書館藏宋刻本。

丁、辛兩集中的文章不見於《文章正印》。這是因為如今所見《古文集成》丁、
辛兩集可能是書商以「後集」配補，非原本的丁、辛兩集。關於這一點，傅增
湘曾舉出證據：

> 又前丁、前辛兩集細審標題下及版心名下，皆有補綴痕，余意此兩
> 字必為一「後集」，賈人剜去以彌此闕。各集皆序、記、書、論之文，
> 此兩卷忽以章奏之文插入，要為不倫。此又可斷為取後集屬補之一
> 證也。〔註18〕

傅氏所言可信。正因《古文集成》丁、辛兩集為「後集」所配補，非前集原
貌，故這二集文章的選目與《文章正印》比勘後呈現出迥異的情況，便不足
為奇了。

復次，考察二書選文的編排順序，亦可進一步確證二書的因襲關係。再
以「書」類文章為例，《文章正印》前集卷一的選文依次為：樂毅〈報燕惠王
書〉、呂相〈絕秦書〉、李斯〈上秦皇逐客書〉、劉歆〈上太常博士書〉；卷二的
選文依次為：韓昌黎〈上宰相書〉、〈與孟簡尚書書〉、〈重答張籍書〉、〈答陳
生書〉、〈與陳京給事書〉、〈答陳商書〉、〈答李翱書〉、皮日休〈請韓文公配饗
書〉；卷三的選文依次為：柳宗元〈答韋中立書〉、〈與韓愈論史書〉、〈與李睦
州論服氣書〉，李翱〈答皇甫湜書〉。《古文集成》丙集卷一至卷三選文的編排
順序，與此完全一致，二書的因襲關係顯而易見。

綜合以上證據，可以判定《古文集成》與《文章正印》二書之間存在因襲
關係。但是究竟是《古文集成》因襲《文章正印》，抑或是相反的情況？這個
問題值得進一步探討。

根據劉震孫與廖起山的序文，《文章正印》刊刻於咸淳九年（1273）。至於
《古文集成》，李由認為，該書刊刻於宋理宗景定二年（1261）或稍前時期。
〔註19〕李由所舉的證據是元末明初人危素為元初吳澄所作的《臨川吳文正公
年譜》，其中「（景定）二年辛酉」條載：

> （吳澄）十三歲大肆力於群書應舉之文，盡通。公於書一覽無不盡記，
> 時麻沙新刻《古文集成》，因家貧從鬻書者借讀，逾月而歸之。〔註20〕

〔註18〕傅增湘：〈宋本新刊諸儒批點古文集成跋〉，《藏園羣書題記》（上海：上海古籍
　　　　出版社，1989年），頁927～929。
〔註19〕參見李由：〈樓昉《崇古文訣》版本新考〉，《文獻》，2017年第4期，頁14。
〔註20〕〔元〕危素：《年譜》，〔元〕吳澄：《吳文正集》（臺北：臺灣商務印書館，1983
　　　　年，景印文淵閣四庫全書本），附錄，頁5a。

若《年譜》記載無誤，則《古文集成》成書在《文章正印》之前。但是支持此推論的僅有這一條材料，屬於孤證。

但《古文集成》編者王庭震無任何功名、官職，推斷可能為書商；《文章正印》編者劉震孫任武安軍簽判等職，雖地位不高，但至少曾獲功名。揆之常理，似無地位較高的官員為地位較低的書商增刪文稿、修訂錯誤、又在序文中宣稱自己編書功勞之理；或是先有劉之正版書籍，而後不斷有書商仿效、增刪作偽，作偽者自然不敢聲張，故刪去原書序文，以匿蹤跡。檢視晚宋商業出版書籍，此種例證不在少數。這不得不令我們思考是否存在著另一種可能，即：《文章正印》成書在前，《古文集成》因襲《文章正印》。

魏希德即認為《古文集成》出現在《文章正印》之後，她簡略地提出兩點理由：第一，根據《文章正印》的序文，劉震孫與廖起山都自稱為編輯此書作出了貢獻，而未提及在此之前存在過一部同類型的選本。第二，以二書所收「論」類文章為例，《古文集成》的結構要比《文章正印》更有條理。〔註21〕

我認同魏希德的觀察，同時希望對第二點進行補充。除魏氏所言「論」類文章之外，「序」類文章也呈現出同樣的情況。「序」類文章一般有贈序、書序之分。《文章正印》的後集卷一至卷十四，編者將「贈序」與「書序」混淆在一起，並未加以辨析。而《古文集成》中，「贈序」類文章被編次於甲集的卷一至卷二，「書序」類文章被編次於甲集的卷三至卷六，清晰明瞭。綜觀全書，《文章正印》中經常出現同一作者的文章分佈在不同卷次的情況，顯得較為凌亂，比較像是較為原始的早期版本；《古文集成》的結構則相對較有條理，更像是經過後期整理而呈現的文本面貌。

除了魏希德指出的兩點之外，我另有兩點新的論據。第一，中國國家圖書館藏宋刻《古文集成》全書不避宋諱。〔註22〕如乙集卷四〈帶漏院記〉「構巧色以悅之」，「構」字不避宋高宗趙構之諱；乙集卷三毛滂〈連雲觀記〉「公之惇大惲涵」，「惇」字不避宋光宗趙惇之諱。而臺北故宮博物院藏《文章正

〔註21〕〔比利時〕魏希德著，胡永光譯：《義旨之爭：南宋科舉規範之折衝》（杭州：浙江大學出版社，2015年），頁296～297。

〔註22〕關於這一點，傅增湘的跋文與《中華再造善本總目提要》已經提及。參見傅增湘：〈宋本新刊諸儒批點古文集成跋〉，《藏園羣書題記》（上海：上海古籍出版社，1989年），頁928。中華再造善本工程編纂出版委員會編著：《中華再造善本總目提要·唐宋編》（北京：國家圖書館出版社，2013年），頁746～748。

印》中，「桓」、「恒」、「貞」、「徵」、「完」、「購」、「構」、「溝」、「講」、「慎」、「敦」、「觀」等字皆闕末筆，避諱頗為嚴格。通常情況下，宋刻本的避諱是非常嚴格的。〔註23〕若《古文集成》成書於理宗景定二年（1261）或稍前時期，則理應避宋諱。儘管坊間書肆刻本的避諱存在一定的隨意性，且理宗朝之後宋廷國勢衰微，對於書肆刊刻的管控恐怕也是有心無力，但是像《古文集成》這樣通書幾乎不見一個諱字的情況，是極為少見的。況且作為參照，差不多同期刊刻的、相同性質的坊間刻本《文章正印》嚴格遵守了避諱闕筆，這更加凸顯《古文集成》不避宋諱的不合常理。一個可能的解釋是，《古文集成》成書晚於《文章正印》，因為《文章正印》的刊刻時間已是咸淳九年（1273），此年襄樊陷落，南宋對蒙元的戰事已經岌岌可危，而《古文集成》的刊刻時間更晚，很可能已經到了南宋統治的最後一二年，甚至可能是蒙元剛剛統治的數年，故而通書不避宋諱。

　　第二，《文章正印》與《古文集成》所收文章篇目存在差異，二書各自多出一部分文章，以下且將《文章正印》較《古文集成》多出的文章稱之為「甲組」，將《古文集成》較《文章正印》多出的文章稱之為「乙組」。通過比對甲、乙兩組文章採錄前人批點的情況，可以發現甲組文章大多都彙集保留了前人的批點，乙組文章則沒有前人的批點。以「記」類文章為例，《文章正印》前集卷十二歐陽脩〈醉翁亭記〉、〈豐樂亭記〉、〈至喜亭記〉，蘇洵的〈木假山記〉、〈張益州畫像記〉，王安石〈桂州新城記〉、〈信州興造記〉、〈揚州龍興十方講院記〉八篇文章，卷十六錢公輔〈義田記〉、陳師道〈思亭記〉，曾鞏〈擬峴臺記〉三篇文章，都屬於甲組文章。這幾篇文章都處於卷中的位置，與前後的數篇文章，皆是選錄自樓昉《崇古文訣》，採錄了樓昉的批注，形式頗為一致，顯得渾然一體。反觀《古文集成》中的蕭大山〈梅磵記〉、〈竹巖記〉、〈退庵記〉，都屬於乙組文章，位置處於乙集卷八的最後三篇，且無批注。就以上的情況而言，若是《古文集成》因襲《文章正印》，編者僅需刪削部分篇章，並從他處補入三篇無批注的文章即可。反之，若是《文章正印》因襲《古文集成》，則需重新翻檢《崇古文訣》等選本，增錄額外的選文與樓昉等人的批

〔註23〕陳垣曾斷言：「宋人避諱之例最嚴。」屈萬里、昌彼得等亦指出：「宋板書避諱甚謹，凡於皇帝廟諱，皆缺末筆以避之。」參見陳垣：《史諱舉例》，收入《陳援菴先生全集》第十三冊（臺北：新文豐出版公司，1993 年），頁 209。屈萬里、昌彼得著，潘美月增訂：〈諱字〉，《圖書板本學要略》（臺北：中國文化大學出版部，1986 年），頁 82。

點。相對而言，後者的情況需要花費更多的時間、成本，不大可能為以牟利為
主要目的的書商所採用。

　　綜合以上針對二書內部差異的比對，所得信息更傾向於支持「《古文集成》
成書晚於《文章正印》，且是對《文章正印》重新整理而成的本子」的結論。
基於此，我們不由得懷疑《臨川吳文正公年譜》中那條材料的有效性。〔註24〕
危素記載吳澄讀到的「新刻《古文集成》」，或許並非今日所見之宋本《新刊諸
儒評點古文集成前集》。當然由於材料闕失，這僅屬推論，有待方家作進一步
的討論。

第四節　文獻價值與文章學意義

一、文獻價值

　　《文章正印》的選文上自先秦，下迄南宋，屬於通代選本，但其中保存的
宋人文章數量最多，價值最高。今人編纂之《全宋文》蒐集有宋一代文章，捃
摭繁富，考訂精審，但由於客觀條件限制，編者未曾寓目《文章正印》一書。
故該書保存的部分宋人文章，未被《全宋文》發掘收錄，屬於佚文。因此，可
以利用《文章正印》對《全宋文》所收宋人文章進行輯補。

　　《文章正印》中共有十四家，總計三十五篇文章，屬於《全宋文》失收的
佚文。這其中既有著名文人的集外佚作，如楊萬里〈霜節堂記〉、陳耆卿〈移
梅記〉、陳傅良〈待遇集自序〉等；也有部分中小作家的文章，這些中小作家
的文集大多已經散佚，文名不為今人所知，但他們的文章卻意外憑藉《文章
正印》而保存下來，如馬存的〈迎薰堂記〉、〈子長遊贈蓋邦式序〉等五篇，陳
謙、曾煥等人的多篇論體文。佚文的相關信息附表五所示。〔註25〕附表依佚

〔註24〕關於《古文集成》及《文章正印》的文獻關係，李由近作又提出新的論據及觀
　　　　點，頗值得參考；然本書修訂時不及補入，與之對話，請逕參氏著：〈商業化
　　　　運作與南宋古文評點的演變〉，《文學遺產》，2021年第4期，頁81～94。
〔註25〕下表「備注」欄中所引用書籍版本為方便學界檢覈，盡量以通行易得為原則，
　　　　依次為：〔宋〕朱熹：《中庸輯略》（臺北：臺灣商務印書館，1983年，景印文
　　　　淵閣四庫全書本）。〔宋〕衛湜：《禮記集說》（臺北：臺灣商務印書館，1983年，
　　　　景印文淵閣四庫全書本）。〔明〕彭大翼：《山堂肆考》（臺北：臺灣商務印書
　　　　館，1983年，景印文淵閣四庫全書本）。〔宋〕林之奇編，〔宋〕呂祖謙集注：
　　　　《東萊集注類編觀瀾文集》（北京清華大學圖書館藏清光緒十年〔1884〕方功
　　　　惠碧琳瑯館影宋刻本）。〔宋〕王霆震編：《新刻諸儒批點古文集成》（北京：北

文在書中的位置進行編次，惟同一作者的文章則合而置之；前十一篇佚文僅
見本書，後二十四篇佚文又見他書，文獻價值有高下之分，亦以作區別。

附表五　《文章正印》收錄宋人佚文統計

序次	作者	題名	書中位置	備注
1	陳耆卿	移梅記	前集卷十三	
2	楊萬里	霜節堂記	前集卷十四	
3	李宗勉	陳大猷書集傳序	後集卷七	
4	王子俊	尹直卿三子名序	後集卷七	
5	楊時	中庸序	後集卷九	朱熹《中庸輯略》卷上與衛湜《禮記集說》卷123曾引述部分文字。
6	胡銓	硯岡文集序	後集卷十二	
7	胡銓	陳晦叔真贊	別集卷四	
8	陳傅良	待遇集自序	後集卷十四	
9	陳傅良	秦筮者傳	別集卷二	
10	張九成	歲寒知松柏說	後集卷十六	
11	葉蕭	性論	續集卷十一	
12	馬存	迎薰堂記	前集卷十五	又見《東萊集注觀瀾文集》丙集卷9；《古文集成》卷8；《古今事文類聚》前集卷3「天道部」。
13	馬存	子長遊贈蓋邦式序	後集卷六	又見《東萊集注觀瀾文集》丙集卷11；《古文集成》卷2；《古今事文類聚》別集卷25「人事部」；《古今合璧事類備要》續集卷45「事為門」；《文章辨體彙選》卷339。
14	馬存	俞彥明字序	後集卷六	又見《古文集成》卷2；《古今合璧事類備要》續集卷33「性行門」。
15	馬存	侯孟字序	後集卷六	又見《古文集成》卷2；《古今合璧事類備要》續集卷3「姓名門」。

京圖書館出版社，2005年，《中華再造善本》影印中國國家圖書館藏宋刻本）。〔宋〕祝穆編：《古今事文類聚》（臺北：臺灣商務印書館，1983年，景印文淵閣四庫全書本）。〔宋〕謝維新編：《古今合璧事類備要》（臺北：臺灣商務印書館，1983年，景印文淵閣四庫全書本）。〔明〕賀復徵編：《文章辨體彙選》（臺北：臺灣商務印書館，1983年，景印文淵閣四庫全書本）。

16	馬存	送陳自然西上序	後集卷六	又見《東萊集註觀瀾文集》丙集卷 11；《古文集成》卷 2；《古今事文類聚》前集卷 27；《古今合璧事類備要》續集卷 43「事為門」。
17	陳謙	治體論	續集卷六	又見《古文集成》戊集卷 8
18	陳謙	治本論	續集卷六	又見《古文集成》戊集卷 8
19	陳謙	治具論	續集卷六	又見《古文集成》戊集卷 8
20	陳謙	治機論	續集卷六	又見《古文集成》戊集卷 8
21	陳謙	質論	續集卷六	又見《古文集成》己集卷 6
22	陳謙	一論	續集卷六	又見《古文集成》己集卷 6
23	陳謙	要論	續集卷六	又見《古文集成》己集卷 6
24	陳謙	重論	續集卷六	又見《古文集成》己集卷 6
25	陳謙	備論	續集卷六	又見《古文集成》己集卷 6
26	陳謙	制論	續集卷六	又見《古文集成》己集卷 6
27	曾煥	贊襄論	續集卷七	又見《古文集成》己集卷 4
28	曾煥	燮調論	續集卷七	又見《古文集成》己集卷 4
29	曾煥	經綸論	續集卷七	又見《古文集成》己集卷 4
30	曾煥	諏訪論	續集卷七	又見《古文集成》己集卷 4
31	曾煥	選掄論	續集卷七	又見《古文集成》己集卷 4
32	鄭伯熊	議財論上	續集卷九	又見《古文集成》己集卷 3
33	鄭伯熊	議財論中	續集卷九	又見《古文集成》己集卷 3
34	鄭伯熊	議財論下	續集卷九	又見《古文集成》己集卷 3
35	王十朋	仁論	續集卷十一	又見《古文集成》己集卷 8

但如前文所述，《文章正印》與《古文集成》之間存在因襲關係，二書的選文大量重複。因此，以上所言三十五篇文章中，一部分佚文（後二十四篇）同時見於《古文集成》。而《古文集成》編入四庫全書，四庫本通行易得，中國國家圖書館藏宋本《古文集成》也選入中華再造善本而影印出版，得為世人所見。故這部分佚文憑藉《古文集成》，尚容易得見。另一部分佚文（前十一篇）則僅見於《文章正印》。這部分佚文有兩個來源。第一，因為《古文集成》對《文章正印》的選文進行了刪汰，部分遭刪汰的文章屬於佚文，不見於《古文集成》，而僅見於《文章正印》。第二，因為《古文集成》現丁、辛兩集，實為「後集」配補。因此《文章正印》後集、續集、別集中收錄的說、論、箴、

傳、贊、頌、碑等文體，不見於今本《古文集成》，這其中部分文章屬於佚文。《文章正印》目前僅存臺北故宮博物院庋藏宋刻孤本，因此這部分僅見於《文章正印》的佚文，顯然更加難得，具有更為重要的文獻價值。

這部分佚文反映的內容也頗具價值。例如〈硯岡文集序〉是胡銓為唐稷文集所作的序文。唐稷（1088～1163），字堯弼，自號硯岡居士，江西會昌人，政和二年（1112）進士及第，官至樞密院編修。唐稷去世後，胡銓為其作墓誌銘。〔註26〕胡銓所作〈硯岡文集序〉是一篇可資文體學研究的重要文本。胡銓在文中通過歷舉古人立言之體，希望藉以闡明唐稷作文之得體。此文共舉出詩、賦、誌、銘、碑、誄、箴、頌、論、說、奏、贊、哀、騷、辭、詔、冊、令、教、文、表、書、彈、啟、箋、序、符命、述贊、連珠、行狀、對問等三十一種文體，並且依次說明諸文體的風格特質以及代表作品。這對於探究胡銓及南宋初期的文體觀念，具有重要的價值。

再如陳傅良的〈待遇集自序〉，是他為自己早年文集《待遇集》所撰寫的序文。《待遇集》在當時影響很大，吳子良《林下偶談》載：「止齋年近三十，聚徒於城南茶院。……其時，止齋有《待遇集》板行，人爭誦之。」〔註27〕慶元二年（1196），知貢舉葉翥還專為此書上奏，稱：「士狃於偽學，專習語錄詭誕之說，《中庸》、《大學》之書，以文其非。有葉適《進卷》、陳傅良《待遇集》，士人傳用其文，每用輒效。」〔註28〕由於葉翥的上奏，《待遇集》的書板遭到禁毀。〔註29〕此書因此散佚，今不得而見。此次輯佚所得陳傅良的序文，可以幫助我們管窺《待遇集》的主要內容及編寫旨趣。

此外，楊萬里的〈霜節堂記〉不見於《誠齋集》，亦不為《全宋文》收錄，今人辛更儒整理《楊萬里集箋校》亦未能輯佚得此文。此文是應胡邦仲的請求所撰，文中以竹喻人，表達了「君子之學出乎士，極乎聖，發乎身，加乎天下

〔註26〕參見〔宋〕胡銓：〈編修唐君墓誌銘〉，曾棗莊、劉琳主編：《全宋文》（上海：上海辭書出版社、合肥：安徽教育出版社，2006年），第196冊，卷4326，頁89。

〔註27〕〔宋〕吳子良：《林下偶談》（北京：中華書局，1985年，影印叢書集成初編本），卷4，頁42。

〔註28〕〔元〕馬端臨撰：《文獻通考》（北京：中華書局，2011年），「選舉考五」，卷32，頁932。〔元〕脫脫等撰，中華書局編輯部點校：《宋史》（北京：中華書局，1985年），「選舉二」，卷156，頁3635。

〔註29〕同時代人對禁毀《待遇集》一事有所評論，如《朱子語類》記載朱熹在聽聞此事後，曾言「葉《進卷》、《待遇集》毀板，亦毀得是」。參見〔宋〕朱熹撰，〔宋〕黎靖德編：《朱子語類》（北京：中華書局，1962年），卷123，頁2967。

國家」的士大夫理想。周必大曾作〈跋楊廷秀所作胡氏霜節堂記〉，對楊萬里的品格以及此篇記文頗有揄揚，其中云：

> 清風嚴霜本不相為謀，兼二美者竹也。友人楊公廷秀平居溫厚慈仁，真可解慍，臨事則勁節凜然，凌大寒而不改。名堂作記，曲盡竹之情狀，蓋身之非假之也。今胡氏既知一日不可無此君，其可三日不讀此記乎？〔註30〕

周必大跋文經《平園續稿》、《益公題跋》等得以流傳，而楊萬里的原文卻一度亡佚。後人讀周必大跋文，想見楊萬里原文而不可得，不可謂不是缺憾。經此次根據《文章正印》的輯佚，正可以彌補這一缺憾。

　　除了輯佚宋人文章之外，《文章正印》還具有輯佚南宋評點選本的文獻價值。《文章正印》的成書是基於對之前評點選本的彙編與整理，因此其中存錄了大量來自於呂祖謙《古文關鍵》、樓昉《崇古文訣》、敷齋《古文標準》等書的評點內容。其中，敷齋《古文標準》一書，是南宋中期的一部評點選本，如今已經散佚，不得而見，但其中的部分內容藉由《文章正印》保存了下來。根據《文章正印》，我們可以輯佚這部分內容，並且藉以管窺此書之文本面貌。《文章正印》共保存署名敷齋的評語十八則，其中十一則別見於《古文集成》，另外七則僅見於《文章正印》，價值尤為重要。這些輯佚新得的評語，有利於我們更加深入地認識《古文標準》的內容、性質，以及此書在南宋古文評點著述發展序列中的位置。〔註31〕

二、文章學意義

　　《文章正印》作為一部古文評點選本，除了文獻輯佚的價值之外，對於南宋文章學研究也頗具價值。南宋是中國古代文章學成立的時期，其中的一個

〔註30〕〔宋〕周必大：〈跋楊廷秀所作胡氏霜節堂記〉，曾棗莊、劉琳主編：《全宋文》（上海：上海辭書出版社、合肥：安徽教育出版社，2006 年），第 230 冊，卷 5133，頁 230。

〔註31〕關於敷齋《古文標準》的輯佚及研究，侯體健已經作出相當傑出的成果。侯氏主要是利用中國國家圖書館藏宋刻《古文集成》，輯佚得到《古文標準》的部分內容，並且藉以分析《古文標準》的批點特色與選文好尚。但因客觀條件限制，侯氏早先發表的期刊論文中，未曾提及七則僅見於《文章正印》的敷齋評語；不過此文在收入 2018 年出版的專書時，侯氏將這部分內容補充至文後附錄中。參見侯體健：《士人身份與南宋詩文研究》（上海：復旦大學出版社，2018 年），頁 266～268。

重要表現便是「文章學著述體裁的完備」。〔註32〕《文章正印》作為南宋「選集評點類」著述發展序列中的一個關鍵個案，對於南宋文章學研究具有重要的意義。

《文章正印》反映了晚宋理學文化向古文之學與古文選本滲透的情勢。選本的編選，往往體現一個時代文學、思想的動向。通過對《文章正印》選文好尚的考察，可以管窺晚宋時期思想文化發展的動向。如前文所揭，《文章正印》選文的最大特色，便是選錄了大量宋代理學家的文章。南宋理學家闡發心性學說及修養工夫的經典文本，都被編者悉數納入古文編選、閱讀、評點的體系之中。這是在之前的古文選本中從未出現過的新情況。〔註33〕劉震孫的序文展示了他這樣選文的意圖，他指出書名中的「正印」是指符合理學標準，就如朱熹與邵雍傳承堯舜與箕子的傳統，因此該書選錄的文章都是符合理學標準，傳承修心養性之道的作品。

在開禧三年（1207）韓侂胄北伐失敗被殺之後，理學士人在政治結構中逐漸佔據上風，理學思想逐步被確立為官方正統學說。〔註34〕與此同步，理學文化也進一步向科舉考試滲透。一般認為，至理宗淳祐年間，理學已經取得考試場域中的權威地位，理學經典特別是朱熹的傳統成為策論方面出題、作文和閱卷的標準指南。〔註35〕為了因應這種考試標準的變化，晚宋時期以科舉教育為

〔註32〕參見王水照、慈波：〈宋代：中國文章學的成立〉，《復旦學報》（社會科學版），2009 年第 2 期，頁 21～31。

〔註33〕呂祖謙《古文關鍵》、真德秀《文章正宗》、《續文章正宗》，都沒有選錄理學家文章。《崇古文訣》雖然被劉克莊稱讚是「尊先秦而不陋漢唐，尚歐曾而並取伊洛」，但就實際選文數量來看，《崇古文訣》總計選錄理學家文章八篇（程頤文章三篇，胡寅文章四篇，胡宏文章一篇），數量並不多。就選文內容來看，選錄的文章如程頤〈論經筵第一箚子〉、〈論經筵第二箚子〉，胡寅〈上皇帝萬言書〉等，都是關切現實政教，彰顯忠義之氣的文章，但與性理之學的內容關涉不大。

〔註34〕學者一般以理宗淳祐元年（1241）詔以周敦頤、張載、程顥、程頤、朱熹從祀孔子，作為理學正式成為官方正統思想的標誌。參見周良霄：〈程朱理學在南宋、金、元時期的傳播及其統治地位的確立〉，《文史》第 37 輯（北京：中華書局，1993 年），頁 139～168。〔美〕劉子健著，趙冬梅譯：《中國轉向內在——兩宋之際的文化內向》（南京：江蘇人民出版社，2002 年），頁 120～139。

〔註35〕參見〔比利時〕魏希德著，胡永光譯：《義旨之爭：南宋科舉規範之折衝》（杭州：浙江大學出版社，2015 年），頁 283。祝尚書亦認為在理宗時代，道學正式「成為科舉考試的主要內容，全面影響到時文寫作和文學創作，並下啟元、明兩代」。參見祝尚書：〈宋代理學與科舉〉，收入《宋代科舉與文學》（北京：中華書局，2008 年），頁 482～486。

目的的古文選本採納理學的選文標準，於是開始選錄大量理學家的文章，以及彙編理學家的注解、評論。《文章正印》作為一部晚宋時期出版的以舉業教學為目的的古文選本，其體現的選文好尚，正是晚宋時期理學文化向古文選本滲透情勢的真實例證。

原載《斯文》第七輯，北京：社會科學文獻出版社，2021 年，頁 166～184。收入時有改寫、修訂。

第柒章 《回瀾文鑑》考論

　　《二十先生回瀾文鑑》作為頗具特色的南宋古文選本，在南宋文章學著述發展序列中具有重要的意義，卻至今未獲得學界的關注。〔註 1〕《回瀾文鑑》保存了稀見的宋人傳記信息與《全宋文》失收佚文，具有重要的文獻價值。該書的選文頗具特色，能夠反映南宋思想文化變遷的情勢；該書的評點既有對前人的承傳，又有獨到發揮之處，在古文評點與文章學發展脈絡中具有重要的意義。本章嘗試針對《回瀾文鑑》的版本、體例、性質及選評旨趣進行考述，同時抉發其文獻價值與文章學意義，以期豐富學界關於南宋古文選本文獻與文化的認識。

第一節　版本、體例及性質

一、兩種版本敘錄

　　《回瀾文鑑》目前所知海內外尚存三個本。一者為日本靜嘉堂文庫庋藏鈔本。日人河田羆《靜嘉堂秘籍志》著錄：

> 《回瀾文鑑》。宋虞祖南評，虞鑾注。影宋抄殘本一本。
> 《藏書志》及《提要》等不載。

〔註 1〕據目前所見學界尚未有針對《回瀾文鑑》一書的研究論著，祝尚書《宋人總集敘錄》著錄該書，但僅是轉引丁丙《善本書室藏書志》、嚴紹璗《日本藏宋人文集善本鉤沈》，敷衍成文，未寓目原書。其他討論南宋古文選本的專著，如張秀惠《南宋古文評點研究》、張智華《南宋的詩文選本研究》、張秋娥《宋代文章評點研究》等都未將《回瀾文鑑》納入討論範圍之中。

案：是書題曰：《二十先生回瀾文鑑》，目錄全存，共廿卷。次行承奉連州簽書判官廳公事虞祖南承之評次，三行慢亭虞虁君舉箋注。目後有二十先生行實，載司馬光、范仲淹、孫復、王安石、石介、汪藻、洪邁、張栻、朱熹、呂祖謙、周必大、楊萬里、劉子翬、鄭湜、林之奇、劉穆元、張震、方恬、戴溪、陳公顯二十人略傳。目後有「建安江仲達刊於羣玉堂」二行木記，但存卷十五、十六、十八、十九、廿，凡五卷，中猶有闕佚。〔註2〕

嚴紹璗《日本藏宋人文集善本鈎沈》亦著錄此書，但敘錄內容不出以上範圍。〔註3〕由於靜嘉堂文庫遠在海外，且不輕易對外開放，故尚未對該本進行版本調查。不過，據書目著錄信息可知，靜嘉堂藏本僅存五卷，其內容盡皆包括在南京圖書館藏本與天一閣藏本的範圍之內，故不影響本書的論述，可稍弭平遺憾。

中國大陸庋藏兩個版本的《回瀾文鑑》，分別是南京圖書館藏刻本《二十先生回瀾文鑑》，存二十三卷；寧波天一閣博物館藏鈔本《二十先生回瀾文鑑》，存二十二卷。筆者曾對這兩個版本進行版本調查，寓目原書或微縮膠捲。以下首先針對這兩部書的版式特徵、序跋鈐印、遞藏源流等情況予以敘錄，以期為後續論述奠定堅實的文獻基礎。

（一）南京圖書館藏宋刻本《二十先生回瀾文鑑》

南京圖書館藏宋刻《回瀾文鑑》存後集卷一至卷八，卷十四至卷二十，凡十五卷。前集存卷十三至卷二十，凡八卷。〔註4〕

後集卷首為「二十先生回瀾文鑑目錄」。目錄後有「建安江仲達刊於羣玉堂」牌記，以及「二十先生行實」，敘司馬光、范仲淹、孫復等二十位作者的字號、科第、仕宦等。行實後又有一牌記，內容與前同。

正文卷首題「二十先生回瀾文鑑卷之一」。第二、三行題「承奉郎連州簽判虞祖南承之評次，慢亭虞虁君舉箋注」。是書半葉十二行，行十九字，注小

〔註2〕〔日〕河田羆著，杜澤遜等點校：《靜嘉堂祕籍志》（上海：上海古籍出版社，2016年），卷47，頁1941。

〔註3〕嚴紹璗：《日本藏宋人文集善本鈎沈》（杭州：杭州大學出版社，1996年），頁196。

〔註4〕由於該八卷首尾殘闕，又無序跋等信息，故不知該八卷屬於本書何集。南京圖書館著錄為「前集」，但未詳所據。本書姑且稱之為「前集」。另，該書書影，可參見南京圖書館編：《南京圖書館珍本圖錄》（南京：江蘇人民出版社，2007年），頁20。

字雙行，字數同。版心細黑口，左右雙邊，雙黑魚尾。每篇文章前陰圍墨刻序號，行間有小字旁批若干，文末皆有總評。前集正文的版式皆與後集同。後集卷八係丁丙補鈔自天一閣藏明鈔本。是書鈐有「季振宜讀書」、「溫陵張氏藏書」、「崑山張氏收藏」、「存齋」、「嘉惠堂丁氏藏」等藏書印。

《回瀾文鑑》不見宋元明書目著錄。據鈐印可知，南京圖書館藏本曾為清初著名藏家季振宜的藏書。但翻檢《季蒼葦藏書目》，未見著錄該書。〔註5〕今南圖藏本《回瀾文鑑》係丁丙舊藏。丁丙《善本書室藏書志》卷三十八著錄該書。〔註6〕一九〇七年，丁丙後人將丁氏藏書盡數售予南京圖書館的前身——江南圖書館，《回瀾文鑑》當亦在其中。傅增湘曾寓目該書，《藏園羣書經眼錄》卷十七著錄云：

> 二十先生回瀾文鑑十五卷後集八卷宋建安江仲達刊本，半葉十二行，
> 行十九字，細黑口，左右雙闌，左闌外記篇名。宋諱不盡避，蓋宋
> 末坊本。〔註7〕

《藏園訂補邵亭知見傳本書》著錄略同。〔註8〕傅增湘謂：「二十先生回瀾文鑑十五卷後集八卷。」今檢南京圖書館藏本當是後集存十五卷，前集存八卷，傅氏所謂「後集八卷」明顯有誤，當是傅增湘誤讀丁丙《善本書室藏書志》，輾轉抄錄，導致存佚卷次著錄舛誤。祝尚書《宋人總集敍錄》因之，亦誤。〔註9〕

（二）寧波天一閣博物館藏明鈔本《二十先生回瀾文鑑》

寧波天一閣藏鈔本《回瀾文鑑》，見《天一閣遺存書目》、《天一閣博物館藏古籍善本書目》著錄。〔註10〕該本為明藍絲欄抄本，分三冊，存後集卷一至卷八、卷十五至卷二十，前集存卷十三至卷二十。卷首題之體式、目錄及牌記

〔註5〕《季蒼葦藏書目》著錄有「宋本古文觀瀾八卷」，題目與《二十先生回瀾文鑑》
接近，但卷數等不符，似乎並非此書。參見〔清〕季振宜：《季蒼葦藏書目》
（上海：商務印書館，1935年，叢書集成初編本），頁28。
〔註6〕〔清〕丁丙：《善本書室藏書志》（北京：中華書局，1990年），卷38，頁886。
〔註7〕傅增湘：《藏園羣書經眼錄》（北京：中華書局，2009年），卷17，頁1253。
〔註8〕〔清〕莫友芝撰，傅增湘訂補，傅熹年整理：《藏園訂補邵亭知見傳本書目》
（北京：中華書局，2009年），卷16，頁1532。
〔註9〕祝尚書：《宋人總集敍錄（增訂本）》（北京：中華書局，2019年），頁456。
〔註10〕駱兆平編著：《天一閣遺存書目》（北京：中華書局，1996年），頁138～139。
天一閣博物館編：《天一閣博物館藏古籍善本書目》（北京：國家圖書館出版
社，2016年），頁448。另《中國古籍總目》著錄為「明刻本」，誤，參中國古
籍總目編纂委員會編：《中國古籍總目 集部》（北京：中華書局，2012年），
頁3017。

等皆與南圖藏刻本同。惟正文卷首題「二十先生回瀾文鑑之一　後集」，多一「後集」二字，明確該集為後集。是本半葉八行，行字數不一，多為行十九字，白口，四周雙邊。鈐「范氏天一閣藏書」印。

　　丁丙《善本書室藏書志》謂：「倪燦《補宋藝文志》有《類編回瀾文選》十卷、後集二十卷、別集十卷」，而且認為天一閣藏鈔本「疑與倪《補志》所載即一書，合計之則四十卷，分言之則有前、後、別之異。書名微有不同者，坊賈之為也。」〔註11〕祝尚書《宋人總集敘錄》也認同此說，謂「蓋二本分屬兩個不同的版本」。〔註12〕但此說有誤，今檢核倪燦《宋史藝文志補》，其著錄並非「類編回瀾文選」，而當作「《類編層瀾文選》十卷，後集二十卷，別集十卷」。〔註13〕《類編層瀾文選》今存上海圖書館藏元刻雲坡家塾本，《中華再造善本》影印出版。〔註14〕該書與《二十先生回瀾文鑑》顯然不是同一書，前者依文體類編，後者依作者編次，選文體例皆不同。丁氏、祝氏失察致誤。

附圖五　明鈔本《回瀾文鑑》卷首目錄書影

（寧波天一閣博物館藏本，經館藏單位授權刊佈）

〔註11〕〔清〕丁丙：《善本書室藏書志》（北京：中華書局，1990 年），卷 38，頁 886。

〔註12〕祝尚書：《宋人總集敘錄（增訂本）》（北京：中華書局，2019 年），頁 458。

〔註13〕〔清〕倪燦：《宋史藝文志補》（上海：商務印書館，1935 年，叢書集成初編本），頁 52。

〔註14〕〔元〕佚名編：《類編層瀾文選》（北京：北京圖書館出版社，2005 年，《中華再造善本》影印上海圖書館藏元雲坡家塾刻本）。

附圖六　明鈔本《回瀾文鑑》卷一書影

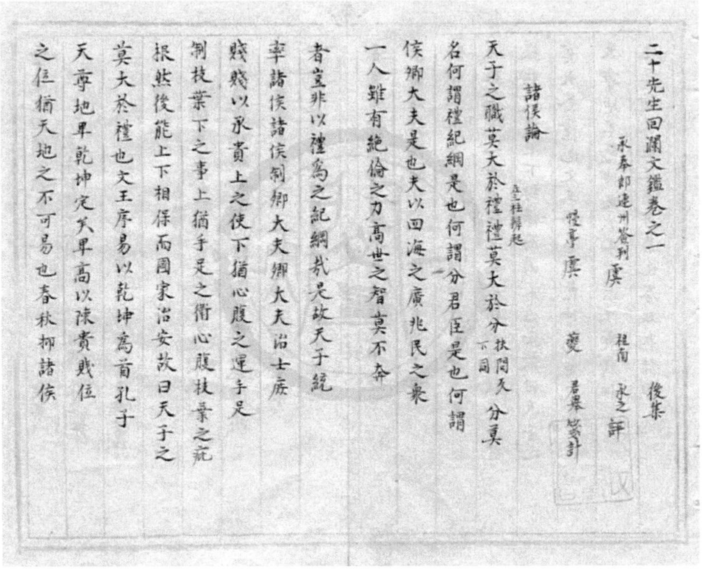
二十先生回瀾文鑑卷之一　後集
承奉郎連州簽判虞　祖南　承之評
幔亭虞　夔　君舉箋註
諸侯論
天子之職莫大於禮禮莫大於分（扶問反，下同）分莫
名何謂禮紀綱是也何謂分君臣是也何謂
侯卿大夫是也夫以四海之廣兆民之衆
一人雖有絕倫之力高世之智莫不奔
者豈非以禮為之紀綱哉是故天子統
率諸侯諸侯制卿大夫卿大夫治士庶
賤賤以承貴上之使下猶心腹之運手足
制枝葉下之事上猶手足之衛心腹枝葉之庇
根然後能上下相保而國家治安故曰天子之
莫大於禮也文王序易以乾坤為首孔子
天尊地卑乾坤定矣卑高以陳貴賤位
之位猶天地之不可易也春秋抑諸侯

（寧波天一閣博物館藏本，經館藏單位授權刊佈）

二、編者及成書時間

《回瀾文鑑》卷端題：「承奉郎連州簽判虞祖南承之評次，幔亭虞夔君舉箋注」，則可知該書的編者為虞祖南與虞夔，二人分別承擔了「評次」與「箋注」的工作。虞祖南、虞夔二人完全不見任何史傳、筆記、方志等文獻著錄，檢視《宋代登科總錄》，亦未見二人之名。〔註 15〕根據題銜可知，虞祖南曾任連州簽判，這是一個級別較低的地方基層官職，而虞夔則似乎沒有擔任過任何官職。

晚宋僧人釋紹嵩曾於理宗紹定二年（1229）間作〈江浙紀行集句詩〉，書中嘗徵引三句署名「虞祖南」的詩句，祝尚書認為此人當即《回瀾文鑑》的編者。〔註 16〕因暫未覓得其他材料，姑且從其說。故大致可以推斷虞祖南、虞夔二人活躍於晚宋理宗朝時，《回瀾文鑑》的成書時間亦大概在此時。

可以作為旁證的是，《回瀾文鑑》收錄的作者中，卒年最晚的是戴溪。戴溪於寧宗嘉定八年（1215）去世。在作者去世後蒐集著作文章，是南宋選本編輯的一般通例，故亦可大致推論《回瀾文鑑》的成書時間在晚宋的理宗朝時期。

〔註 15〕龔延明、祖慧編著：《宋代登科總錄》（桂林：廣西師範大學出版社，2014 年）。
〔註 16〕祝尚書：《宋人總集敘錄（增訂本）》（北京：中華書局，2019 年），頁 456。

三、編輯體例

《回瀾文鑑》全書以作者為綱進行編次。據後集保存的完整目錄可知，是集選錄了二十位作者的文章，書名「二十先生回瀾文鑑」即由此而出。推測前集也是選錄了二十位作者的文章，只是目錄及部分卷帙殘闕，目前僅能得見馬存等七位作者。

文章總集的編次體例往往蘊含著一定的文學觀念與文體意識。〔註17〕如《文章正印》將選文析分為「書」、「記」、「序」、「說」等十六類文體，這種以文體類分的編次體例，反映了宋人重視文體的觀念以及區分不同文體的「辨體意識」。謝枋得《文章軌範》則依文章寫作技法分為「放膽文」、「小心文」兩大類，「放膽文」與「小心文」中又有不同層次的區分。這反映了古文選本旨在具體指導科舉寫作的功利取向，同時也體現了宋人重視寫作技巧的文章學理念。

此外，南宋還存在著部分依作者編次的古文選本。如呂祖謙《古文關鍵》選錄韓愈、柳宗元、歐陽脩等八位作家的文章，樓昉《崇古文訣》也依時代作者進行編次。《回瀾文鑑》則在以作家編次的譜系中更進一步，在書名中標舉「二十先生」，在正文前附上「二十先生行實」，強調這些作者的科舉成績與文學聲名，可見此書對於「作家」的重視。《回瀾文鑑》將「作家」作為優先關注對象的編次體例，反映出對於個別名家的揄揚推舉，同時著重強調不同作家的創作個性及文章風格。

《回瀾文鑑》文中有夾註，行間有旁批，文末又有總評，屬於目前留存為數不多的南宋古文評點選本。

《回瀾文鑑》的注釋體例為每篇文章中有雙行小字注解，或訓釋聲韻，或注明典故、引文的出處。前者如前集卷十三馬存〈送陳自然西上序〉「潦」字下注「魯皓反」，「嚅」字下注「汝來反」。〔註18〕後集卷六朱熹〈克齋記〉「曰『克己復禮』而已」下注「《語》顏淵篇，顏淵問仁」云云；「惻隱之心，無所不通」下注「〈公孫丑上〉，惻隱之心，仁之端也」云云。但這些注釋大多並非虞氏原創，而是鈔纂自前人編選的書籍。以卷十三收錄馬存的〈送陳自然西

〔註17〕參見吳承學：〈宋代文章總集的文體學意義〉，《中國社會科學》，2009 年第 2 期，頁 190～203。

〔註18〕〔宋〕虞祖南評次，〔宋〕虞變箋註：《二十先生回瀾文鑑》（中國南京圖書館藏宋刻本），前集卷十三，頁 3a。本章論述引用該書，皆出自南圖藏宋刻本；為避免繁贅，故僅隨文注出集數及卷數，尚祈見諒。

上序〉、〈子長遊贈蓋邦式〉等文為例，這幾篇選文中的夾注，與《東萊集注觀瀾文集》一書中的注解完全一致，〔註19〕可見並非編者原創，而是轉相鈔錄而來。

　　《回瀾文鑑》的評點體例為每篇文章行間有小字旁批，文末附有總評。旁批往往針對具體的字詞、語句以及章法結構等揭示用法、評價優劣；總評則往往先概述文章主意，其次歷敘文章結構，最後總體評價文章寫作的技巧、風格以及提示學者需特別注意之處。旁批如前集卷十三馬存〈送陳自然西上序〉文中「朔風驚沙，枯梢號寒」旁批曰「文老」。同卷〈祕丞章蒙明發集序〉「士固有其才，可以有為，而不幸不及施與，既施而中奪者，何可勝數」句旁批「立一篇綱目」，「司馬子長論李將軍為將，其言哀痛反覆，深悲其無功，以為百姓知不知皆為垂涕」句旁批「用事脫灑」。總評如〈送陳自然西上序〉文末總評曰：「評曰：馬之才之文皆造語脫灑，而此篇尤甚。蓋自首句作文便有骨力，直至結尾，一起一伏，如常山蛇勢，非筆挽萬鈞者不及此。」以「造語脫灑」對馬存文章的風格予以總體評價，同時又對自首句至結尾的文脈結構、行文妙處加以評騭。

　　南宋的評點選本除旁批、總評等評語外，往往還在文中附加一些頗具文學批評性質的點抹符號。陳振孫《直齋書錄解題》著錄《古文關鍵》謂「取韓、柳、歐、蘇、曾諸家文，標抹注釋，以教後學」，〔註20〕即是指這些點抹符號。但綜觀《回瀾文鑑》全書，只有標示句末語意完結的圓點符號，而未發現帶有文學評點性質的點抹符號。

四、書籍性質

　　《回瀾文鑑》作為古文選本自然毫無疑義，但有必要針對該書與南宋科舉考試之間的關係予以發覆。南宋的古文評點選本與科舉考試之間存在著頗深的淵源關係。

　　《回瀾文鑑》一書即帶有明顯的科舉色彩，具有科舉考試參考書的性質。在該書的評語中處處可見科舉考試的身影，如前集卷十六陳傅良〈吏〉文末總評曰：「業舉子者宜熟之，以膏筆端也。」前集卷十九葉適〈君德一〉文末總

〔註19〕　參見〔宋〕林之奇編，〔宋〕呂祖謙集注：《東萊集注觀瀾文集》，收入黃靈庚主編：《呂祖謙全集》第十冊（杭州：浙江古籍出版社，2008年），頁685～688。

〔註20〕　〔宋〕陳振孫撰，徐小蠻、顧美華點校：《直齋書錄解題》（上海：上海古籍出版社，1987年），卷15，頁451。

評曰：「文勢清健，最利舉業。」同卷葉適〈民事上〉文末總評曰「業舉子者讀之，最有益於筆端也。」這裡的「舉業」即指科舉考試，而「業舉子者」即指準備參加科舉考試的舉子。可見虞祖南等人在編選《回瀾文鑑》時，心目中的預期讀者即是準備科舉考試的舉子，其編選評點的目的是為舉子提供一部科舉考試參考書。

虞祖南等人編選的《回瀾文鑑》乃是秉持這種「以古文為時文」的原則，在書中揭示古文寫作的字句用法、篇章結構、主意立說等，指導舉子揣摩前人優秀的古文作品，提高舉子的時文寫作技巧，以期在科舉考試中取得優異的成績。

要言之，我們在強調《回瀾文鑑》作為一部古文評點選本的同時，應認識到此書是科舉考試語境下的產物，具有科舉考試參考書的性質。

第二節　選文好尚與評點特色

一、選文好尚

古文選本在篇目選擇去取之間，涉及針對作家作品價值高下的判斷，往往反映了古文選本及所處時代的文學風尚與思想文化動向。因此有必要對《回瀾文鑑》的選文進行數量統計，分析其特色。茲將《回瀾文鑑》入選作家及文章數量彙整，依入選作品數量為序次，製成表格，如下所示。

附表六 《回瀾文鑑》選錄作家作品統計

後集（二十卷）					
序次	作者	篇數	序次	作者	篇數
1	呂祖謙	15	11	汪藻	4
2	楊萬里	10	12	王安石	3
3	劉子翬	10	13	劉穆元	2
4	鄭湜	10	14	陳公顯	2
5	司馬光	8	15	方恬	2
6	戴溪	8	16	石介	2
7	朱熹	5	17	范仲淹	1
8	張栻	5	18	孫復	1

9	林之奇	5	19	洪邁	1
10	周必大	5	20	張震	1
前集（八卷）					
序　次	作　者	篇　數	序　次	作　者	篇　數
1	胡寅	15	5	張耒	4
2	葉適	9	6	馬存	2
3	陳亮	9	7	李覯	1
4	陳傅良	7			

　　有必要予以說明的是，由於《回瀾文鑑》部分卷次散佚，故以上統計表格僅能呈現此書選文的部分風貌。但所幸後集的目錄被完整地保存下來，因此呈現出後集的選文風貌（二十家一百篇）是相對完整的，也具有較大的討論價值。

　　從以上的統計表格，我們可以看到傳統意義上被視作古文典範的「韓柳歐蘇」的文章竟無一篇入選，而所謂「唐宋八大家」中也僅王安石一人入選三篇。這種情況當然可能是由於文獻散佚而導致的統計偏差。但同時也不得不承認，《回瀾文鑑》確實更傾向於選錄南宋同時代的作家與作品，而對於北宋、唐代及唐以前的作家作品則缺乏興趣。這是南宋晚期古文選本的選文風尚的一種體現，在同時期的《文章正印》、《古文集成》等書中，南宋作家作品的入選數量都遠遠超過了唐代與北宋。正如魏希德所言「強調晚近的文學模式，而不是古典模式」是南宋中後期古文選本的主要特點。〔註21〕

　　《回瀾文鑑》選錄葉適文章九篇，陳傅良文章七篇。葉適與陳傅良皆是南宋永嘉學者的代表人物。南宋永嘉地區的士人擅長策、論等考試文體的寫作與教學，以此聞名於當時，由他們編輯、評點的科舉參考用書曾在南宋中期的社會間風行一時。魏希德認為在十二世後半葉，永嘉學者佔據了考試場域的中心地位，他們推崇的寫作風格與思想主導了科舉考試的標準。〔註22〕

　　此外，在《回瀾文鑑》中史論類的文章尤其受到重視。葉適、陳傅良、陳亮入選的文章均是論體文。其中陳亮的〈陳涉〉、〈高帝〉、〈項羽〉、〈酈食其〉

〔註21〕〔比利時〕魏希德著，胡永光譯：《義旨之爭：南宋科舉規範之折衝》（杭州：浙江大學出版社，2015 年），頁 121。

〔註22〕參見〔比利時〕魏希德著，胡永光譯：《義旨之爭：南宋科舉規範之折衝》（杭州：浙江大學出版社，2015 年），第三章〈「永嘉」教師的考試成功標準（約1150～約 1200）〉，頁 67～126。

等數篇均屬史論。胡寅入選的十五篇文章均來自於他的史論著作《讀史管見》。〔註23〕司馬光入選的八篇文章則節選自《資治通鑑》中「臣光曰」的史論部分。歷史評論與論體文寫作正是南宋永嘉學者的特長，〔註24〕從這裡可見《回瀾文鑑》的編選受到永嘉學者及其學術旨趣的影響。

《回瀾文鑑》選錄為數較多史論以及永嘉學者的文章，顯示出在《回瀾文鑑》的成書時代，永嘉學者在科舉考試與古文之學的場域仍有一定的影響力。但同時我們也看到，這種影響力是呈滑落趨勢的，相比在十二世紀後半葉主導考試標準的盛況，已經不可同日而語。據魏希德的研究，自十三世紀始，理學家開始建立另一種時文寫作的標準，以期與永嘉學者競爭，並逐漸在考試場域中取得優勢地位；至十三世紀中葉，理學被奉為官方正統學說，理學思想與文本也成為科舉考試的權威標準。〔註25〕

作為以科舉教育為目的的古文選本，《回瀾文鑑》勢必需要因應這種考試標準的變化，嘗試採納理學的選文標準，因而從《回瀾文鑑》的選文也可以看到明顯的理學色彩。南宋中期的古文選本並未選入大量理學家的作品。〔註26〕《回瀾文鑑》中朱熹、張栻、呂祖謙等人的文章都入選頗多。朱熹是南宋理學

〔註23〕略舉數例如前集卷十四〈諸侯論〉、〈義士論〉均選自《讀史管見》卷一〈周紀威烈王二十三年〉；〈報仇論〉選自《讀史管見》卷一〈秦紀　始皇帝〉；〈諸將論〉選自《讀史管見》卷一〈漢紀　高祖元年〉；〈稱王論〉選自《讀史管見》卷一〈漢紀　高祖三年〉；〈韓信論〉選自《讀史管見》卷一〈漢紀　高祖十一年〉。參見〔宋〕胡寅著，劉依平校點：《讀史管見》（長沙：嶽麓書社，2011年），頁6～32。

〔註24〕相比之下，理學家對於史學與史論的態度則是複雜曖昧的，如朱熹則不輕易教人讀史，《朱子語錄》曰：「讀書須是以經為本，而後讀史。」又曰：「某尋常非特不敢勸學者看史，亦不敢勸學者看經。只《語》、《孟》亦不敢便教他看，且令看《大學》。」又曾多次對呂祖謙等人推重史學的態度表示不滿，曰：「婺州士友只流從祖宗故事與史傳一邊去。其馳外之失，不知病在不曾於《論語》上加工。」參見〔宋〕黎靖德編，王星賢點校：《朱子語類》（北京：中華書局，1986年），卷122，頁2950、2951、2956。

〔註25〕〔比利時〕魏希德著，胡永光譯：《義旨之爭：南宋科舉規範之折衝》第七章〈考試標準的道學轉型（約1200～1274）〉（杭州：浙江大學出版社，2015年），頁237～274。

〔註26〕呂祖謙《古文關鍵》並未選錄理學家作品。樓昉《崇古文訣》雖號稱是「尊先秦而不陋漢唐，尚歐曾而並取伊洛」，具有會通理學與古文之學的傾向。但就實際選文數量來看，《崇古文訣》選錄理學家文章八篇，其中程頤文章三篇，胡寅文章四篇，胡宏文章一篇，數量並不算多；就篇目而言，其中程頤〈論經筵第一箚子〉、〈論經筵第二箚子〉、胡寅〈上皇帝萬言書〉等，都是關切現實政教，彰顯忠義之氣的文章，與性理之學的內容關涉不大。

的集大成者，自不待言，而張栻、呂祖謙也是孝宗朝理學的代表學者，時人稱朱、張、呂三人為「東南三賢」。〔註27〕林之奇、劉子翬、胡寅也是理學名家，呂祖謙受學於林氏，而朱熹嘗從學於劉氏，〔註28〕胡寅則是胡安國之子，胡宏之兄，是南宋「湖湘學派」的代表人物。除以上數人外，尚有司馬光、楊萬里、鄭湜等人與理學關係密切。司馬光雖以史學與政治著稱，但與北宋理學的淵源頗深，甚至有學者將他視作北宋中期理學士大夫集團的領袖。〔註29〕楊萬里以詩名世，但理學造詣亦頗深，著有《誠齋易傳》等。鄭湜也曾因支持理學而被列入「慶元黨籍」。〔註30〕

　　據統計，《回瀾文鑑》的選文中，理學家或與理學相關文人入選作品的數量足有八十三篇之多，達到了目前所知選文總數的二分之一強，同時也遠遠超過了葉適等為代表的永嘉學者入選作品的數量。要言之，《回瀾文鑑》作為一個關鍵個案，反映了理學文化在晚宋的思想文化與科舉考試的場域中逐漸取得統治地位，以及對於晚宋古文選本及古文之學滲透的情勢。

二、評點特色

　　《回瀾文鑑》的旁批與總評呈現出鮮明的特點，可歸納為三點：重視立說意旨；重視篇章結構；重視語言設辭。以下逐次論述。

（一）標揭立意議論，尤重識見與新奇

　　南宋古文評點選本基於指導舉子準備科舉考試的目的，往往在選文及評

〔註27〕因呂、朱、張三人主要活動範圍在傳統中國的東南地域，故後世習稱三人為「東南三賢」。此說出處已不可考，但最早將三人並稱的應當是陳亮。陳亮〈與張定叟侍郎〉曰：「乾道間，東萊呂伯恭（呂祖謙）、新安朱元晦（朱熹）及荊州（張栻）鼎立，屬一世學者宗師。」參見〔宋〕陳亮著，鄧廣銘點校：《陳亮集》（北京：中華書局，1987年），卷29，頁383。

〔註28〕林之奇、劉子翬的行實、著述等可參見〔清〕黃宗羲原撰，〔清〕全祖望補修，陳金生、梁運華點校：《宋元學案》（北京：中華書局，1986年），卷36，頁1244；卷43，頁1399。

〔註29〕參見葛兆光：〈洛陽與汴梁：文化重心與政治重心的分離〉，收入氏著：《中國思想史第二卷：七世紀至十九世紀中國的知識、思想與信仰》（上海：復旦大學出版社，2013年），頁164～193。

〔註30〕事見《宋元學案》及全祖望〈答臨川先生論慶元黨籍鄭湜帖〉中的考述。參見〔清〕黃宗羲原撰，〔清〕全祖望補修，陳金生、梁運華點校：《宋元學案》（北京：中華書局，1986年），卷97，頁3215。〔清〕全祖望撰，朱鑄禹彙校集注：〈答臨川先生論慶元黨籍鄭湜帖〉，《全祖望集彙校集注》（上海：上海古籍出版社，2018年），卷43，頁1663～1664。

點中特別重視議論文（論體文）。〔註31〕《回瀾文鑑》的評點同樣呈現出注重文章立意與議論的傾向。如評前集卷二十葉適〈財計上〉稱「立意極有過人處」，評後集卷二范仲淹〈嚴先生祠堂記〉總評稱「議論真可以光前絕後矣」，皆是極力稱許葉適、范仲淹文章的立意議論。

但是究竟怎樣的文章立意才算是高明過人的？《回瀾文鑑》的編者認為，首先文章須有見識。書中的旁批與總評中，「見識」、「識見」等語出現的頻率極高，可見編者有意識地揭示選文的見識高明之處，引導讀者揣摩學習。所謂「見識」，即指對於人物、世事的認識見解。見識與學問相關，若非博學多聞，見識則不能超越常人，故前集卷十五〈自立為西楚霸王〉的評點在稱許文章議論的同時，指出「非胸中有萬卷書，決未能至此」。前集卷十六陳傅良〈謀〉也稱：「非胸蟠萬卷者未易及此。」當然，所謂有見識，還指立意高遠，即在認識歷史人物與事件時，應把握大處，而不能拘泥於細枝末節。

其次，《回瀾文鑑》堅守儒家本位的立場，尤其推崇符合理學價值觀念的議論，將之稱作「立說純正」、「立說正大」、「議論正大」。如評後集卷五〈衡州石鼓山諸葛忠武侯祠記〉曰：「此記議論正大。」綜觀張栻此文，論及「曹氏篡漢」，而奉蜀漢為正統，顯係依據理學家正統觀而作出的議論。〔註32〕同時，張栻在此文中極力讚許諸葛亮個人道德，以及重建仁義秩序的功業，稱他「凜凜乎三代之佐」，「扶皇極，正人心，挽回先王仁義之風」，也同樣是理學價值觀主導下的議論。可見所謂「正大」，即符合理學價值觀念。類似的情況在《回瀾文鑑》評點朱熹、張栻、劉子翬等人文章中比比皆是。《回瀾文鑑》中重視理學價值觀念的評點，也反映出在晚宋思想界理學文化佔據統治地位的情況下，作為古文選本的《回瀾文鑑》受到南宋理學文化的強大壓力與滲透的情勢。

復次，《回瀾文鑑》書中評點特別強調議論的原創性與新意。如針對前集

〔註31〕 參見吳承學：〈現存評點第一書——論《古文關鍵》的編選、評點及其影響〉，《文學遺產》，2003 年第 4 期，頁 75～76。

〔註32〕 如《朱子語類》載：「問綱目主意。曰：『主在正統。』問：『何以主在正統？』曰：『三國當以蜀漢為正，而溫公乃云，某年某月「諸葛亮入寇」，是冠履倒置，何以示訓？緣此遂欲起意成書。』」可見朱熹以蜀漢為正統，而以曹魏為篡逆，凡此類理學家的正統觀念，在張栻《經世紀年》、朱熹《通鑑綱目》等書中反映頗多，饒宗頤對此有具體論述。參見〔宋〕黎靖德編，王星賢點校：《朱子語類》（北京：中華書局，1986 年），卷 105，頁 2637。饒宗頤：《中國史學上之正統論》（北京：中華書局，2015 年），頁 41～55。

卷十六陳傅良〈形勢〉一文，本書評曰：「議論儘有高處，又且造語精神，皆自出一家機軸。」即稱許陳傅良此文的立意議論，乃是經博觀泛覽、融會貫通後，提出「自出一家機軸」的獨到見解。此外，前集卷十五胡寅〈呂后本紀〉文末總評曰：「末論范祖禹作《唐鑑》與司馬溫公作《通鑑》之則有得有失。議論皆是胸中流出，決非剽竊之見也。」同樣強調了作文議論不應剽竊、複述前人舊說，唯有熟讀羣書、思慮周全後，方能提出獨到且自然的議論見解。

　　若能避免剽竊前人舊說，提出獨到見解，則能形成一種「新奇」的議論風格。《回瀾文鑑》十分重視這種新奇的風格，在旁批及總評經常予以提點。如後集卷十四劉彥沖〈子思〉「聖賢之言有六似，學者不可不察也。明易者似膚淺，發微者似迂闊，循誘者似秘吝，廣譬者似支離，直指者似陵施，樂告者似強聒。察其似，領其要，可以因言會道矣」句旁批「議論新」。先秦典籍中雖亦有「六似」之說，[註33] 但劉彥沖表述的「六似」與前人所言完全不同，當是劉氏為後文討論子思的中和思想而自出機杼，提出的新見。故文中旁批稱「議論新」，以及文末總評曰「此篇首辯六似，言不蹈襲」，所言的當。再如前集卷十五胡寅〈挾書禁律令〉一反前人之說，提出漢高祖不早除挾書之禁，故使伏生老，孔壁壞，其對思想文化之戕害勝過秦之焚棄詩書，立論頗為新奇大膽，故文末總評特別評論此文「議論新奇，前輩所不及，學者切宜玩味焉」，亦切中肯綮。

　　但追求行文新奇，並不意味著與立意純正相悖，否則就容易流於險怪奇澀的文風。文奇與理正，是相輔相成的共存關係。唐代古文家皇甫湜言：

> 夫謂之奇，則非正矣，然亦無傷於正也，謂之奇，即非常矣……使文奇而理正，是尤難也，……以非常之文，通至正之理，是所以不朽也。[註34]

皇甫湜的論述很好地說明了「文奇」與「理正」之間的複雜關係。

〔註33〕《孟子》曰：「孔子曰：惡似而非者。惡莠，恐其亂苗也；惡佞，恐其亂義也，惡利口，恐其亂信也；惡鄭聲，恐其亂樂也；惡紫，恐其亂朱也；惡鄉原，恐其亂德也。」趙岐注曰：「似真而非真者，孔子之所惡。莠之莖葉似苗，佞人詐飾似有義者，利口辯辭似若有信，鄭聲淫人之聽似若美樂，紫色似朱，朱赤也，鄉原惑眾似有德者。此六似者，孔子之所惡也。」參見〔漢〕趙岐注，〔宋〕孫奭疏：《孟子注疏》（臺北：藝文印書館，1981年，影印清嘉慶二十年江西南昌府學刊本），頁263上欄。

〔註34〕〔唐〕皇甫湜：〈答李生第二書〉，〔清〕董誥等編：《全唐文》（北京：中華書局，1983年），卷685，頁7021。

　　《回瀾文鑑》的評點傾向於新奇的議論風格，與此書作為科舉參考用書的性質，以及當時場屋程文的寫作風尚密切相關。宋代科舉考試有嚴格的時間限制，在一定的時間與篇幅的限制下，舉子若想獲得考官青睞而得中高第，勢必需要在文章中提出獨到的觀點，展開新奇的議論。《回瀾文鑑》的選評目的在於指導舉子寫作時文，取得科名，故在評點時格外注重提示新奇的議論風格，便不足為奇了。

　　本書前集卷十七陳亮〈項羽〉總評曰：「文氣雄豪，愈讀愈奇，學者若能識觀於此，必無場屋軟腐之患。」後集卷四汪藻〈信州鄭固道寓屋記〉亦曰：「其敘事自有味，自首及尾，無一語塵腐。」可見《回瀾文鑑》標舉「新奇」文風是與凡俗場屋中「軟腐」、「塵腐」的文風相對的。南宋舉子場屋作文往往剽竊因襲前人文字，導致文章立意庸俗，語言陳腐，時人多有批評。《回瀾文鑑》的評點正是針對當時庸俗陳腐的場屋文風而發，希望通過提倡新奇、自出機杼的議論文風，從而在眾多舉子中脫穎而出，獲得考官的青睞。

（二）揭示篇章結構與行文方法

　　劉勰《文心雕龍・鎔裁篇》言「履端於始，則設情以位體」，〔註35〕強調了謀篇佈局之於文章寫作的重要性。至宋代，論文者對於文章段落與層次的安排亦十分重視，將之視作文章學中的重要組成部分。〔註36〕

　　《回瀾文鑑》的評點亦有相當多涉及討論文章的篇章結構與行文方法的內容。《回瀾文鑑》常將文章拆解為首、中、尾的三段式結構，依次予以述評。整體來看，此書的評點傾向於文首簡要立論，切中事情；文中則鋪敘議論，豐贍而委曲變化；結尾則須簡單有力、有精神。

　　這種篇章結構論與南宋時文的程式密切相關。隨著科舉制度的成熟以及士子對於考試文體的揣摩熟習，科舉時文的寫作格式逐漸程式化，在南宋時期論、經義等考試文體已經形成了固定的寫作程式。〔註37〕陳傅良《論訣》、魏天應《論學繩尺》等書皆可視作為對論體文寫作程式的闡說。陳傅良《論訣》立「破題」、「原題」、「講題」、「使證」、「結尾」六項程式，「原題」、「講

〔註35〕〔梁〕劉勰著，黃叔琳注，李詳補注，楊明照校注拾遺：《文心雕龍校注》（北京：中華書局，2012年），卷7，頁421。

〔註36〕參見祝尚書：〈宋元文章學家論行文〉，收入氏著：《宋元文章學》（北京：中華書局，2013年），頁115～136。

〔註37〕參見祝尚書：〈論宋代科舉時文的程式化〉，收入氏著：《宋代科舉與文學考論》（鄭州：大象出版社，2006年），頁210～232。

題」、「使證」為文章主幹部分，其實與《回瀾文鑑》所論首、中、尾的三段式結構接近。〔註38〕要言之，該書實則是以時文的程式反觀古文作品，試圖從古文作品中汲取時文寫作的學習資源。

《回瀾文鑑》的評點多是針對文章的行文方法而發，這與篇章結構亦存在一定的聯繫。《回瀾文鑑》往往在文首揭示文章的「綱目」。如前集卷十三張耒〈祕丞章蒙明發集序〉「士固有其才，可以有為，不幸不及施與，既施而中奪者，何可勝數」句旁批曰「立一篇綱目」。張耒此文是應友人章邦老的請求，為其父親的文集寫作序文。章氏終生不得志，淹留於低級官職，張耒全文即圍繞「不遇」為中心展開立說。《回瀾文鑑》標揭文章的「綱目」，使得讀者能夠迅速、準確地把握文章主意，同時也是在指導讀者學習在文章篇首立下「綱目」的行文方法。

在文章中部，編者則提倡一種「鋪敘」的寫作手法。所謂「鋪敘」，即鋪排敘述，指在文首立下「綱目」之後，通過議論、引證、使事、譬喻等方式，圍繞文章主意漸次展開論述。《回瀾文鑑》的編者認為，文章中部的「鋪敘」極為重要，必須有條理、層層遞進，不可紊亂無序。故評陳亮〈三王〉曰「中間鋪敘有條」，評胡寅〈有客皆天下俊傑〉時則曰「中間引秦一段，鋪敘尤有條理」。此外，評陳傅良〈吏〉曰「中間鋪敘事證皆切當之」，可知在文章中間引用事證，必須切當、貼近主意，而不可牽強附會，不能離題。

得當地使用行文方法，則能使得文章產生一股流暢疏宕的氣勢，稱之為「文勢」，《回瀾文鑑》的評點對文章的文勢極為看重。前集卷十九收錄葉適的〈君德一〉、〈治勢上〉、〈國本上〉三篇文章，編者在文末總評處分別評曰「文勢清健」、「文勢雍容」、「文勢委曲」。這三篇文章雖皆是葉適所作，但因不同的行文方法，使得呈現出不同的文勢。《回瀾文鑑》敏銳地捕捉了這種差異，並在評點中予以揭示，引導讀者學習揣摩。

（三）重視造語設辭與譬喻修辭

劉勰《文心雕龍》言「綴字屬篇，必須練擇」，〔註39〕強調了文章寫作中鍛煉字詞的必要性。《回瀾文鑑》的評點十分注重揭示文章造語設辭的妙處。

〔註38〕〔宋〕陳傅良撰，〔宋〕方逢辰批點：《論訣》，《蛟峰批點止齋論祖》（濟南：齊魯書社，1997 年，四庫全書存目叢書影印中國南京圖書館藏明成化六年〔1470〕刻本），頁 2a～4a。

〔註39〕〔梁〕劉勰著，黃叔琳注，李詳補注，楊明照校注拾遺：《文心雕龍校注》（北京：中華書局，2012 年），卷 8，頁 481。

該書標舉的造語設辭風格多元，主要有「老健」、「警策」、「清新」等數種，如評李覯〈袁州學記〉曰：「造語極老健」；評胡寅〈四皓論〉曰「造語多警策處」；評葉適〈序發〉曰：「造語清新，無舉子猥俗之氣」。這些評價無疑都恰當準確地揭示了文章的語言風格，超越了一般概括語意式的評點，而具備了文學審美的意涵。

除了在總評中概述整篇文章的語言風格，《回瀾文鑑》還深入文章內部，藉助旁批，針對具體的語言用例，總結風格，揭示高妙之處。前集卷十四胡寅〈諸侯論〉中有言曰：「修德者矜細行，圖治者憂未然。」此二句造語工整，辭意熨帖，故編者在此句旁批曰「造語工」，點出了這兩句語言的妙處。通觀整篇文章，語言凝練峻潔，多以對句出之，工整而不板滯。評者稱「意高而文老，真作者也」，可謂的當。

再如後集卷五張栻〈道州重建濂溪周先生祠堂記〉文中言「明聖相繼，承平日久，元氣胥會」，旁批曰：「善造語」。「元氣胥會」一語不見前人用過，當是作者自鑄新詞，編者敏銳地發現了此語，並在旁批予以揭示，提醒讀者學習模仿。這些針對造語設辭而發的文內旁批，體現出文學評點作為一種隨著閱讀活動展開的文學批評活動，所具有的細緻入微、深入文章肌理的特點。〔註40〕

《回瀾文鑑》的評點尤其注重譬喻的修辭，旁批與總評中處處可見對於譬喻手法的揭示，以及文中譬喻修辭用法優劣的評騭。後集卷十四劉彥沖〈子思〉中言：「近而弗察，遠慕高奇，或探妙於形聲之外，或談微於意類之表，是猶駕艅艎而索舟，策飛黃而問駿，豈不惑哉？」「艅艎」是有名的戰船，「飛黃」是傳說中的神馬。劉氏以駕著艅艎索求舟船，騎著飛黃尋求駿馬，來比喻最有價值的事物明明就在自己身上卻不自知，反而向外在世界孜孜求索的情形，十分形象生動，從而有助於論述子思「反求諸己」的中和思想。編者在此句旁批曰「譬佳」，即肯定了劉氏的譬喻修辭，也提醒讀者注意並學習這種修辭用法。

〔註40〕龔鵬程提煉出「細部批評」的概念，用以涵括「評點」的批評形式，強調其不空談理論，常藉實例引出寫作與閱讀原則，以及從結構、字詞等文章細部入手，發掘文章的美學要素等特點。參見龔鵬程：〈細部批評導論〉，收入氏著：《文學批評的視野》（武漢：華中師範大學出版社，2011 年），頁 226～229。吳承學也認為「評點是一種文本的細讀與分析」，「引導讀者並與之同時展開閱讀的進程」。參見吳承學：〈現存評點第一書──論《古文關鍵》的編選、評點及其影響〉，《文學遺產》，2003 年第 4 期，頁 76。

　　譬喻是修辭的重要手法，重視譬喻修辭是宋元文章學的特點之一，祝尚書即將以譬喻為代表的修辭論，作為宋元時期文章學的主要內容之一。〔註41〕《回瀾文鑑》分析比喻修辭的妙處時，深入文章肌理，細密地闡發文學的特質與美感，這已經超越了一般的科舉評點，頗具文學批評的色彩，足可見該書評點的價值意義。

第三節　文獻價值與文章學意義

一、文獻價值

　　《回瀾文鑑》一書具有重要的文獻價值，這主要體現在：一者此書所附〈二十先生行實〉提供了頗多中小作家的字號、仕宦、行實等信息，具有史料價值；二者此書編選的部分文章，屬於《全宋文》失收的佚文，具有文獻輯佚價值。

　　《回瀾文鑑》後集卷首所附〈二十先生行實〉歷敘司馬光、范仲淹、孫復、等二十位作者的字號、科第、仕宦等內容。這二十先生之中如劉穆元、張震、方恬、陳公顯等人，在南宋當時頗享有文名，故他們的文章多見於《十先生奧論》等南宋文章選本，但因年代久遠，材料闕佚，他們的字號、仕宦等信息竟不為近人所知。〈二十先生行實〉正為我們提供了這些作家的相關信息，有助於我們重探這些曾一度享有文名的作家。

　　如方恬、劉穆元，《四庫全書總目》言：「方恬、劉穆元二人，則史傳俱無可考見矣。」〔註42〕方恬的相關情況尚可參見方回〈贈方太初〉詩自注以及《宋元學案補遺》，〔註43〕知其是方回之族曾祖，字元養，一字仲退，歙縣人，曾試禮部第一。但劉穆元則不見載於史籍，亦不見《宋人傳記資料索引》著錄。據〈二十先生行實〉可知，劉穆元字和卿，登進士第，有文集行於當時，號謙齋。此外，如張震、陳公顯等人不見史籍記載，亦不見《宋人傳記資料索

〔註41〕祝尚書：〈論宋元時期的文章學〉，收入氏著：《宋代文學探討集》（鄭州：大象出版社，2006年），頁239。

〔註42〕〔清〕永瑢等撰：《四庫全書總目》（北京：中華書局，1965年），卷187，頁1704。

〔註43〕〔元〕方回：〈贈方太初〉，《桐江續集》（臺北：臺灣商務印書館，1983年，景印文淵閣四庫全書本），卷20，頁18。〔清〕王梓材、〔清〕馮雲濠編撰，沈芝盈、梁運華點校：《宋元學案補遺》（北京：中華書局，2012年），卷71，頁4144。

引》著錄，據〈二十先生行實〉可知張震字雷叟，登進士第，有文集行於當時，號晉庵；陳公顯，字晦甫，登進士第，有文集行於當時，號順齋。以上諸如此類，皆可補充史料失載之闕。

《回瀾文鑑》還具有重要的文獻輯佚價值，書中收錄的部分文章不為宋人別集、《全宋文》等總集收錄，屬於失收佚文。該書收錄呂祖謙〈高祖論〉、〈景帝論〉、〈武帝論〉、〈詩論〉、〈書論〉等五篇佚文，具有重要的文獻價值，對於學界研究呂祖謙的經學、史學以及文學創作都頗具意義。〔註44〕再如馬存是北宋中後期頗具文名的作家，詩文兼擅，曾獲蘇軾賞識，元祐三年，蘇軾知貢舉時置之高等。〔註45〕但由於種種緣故，馬存的文章《全宋文》竟一篇都未收錄。前集卷十三中收錄馬存〈子長遊贈蓋邦式〉、〈送陳自然西上序〉等文，正可補《全宋文》失收之闕。

再如鄭湜是南宋中期文人，陳振孫《直齋書錄解題》著錄鄭湜《治術》十卷，〔註46〕但已散佚。《回瀾文鑑》及《十先生奧論》中收錄有鄭湜多篇文章，近人蒙文通謂「所取鄭湜文，如〈君體〉、〈相體〉、〈國體〉等，大要即本之鄭氏所進《治術》十卷者也」，所言甚是。〔註47〕今《全宋文》已據《十先生奧論》輯佚得鄭湜部分文章，但《回瀾文鑑》中仍有鄭湜部分文章，如〈君體三〉、〈相體三〉、〈相體四〉、〈國體四〉、〈國體五〉等，尚未被《全宋文》收錄，屬於失收佚文。今據《回瀾文鑑》可輯佚這部分文章，有助於進一步恢復《治術》之原貌以及豐富對鄭湜文章的認識。

二、文章學意義

南宋是中國古代文章學成立的時期，《回瀾文鑑》作為南宋「選集評點類」著述發展序列中的一個關鍵個案，其編輯體例與選評好尚，對於豐富南宋文章學的認識，以及拓展文章學的研究具有重要的意義。

《回瀾文鑑》中評點術語的使用亦頗具特色，一方面可見其對前人評點

〔註44〕關於呂祖謙的這五篇佚文，李由已有專文考述，參見氏著：〈新見呂祖謙佚文輯考〉，《澳門文獻信息學刊》，2020 年第 2 期，頁 30～41。

〔註45〕孔凡禮撰：《蘇軾年譜》（北京：中華書局，1998 年），卷 27，「元祐三年」條，頁 820。

〔註46〕〔宋〕陳振孫撰，徐小蠻、顧美華點校：《直齋書錄解題》（上海：上海古籍出版社，1987 年），卷 18，頁 554。

〔註47〕蒙文通：〈四庫珍本《十先生奧論》讀後記〉，《史學甄微》，收入蒙默編：《蒙文通全集》（成都：巴蜀書社，2015 年），頁 493。

的承傳，另一方面又可見其獨到發揮之處，在古文評點發展史上具有重要的
意義。

首先，在《回瀾文鑑》的評點中，可以看到其對於呂祖謙《古文關鍵》等
古文選本的承傳。呂祖謙在《古文關鍵》卷首〈總論看文字法〉中提出「第一
看大槩主張」，「第二看文勢規模」，「第三看綱目關鍵」，「第四看警策句法」。
〔註48〕在隨文評點中流露出重視文章立意、結構與字句的傾向。〔註49〕這些
文章學觀念都可以在《回瀾文鑑》中找到承傳流衍的痕跡。

學者將《古文關鍵》等南宋選本中文章學思想的核心觀念概括為：標舉文
法的曲折變態與活法圓轉。〔註50〕這種文章學觀念，在《回瀾文鑑》中得到承
傳與進一步強化，在該書的評點中，我們可以看到許多關於文勢圓轉的評語。
如前集卷五張栻〈衡州石鼓山諸葛忠武侯祠記〉「自五伯功利之說興，謀國者
不知先王仁義之為貴，而競於末塗，秦遂以勢力得天下，然亦遂以亡」句旁批
「文勢圓轉」。同卷張栻〈三先生祠堂記〉評曰：「是記發明師道，最有意味，
造意亦多圓轉處，非得正即者不足以及此。」另外，評後集卷三王安石〈送孫
正之序〉亦曰：「此篇以時以道雙關辯起，文勢圓轉。」

整體來說，《回瀾文鑑》欣賞寫作時使用前後起伏、首尾呼應、抑揚幹旋、
曲折迴護等手法，使得文章在結構上呈現出貫通圓融的美學風貌。可見《回
瀾文鑑》繼承了先前古文評點選本提倡活法圓轉的評文觀念，並在文章評點
中予以具體的批評實踐。

以上所論的文章學觀念雖非《回瀾文鑑》所獨創，但該書所具有的文章
學意義不能因此而遭到否定。對此我認同侯體健提出的觀點：

　　南宋的古文評點選本之間互相因襲的情況時有發生，這看似蹈襲稗販

〔註48〕　〔宋〕呂祖謙：〈看古文要法〉，《古文關鍵》，收入黃靈庚主編：《呂祖謙全集》
　　　　　第十一冊（杭州：浙江古籍出版社，2008年），卷首，頁1。
〔註49〕　吳承學：〈現存評點第一書──論《古文關鍵》的編選、評點及其影響〉，《文
　　　　　學遺產》，2003年第4期，頁76～79。
〔註50〕　參見張海鷗：〈南宋古文選本中的文章學思想〉，收入氏著：《宋代文章學與文
　　　　　體形態研究》（廣州：中山大學出版社，2018年），頁67～88。另，侯體健據
　　　　　《古文標準》進一步論證了這一南宋古文評點中的共同取向，祝尚書認為這
　　　　　種提倡活法圓轉的評點，與「江西派」的詩文論有著頗深的淵源。參見侯體
　　　　　健：〈南宋評點選本《古文標準》考論〉，收入氏著：《士人身份與南宋詩文研
　　　　　究》（上海：復旦大學出版社，2018年），頁250～268。祝尚書：《南宋古文評
　　　　　點緣起發覆──兼論古文評點的文章學意義》，收入氏著：《宋代科舉與文學
　　　　　考論》（鄭州：大象出版社，2006年），頁294～297。

的背後，恰可看出他們當時普遍關心的問題是什麼，他們認為好的文章應該有哪些關鍵要素，什麼樣的文章審美是最重要的等等。〔註51〕《回瀾文鑑》作為南宋古文評點選本發展序列中的一個關鍵個案，反映了當時普遍關心的話題與流行的文章學觀念，仍有重要的文章學意義，不容忽視。

《回瀾文鑑》在承傳前人評點術語的同時，也有進一步的發揮，特別是對於一些評點術語使用的流行與意義的凝定，發揮了重要的作用。

《回瀾文鑑》繼承了呂祖謙《古文關鍵》中的一些評點術語，並將之進一步發揮。如《古文關鍵》崇尚「健而有力」的文章風格，〔註52〕常以「有力」一語評點文章，評柳宗元〈晉文公問守原議〉曰：「大抵文字使事須下有力言語。」〔註53〕「有力」的批評話語，在《回瀾文鑑》中得到了更為廣泛、頻繁的使用。如評張耒〈進齋記〉言「鋪敘有力」；評張耒〈送秦少章赴臨安簿序〉言「結有力」；評葉適〈民事下〉言「中間說利害處反覆辯難，節節有力」。在《回瀾文鑑》的評點中，「有力」已經成為文章寫作的一種審美典範，推崇「雄健」文風的評點觀念得到了進一步的發揚。

從「綱目」這一評點術語的使用，更加可以看出《回瀾文鑑》對於《古文關鍵》的承傳與發展關係。「綱目」是呂祖謙《古文關鍵》中十分重要的一個評點術語，不僅在〈總論看文字法〉中將之標舉，在隨文評點中亦經常使用。〔註54〕

《回瀾文鑑》在評點文章時，接受了呂祖謙關於「綱目」術語的定義與用法，並將之作為該書行文方法論的重要組成部分。《回瀾文鑑》編者在前集卷十九葉適〈民事上〉「古者民與君為一」旁批曰：「對立綱目」。「民」與「君」該文立說的中心，全篇文章圍繞此展開議論，層層遞進，曲折迴護。編者敏銳地發現了這一點，使用「綱目」術語描述了「民」與「君」作為立說中心的作

〔註51〕 侯體健：〈南宋評點選本《古文標準》考論〉，收入氏著：《士人身份與南宋詩文研究》（上海：復旦大學出版社，2018年），頁265。

〔註52〕 參見張海鷗：〈南宋古文選本中的文章學思想〉，收入氏著：《宋代文章學與文體形態研究》（廣州：中山大學出版社，2018年），頁71。

〔註53〕 〔宋〕呂祖謙編：《古文關鍵》，收入黃靈庚主編：《呂祖謙全集》第十一冊（杭州：浙江古籍出版社，2008年），卷上，頁22。

〔註54〕 關於呂祖謙所用「綱目」術語的定義與效用，以及其在《古文關鍵》中的重要地位，王基倫已有詳細、深入的論述。參見王基倫：〈綱目與血脈——呂祖謙《古文關鍵》的評文觀點初探〉，收入氏著：《宋代文學論集》（臺北：臺灣學生書局，2016年），頁361～399。

用，從而揭示了該文的脈絡結構與行文手法。此外，前集卷十四胡寅〈諸侯論〉「以幾為戒」旁批「幾字乃一篇綱目」，揭示作者在文首立下「綱目」，作為一篇文章立說的中心。之後在「君子所以貴於見幾而作也」句旁批「應前說」，揭示此處呼應了文首立下的「綱目」，引導讀者揣摩學習前後呼應的行文方法。此篇文末總評曰「此篇以善治天下者當謹於幾微為說」，則再次明確了此文的「綱目」和主意之所在。可見，「綱目」術語在《回瀾文鑑》中得到了廣泛的使用，已經成為該書評點的重要組成部分。

　　《回瀾文鑑》的評點中常用到「常山之蛇」、「常山蛇勢」的術語概念。如後集卷四汪藻〈永州玩鷗亭記〉總評曰：「此記之作本自敘也，最難下筆，今其鋪敘自首及末，如常山之蛇，一字不可增減。」前集卷十三馬存〈送陳自然西上序〉總評曰：「蓋自首句作文便有骨力，直至結尾，一起一伏，如常山蛇勢，非筆挽萬鈞者不及此。」

　　「常山之蛇」典出《孫子》，「常山蛇勢」則出自《晉書‧桓溫傳》，〔註55〕二者表述的涵義類似，皆指在兵法中形容某種首尾相顧、互相救應的陣勢，但《回瀾文鑑》書中卻將之用以形容文章作法，特指一種首尾起伏、互相呼應的行文手法。

　　據目前所見，最早將「常山之蛇」的術語應用於古文評點之中，應當是樓昉《崇古文訣》。〔註56〕樓昉評柳宗元〈東池戴氏堂記〉時曰：「如常山之蛇，

〔註55〕《孫子‧九地》：「率然者，常山之蛇也，擊其首則尾至，擊其尾則首至，擊其中則首尾俱至。」《晉書‧桓溫傳》：「初，諸葛亮造八陣圖於魚復平沙之上，壘石為八行，行相去二丈。溫見之，謂『此常山蛇勢也』。」參見〔春秋〕孫武撰，〔三國〕曹操等注，楊丙安校理：《十一家注孫子校理》（北京：中華書局，1999年），卷下，頁250。〔唐〕房玄齡等撰，中華書局編輯部點校：《晉書》（北京：中華書局，1974年），卷98，頁2569。

〔註56〕在《回瀾文鑑》之前，也曾有以「常山之蛇」評論詩歌、文章的，如《容齋隨筆》言：「老杜近體律詩，精深妥帖，雖多至百韻，亦首尾相應。如常山之蛇，無間斷齟齬處。」《苕溪漁隱叢話》言：「凡作詩詞，要當如常山之蛇，救首救尾，不可偏也。」黃庭堅曾言：「至於作文，深知古人之關鍵。其論事救首救尾，如常山之蛇，時筆未見其比。」但若論「常山之蛇」何時成為一個評點術語，廣泛地應用於古文評點之中，還是應當推《回瀾文鑑》為最早。參見〔宋〕洪邁撰，孔凡禮點校：《容齋隨筆》（北京：中華書局，2005年），卷10，頁944。〔宋〕胡仔：《苕溪漁隱叢話》（北京：人民文學出版社，1962年），後集，卷39，頁321。〔宋〕黃庭堅：〈答王子飛書〉，曾棗莊、劉琳主編：《全宋文》（上海：上海辭書出版社、合肥：安徽教育出版社，2006年），第104冊，卷2281，頁293。

救首救尾。」〔註57〕但《崇古文訣》中使用「常山之蛇」術語的頻率並不高，僅有以上一處；至於南宋其餘古文選本，都未見這一評點術語的使用。真正將「常山之蛇」作為一個評點術語，廣泛而頻繁地用以形容文章中首尾起伏、前後呼應的行文手法，當屬《回瀾文鑑》一書。

「常山之蛇」的評點術語頻繁地應用於明清時期的文論與小說評點之中。如明末文人朱舜水論文即經常用到「常山之蛇」的術語，如嘗言「若其中見理明，主意大，前後首尾如常山之蛇，擊首尾應，擊尾首應，節節相生，字字靈動，則文之極致也」，〔註58〕又言「文章之貴，立格立意，練氣練神。常山之蛇，處處皆應，節節俱靈，真文之神品也」。〔註59〕

明清小說評點與宋元文章學淵源頗深，由「常山之蛇」評點術語的承傳可見一斑。毛宗崗評本《三國演義》九十回評曰：「文如常山率然，擊首則尾應，擊尾則首應，擊中則首尾皆應，豈非結構之至妙者哉！」〔註60〕第一百一五回評曰：「直照應到第一卷，可謂常山率然，首尾相應。」〔註61〕毛宗崗評點特別重視小說的敘事結構與行文手法，〔註62〕「常山之蛇」評點術語的使用正是這一評點立場的體現。

從「綱目」、「常山之蛇」等評點術語的使用，我們可以看到《回瀾文鑑》對於之前古文評點的承傳與進一步發揮，以及對於後世文學評點的深遠影響，足以彰顯《回瀾文鑑》在古文評點與文章學發展脈絡中的重要意義。

原載《臺北教育大學語文集刊》第 40 期（2021 年 12 月），
頁 107～140。收入時有改寫、修訂。

〔註57〕〔宋〕樓昉選評：《迂齋先生標注崇古文訣》（北京：北京圖書館出版社，2005年，《中華再造善本》影印中國國家圖書館藏元刻本），卷12，頁 1a。

〔註58〕〔明〕朱舜水著，朱謙之整理：〈答中村玄貞問三條〉，《朱舜水集》（北京：中華書局，1981 年），卷 11，頁 402。

〔註59〕〔明〕朱舜水著，朱謙之整理：〈與小宅生順（小宅安之）書三十六首，其一〉，《朱舜水集》（北京：中華書局，1981 年），卷 9，頁 298。

〔註60〕〔明〕羅貫中著，〔清〕毛宗崗批評：《毛宗崗批評三國演義》（濟南：齊魯書社，2014 年），第九十四回首評，頁 903。

〔註61〕〔明〕羅貫中著，〔清〕毛宗崗批評：《毛宗崗批評三國演義》（濟南：齊魯書社，2014 年），第一百十五回文中評點，頁 1103。

〔註62〕參見林崗：《明清小說評點》（北京：北京大學出版社，2012 年），頁 101～104。

第捌章 結 語

第一節 論點述要

本書在重建歷史語境的基礎上，利用傳統版本目錄學、西方書籍史的研究方法，圍繞中國晚宋時期（1208～1279）的古文選本及思想文化展開探討。

本書分作上、下二編。上編為「綜論編」，針對晚宋時期古文選本的興起緣由、生成機制、閱讀活動、知識體系進行了綜合研究。

第一，古文選本的興起緣由。本書利用《論學繩尺》、《韻略條式》等材料，論證了古文選本所附批語及點抹符號乃是源自當時科舉考官評閱試卷的形式。同時，提出古文選本在晚宋科舉社會中擁有龐大的受眾，當時的商業出版者因應市場需求，設計了特定的書籍形式與內容，加快了生產與流通的效率，使得時人獲得古文選本的難度降低。科舉社會與商業出版將晚宋社會的「近世因子」串聯起來，形成多面互動的網絡式結構，正是在此歷史語境下，古文選本得以在士人群體間廣泛地流通與閱讀。

第二，古文選本的生成機制。在編輯環節，本書論證晚宋古文選本編輯者多為中下層士人，與南宋中期相比，編輯者群體出現了身分下移的新動向。晚宋古文選本編輯者群體的來源，與晚宋科舉競爭及士人向下流動的社會樣態密切相關。編者的身分下移，使得選本的編輯呈現出功利化的心態，以及通俗化、平民化的立場，在體例方面，形成了「彙編式」的編輯體例；在選文方面，「韓柳歐蘇」的古文典範為理學家與晚宋科舉名家的文章所取代。

在出版環節，本書考述現存晚宋古文選本大多為由建陽商業書坊刊刻的

版本，同時利用書籍序跋等材料，論述了晚宋古文選本在付梓出版時面臨的激烈的競爭情勢。本書指出因應激烈的出版競爭，商業出版者針對書籍的題名、牌記、用紙、版式特徵等物質形態等作出調整，以及針對選目、注解、署名等文本內容進行增刪改易，這些改易工作都出於商業謀利的目的，體現出強烈的功利化取向。

第三，古文選本的閱讀活動。低廉的書籍價格與多元的閱讀途徑，使得古文選本在晚宋時期有機會滲透入至更下層的士人社群之中，中下層士人也是晚宋古文選本最主要的閱讀社群。本書利用書籍形式，重構了晚宋古文選本讀者的一種閱讀技巧──利用注解、評語、點抹符號等，得以迅速與精準地將文章的立論主意、行文技巧、字句妙處等理解、掌握。這種閱讀方法體現出「實用性」與「功利化」的色彩。隨著古文選本在晚宋士人群體間的廣泛流行，這種功利化的閱讀方法在晚宋士人世界中產生了重要的影響，形成了「讀書偷惰」、「學風惡化」的社會風尚。

第四，古文選本所見古文之學的演變。本書利用晚宋古文選本，考察了時人關於古文概念、編輯體例、文體分類、經典形塑、文章解說等方面的認識，從而探討晚宋古文之學的變遷與流轉。首先，中唐北宋的古文家建構了以道德為中心、精英式的古文知識體系，但在晚宋古文選本中被轉化為以場屋競勝為目的、功利化的「古文」概念。其次，晚宋古文選本在編次體例方面呈現出多元化的發展趨勢，在文體認識方面呈現出精細化的新動向。這些新變最終都導向「更好地配合古文閱讀與舉業學習」的功利性目的。復次，本書論述了晚宋古文選本在作家、文本以及批評話語經典化過程中的意義：古文選本的「擇精」與「篩汰」發揮了「經典確認」的作用，而「彙編式」的體例，也使得前人的批評話語得以集中呈現。同時作為非精英士人的流行書籍，將這種經典的認識向社會中下階層的讀者群體進一步拓展與傳播。最後，本書認為北宋論文普遍「重宏觀、輕細部」，「重內容、輕技法」，至南宋中後期開始轉軌，重視文章技法層面的解說。而晚宋古文選本聚焦於總結文章寫作的規格化技法，以及思考如何指導讀者寫作，針對文章技法的解說更加趨於精細化、可操作性。

第五，古文選本所見理學的向下傳播與思想變容。本書以古文選本（以及其他科舉參考書）為線索，考察理學在晚宋時期向一般知識階層傳播、滲透的過程，以及在此過程中所發生的文本篩選及思想變容。本書認為在晚宋時

期，理學成為社會主流學說及科考出題標準，包括古文選本在內的科舉參考書因應此一變化，開始積極選錄與改編理學著作。理學文本憑藉舉業用書的刊印頻速、數量龐大、流布廣遠等特點，得以在中下層士人群體間廣泛傳播，成為普遍接受的「一般性的思想」，構成宋元時期理學向下傳播進程中的重要一環。另一方面，理學進入科舉參考書後，遭到多重的篩選與轉化，至少存在文本的篩選、結構的改造、文學性的評點等三個方面。這些變容多為後世所繼承，構成南宋與元明「近世」之間的連結。

下編為「個案編」，利用傳統版本學的研究方法，針對《文章正印》、《回瀾文鑑》兩部稀見晚宋古文選本進行了個案研究。

《文章正印》庋藏於臺北故宮博物院，由劉震孫編選，經廖起山校正，於咸淳九年（1273）刊刻於福建建陽，不見他館收藏，屬海內外孤本。該書採選歷代諸家各類文章，並且彙編前人的評語、圈點而成，屬於「彙編式評點選本」。全書依文體類編，共分作十六類文體，選文偏好宋人文章，尤其是選入大量南宋理學家的文章；在彙編前人評注時，尤為看重樓昉與呂祖謙的評點。該書與《古文集成》的內容大量重複，二書存在文獻因襲關係。該書具有重要的文獻價值：保存了《全宋文》失收的宋人佚文共計十四家三十五篇，以及署名敬齋的南宋評點選本《古文標準》的部分內容。同時作為南宋文章學著述的一種，該書展示了晚宋時期理學文化向古文選本與古文之學滲透的情勢，對南宋文章學研究具有重要的意義。

《回瀾文鑑》現存三個版本，本書針對南京圖書館藏本及寧波天一閣博物館藏本進行了版本調查，考述版式特徵、序跋鈐印、遞藏源流等內容。該書以作者為目進行編次，書內附雙行小字注解，行間附小字旁批，文末附總評。旁批多是針對具體的字句以及結構等揭示手法、評價優劣；總評則先概述文章主意，次歷敘文章結構，最後整體評價文章技巧、風格等。該書選文傾向於選錄南宋同時代的作家與作品，而對北宋、唐代及唐以前的作品則相對缺乏編選的興趣。評點特色體現為：標揭立意議論，尤重識見與新奇；揭示篇章結構與行文方法；重視造語設辭與譬喻修辭。這體現出評點作為一種聚焦文本細部的文學批評活動，所具有的深入文章肌理、揭示文章美感要素的特質。本書論述了《回瀾文鑑》的重要文獻價值：保存了劉穆元、張震、陳公顯等稀見的宋人傳記信息，同時保存了呂祖謙、馬存、鄭湜等宋人的佚文，可補《全宋文》失收之闕。同時該書作為南宋古文評點選本發展序列中的一個關鍵個案，其編輯的

體例、選文評點的好尚，以及評點術語的使用，在古文評點與文章學的發展脈絡中有著重要意義。

第二節　功利閱讀中的「近世性」

　　透過本書的討論，可以得知晚宋古文選本的興起緣由、生成機制、閱讀活動，以及關於「古文」的認識、書籍編次體例、文章技法解說等諸多方面，都集中體現出強烈的「實用性」與「功利化」的傾向。

　　當古文選本失去了「高古」的文化趣味，褪去了「明義理，切世用」以及寄託個體情志懷抱的功用，從「君子之事業」徹底淪為「舉子之事業」，這引起部分精英士人的不滿，在史籍中可以找到不少此類的批評意見。但在我看來，這些批評意見多少是出自精英士人特定立場的偏見。

　　此處援引明代文論家唐順之的一則材料。唐順之曾在〈與茅鹿門書〉中批評茅坤的古文評點之學，他認為：

> 雖其繩墨布置、奇正轉摺自有專門師法，至於中一段精神命脈骨髓，則非洗滌心源，獨立物表，具古今隻眼者，不足以與此。
>
> 雖其專專學為文章，其於所謂繩墨布置則盡是矣，然番來覆去不過是這幾句婆子舌頭語，索其所謂真精神與千古不可磨滅之見，絕無有也，則文雖工，而不免為下格。[註1]

唐順之是文章大家、精英士人，在他看來，文法評點與「繩墨佈置」的研習，不過是「幾句婆子舌頭語」，據此僅僅只能作出「下格」的文字。作為「文章本色」的鼓吹者，唐氏主張作文應當「直攄胸臆」，「開口見喉嚨」，「率意信口，不調不格」，強調文中的「一段精神命脈骨髓」。[註2] 這種觀點比之於宋人，大抵與蘇軾所言「衝口而出，縱手而成」，[註3]「如行雲流水，初無定質，但

〔註 1〕〔明〕唐順之，馬美信、黃毅點校：〈與茅鹿門書〉，《唐順之集》（杭州：浙江古籍出版社，2014 年），頁 294～295。

〔註 2〕唐順之作為明代「唐宋派」文人群之一員，論文深受當時流行的陽明心學之影響，強調創作者的主體精神。關於唐順之的文學理論，參見廖可斌：《復古派與明代文學思潮》（臺北：文津出版社，1994 年），頁 255～302。馬美信：〈前言〉，收入〔明〕唐順之著，馬美信、黃毅點校：《唐順之集》（杭州：浙江古籍出版社，2014 年），書首，頁 6～10。

〔註 3〕〔宋〕蘇軾撰，孔凡禮點校：〈跋劉景文歐公帖〉，《蘇軾文集》（北京：中華書局，1986 年），卷 69，頁 2198。

常行於所當行，常止於所不可不止」，〔註4〕陸游所言「文章本天成，妙手偶得之」〔註5〕，以及蘇洵、張元幹所言「風行水上，自然成文」的論文觀點是一致的。

唐順之、蘇軾、陸游、張元幹等人論文的觀點固然高明，故在精英士人間頗受推重，但是他們的論文主張高度依賴於創作主體的才智稟賦與主觀體悟，正如唐氏所言「非洗滌心源，獨立物表，具古今隻眼者，不足以與此」。〔註6〕因此，這種觀點對於社會間廣大的中下層士子不甚適用。

對於應舉士子、初學作文者等中下層士人而言，相比抽象的「精神命脈」、「風行水上」的觀點，茅坤以及晚宋古文選本致力闡說的「繩墨布置」以及規格化技法，更具可操作性和易於摹擬研習。正因如此，富有「功利性質」的晚宋古文選本，往往為精英士人們不屑，但卻在當時社會的中下層士人群體間廣泛流行、頗受歡迎，正是因為它們完美地契合了中下層士人們的閱讀需求與期待。

當然，本書無意針對「精神命脈」與「繩墨布置」二者的優劣作出價值判斷，而是希望揭示晚宋古文選本代表的文化現象及其價值意義。

首先，就社會文化而言，晚宋古文選本的「功利化」傾向，背後連結的是南宋以降閱讀受眾的下移與文章學習的通俗化轉換。南宋以降的近世社會，在科舉考試、教育普及、印刷出版等多種因素的作用下，讀者群體出現身分下移的情勢，中下層士人成為文章閱讀與學習的主體。而古文選本正是在中下層讀者的文化趣味與閱讀期待下應運而生的產物。晚宋時期的古文選本滿足了社會中下階層讀者的「功利閱讀」的需求：省去博觀泛覽之勞困，只需閱讀被選錄出的精華文本；在注解、評語、點抹符號等輔助下，迅速、精準地掌握文章的內容主意、行文技巧、字句妙處。在南宋至元明「近世轉型」的視角下，社會文化整體朝著「通俗化」、「大眾化」的方向發展。古文選本與古文之學的「功利化」趨向，正是文學閱讀與寫作通俗化轉換的先聲，不乏「近世性」的意義。

〔註4〕〔宋〕蘇軾撰，孔凡禮點校：〈謝民師推官書〉，《蘇軾文集》（北京：中華書局，1986年），卷49，頁1418。

〔註5〕〔宋〕陸游撰，錢仲聯校注：〈文章〉，《劍南詩稿校注》（上海古籍出版社，2005年），卷83，頁4469。

〔註6〕〔明〕唐順之，馬美信、黃毅點校：〈與茅鹿門書〉，《唐順之集》（杭州：浙江古籍出版社，2014年），頁294～295。

　　其次，就文學內部而言，晚宋古文選本走向「功利化」的過程，實質是晚宋以降圍繞古文寫作的知識，漸次褪去義理的束縛，走向細密化、可操作性的過程。宋人范溫曾於《潛溪詩眼》中論詩歌之「句法」云：

> 句法之學，自是一家工夫。昔嘗問山谷：「耕田欲雨刈欲晴，去得順
> 風來者怨。」山谷云：「不如『千巖無人萬整靜，十步回頭五步坐。』」
> 此專論句法，不論義理，蓋七言詩四字三字作兩節也。〔註7〕

與之類似，在晚宋古文選本中，同樣是「不論義理」，專論「文章技法」，將關注點聚焦於總結文章寫作的規格化技法，以及思考如何指導讀者寫作。也正因為如此，「古文之學」也像「詩學」一般，得以成為「一家工夫」，完全以一門獨立學問的姿態屹立於中國的文學格局之中。這是「為功名而讀」的晚宋古文選本之於中國文章學，乃至於中國文學發展脈絡中的重要意義。

〔註7〕郭紹虞輯：《宋詩話輯佚》（北京：中華書局，1980年），上冊，頁330。

附錄壹 《全宋文》失收佚文三十五篇輯錄

　　臺北故宮博物院藏宋刻孤本《文章正印》具有重要的文獻價值，保存《全宋文》失收的宋人佚文共計十四家三十五篇。這些宋人佚文的發現，有助於豐富學界關於宋代文學與思想文化的認識，具有重要的學術意義。今將此次輯得宋人佚文十四家三十五篇悉數錄出，同時對作者生平、寫作時間及文本價值等略作考述。

　　佚文依原書中的位置進行編次，惟同一作者的文章則合而置之；前十一篇佚文僅見本書，後二十四篇佚文又見他書，文獻價值有高下之分，亦以作區別。

一、陳耆卿〈移梅記〉《文章正印》前集卷十三

　　予後圃有二梅，下穴糞壤，旁亂葦棘，縱斧之餘，生意掇掇，如綫梅以雪標冰格而辱居於是，不入騷人勝士之目，而皀隸得戕賊之，亦不幸甚矣。一日涉足，問訊生死，外哀其顛悴，移而植之堂之南焉。既迄工，突有爽致，浮於埃坉之外，清香湊鼻，縞色照目，或俯或仰，可敬可親，異乎昔之所以為梅也。物之遇不遇，其類是邪？詩家者，流寵梅多矣。水月之句，故無以易吾和靖也。然吾有憾焉，蓋以其取諸水月也，夫梅豈附麗而奇者哉！夫梅豈附麗而奇者哉！

　　按：陳耆卿（1180～1236），字壽老，號篔窗，臨海人，嘉定七年（1214）進士，官至國子監司業，端平三年卒，年五十七，著有《篔窗集》、《論孟紀

蒙》、《赤城志》等。陳耆卿嘗從學於葉適，是永嘉學派的重要傳承者。陳耆卿繼承了葉適「欲合周程、歐蘇之裂」的學術理路，[註1]在學術上「探周、程之旨趣，貫歐、曾之脈絡」，[註2]會通洛蜀，並重文道，故他的文章「馳騁羣言，特立新意，險不流怪，巧不入浮」，「歸然為世宗」，[註3]對宋末文壇有著重要的影響。

《移梅記》不見於今本《篔窗集》，[註4]亦不為《全宋文》收錄，當屬佚文。《篔窗集》中有《植松記》一文，內中敘移植松樹於堂下之事，並以松寓人，與此文內容相近，或是同時而作。《植松記》中有「辛未春」之語，當是在嘉定四年（1211）所作，此文或亦作於此時。

二、楊萬里〈霜節堂記〉《文章正印》前集卷十四

淦江之胡，俗尚真素，故其緒願以愨；業尚勤肄，故其室亨以盈。襟帶圖史，故其子孫文而秀；尸祝師友，故其賓客英且傑。如清江二嚴、艮齋一謝，皆與之還往，予雖耳剽而未面識也。予方造朝庀職，友生蕭森追送予於白沙，固請曰：「胡君邦仲經始一堂，旁羅六齋，前陳萬竹，將使其子弟耕於是，獵於是，以穫享百聖之皋壤。願因森以假寵於門，請名斯堂而記之。」予曰：「子不觀夫堂下之竹乎？石老而瘦，土悍且堅，若無物也。春雷夜興，土膏併裂，朝起視之，牙者、角者、長者、短者、彪者、炳者、洪者、纖者，如錐出囊，如觝觸藩，人固玩而怡之。雨一濯焉，風一摑焉，漂然鳳蹌，跂然龍升，拔起平地，蕩靡昭回。君子之學，出乎士，極乎聖，發乎身，加乎天下國家，固不當爾乎？不知其人，視其友；不知胡氏，視其竹。退之云：『標節儲霜。』嘗試以『霜節』名之其可。齋曰存，曰率，曰敏，曰養，曰求，曰悱云。」

[註1] 劉壎《隱居通議》：「永嘉有言：洛學起而文字壞。此語當有為而發。聞之云臥吳先生曰：近時水心一家，欲合周程、歐蘇之裂。」云臥吳先生當是吳汝弌。參見〔宋〕劉壎：《隱居通議》（北京：中華書局，1985年影印叢書集成初編本），卷2，頁17。

[註2] 〔宋〕吳子良：〈篔窗集跋〉，陳耆卿著，曹莉亞點校：《陳耆卿集》（杭州：浙江大學出版社，2010年），頁159。

[註3] 〔宋〕吳子良：〈篔窗續集序〉，陳耆卿著，曹莉亞點校：《陳耆卿集》（杭州：浙江大學出版社，2010年），頁157～158。

[註4] 陳耆卿《篔窗集》不見《宋史・藝文志》，馬端臨《文獻通考》著錄，或元時已散佚。四庫館臣從《永樂大典》中採輯得《篔窗集》十卷。清末楊晨輯《台州叢書》，又得《篔窗集補遺》一卷。今人整理本《陳耆卿集》即以上兩本為底本。

　　按：楊萬里（1127～1206），字廷秀，吉水人，紹興二十四年（1154）進士，有《誠齋集》、《誠齋易傳》等著作傳世。《誠齋集》收錄楊萬里詩文遺佚較多，今人辛更儒根據宋人總集、類書、《永樂大典》及地方志等輯補若干詩文，並指出「可見誠齋詩文遺佚之夥，僅此即可看出其詩文增補之必要。」〔註5〕《霜節堂記》不見於《誠齋集》，亦不為《全宋文》收錄，而辛更儒《楊萬里集箋校》亦未能輯得此文。考周必大《平園續稿》卷八、《益公題跋》中有《跋楊廷秀所作胡氏霜節堂記》一文，當即為楊萬里此文所作。周必大文中云：「清風嚴霜本不相為謀，兼二美者竹也。友人楊公廷秀平居溫厚慈仁，真可解慍，臨事則勁節凜然，凌大寒而不改。名堂作記，曲盡竹之情狀，蓋身之非假之也。今胡氏既知一日不可無此君，其可三日不讀此記乎？」〔註6〕跋文內容正與此文相符，可證此文不偽。

　　楊萬里此文是應胡邦仲的請求，為胡氏所建霜節堂撰寫的記文。胡邦仲，事跡無考。南宋詩人曾丰有《題胡邦仲霜節堂》詩，張鎡有《霜節堂》詩，亦為胡氏霜節堂而作。楊萬里與曾丰、張鎡俱有交往，故二人作詩或亦在情理之中。〔註7〕

　　楊萬里記文中言「友生蕭森追送予於白沙」，「白沙」當時江西吉水白沙（今江西省吉水縣白沙鎮），即楊萬里吉水鄉里。又言「予方造朝蒞職」，故此文當作於楊萬里某次自吉水赴京城就職之時。周必大跋文作於慶元三年（丁巳，1197），但楊萬里此時已經退居鄉里，數年後便致仕，無赴京之事，故此文當作於慶元以前。考楊萬里行實，多次赴京，但或自南昌、建康入京，或入京赴舉而非為就職。惟自淳熙九年（1182）丁母憂鄉居，至淳熙十一年（1184）十月召為吏部員外郎，十一月自吉水赴臨安就職。〔註8〕故《霜節堂記》或作於淳熙十一年十一月前後。

〔註5〕〔宋〕楊萬里著、辛更儒箋校：《楊萬里集箋校》（北京：中華書局，2007年），附錄補遺，頁5315。

〔註6〕曾棗莊、劉琳主編：《全宋文》（上海：上海辭書出版社、合肥：安徽教育出版社，2006年），卷5133，第230冊，頁230。

〔註7〕楊萬里曾作〈送曾秀才歸永豐〉，或為曾丰而作，曾丰集中亦有〈次韻楊誠齋雪中詩〉，乃是和楊萬里〈晴後再雪〉之詩。淳熙十六年（1189），楊萬里為張鎡《南湖集》作序，序文見《誠齋集》卷八十。集中另有〈木犀初發，呈張功父〉、〈和張功父夢歸南湖〉、〈和張功父聞子規〉等詩，足見二人交從過密。參見〔宋〕楊萬里著，辛更儒箋校：《楊萬里集箋校》（北京：中華書局，2007年），頁3251、1171、1187、1233。

〔註8〕于北山：《楊萬里年譜》（北京：中華書局，2017年），頁264～279。

　　《霜節堂記》以竹喻人，表達了「君子之學，出乎士，極乎聖，發乎身，加乎天下國家」的士大夫理想，實有藉機抒懷之意。周必大《跋楊廷秀所作胡氏霜節堂記》，對楊萬里的品格以及此篇記文頗有揚揄。周必大跋文經《平園續稿》、《益公題跋》等得以流傳，而楊萬里的原文卻一度亡佚。後人讀周必大跋文，想見楊萬里原文而不可得，不可謂不是缺憾。此次輯佚，正可彌補此缺憾。

三、李宗勉〈陳大猷書集傳序〉《文章正印》後集卷七

　　余嘗歎古文《尚書》燔毀散落，二帝三王之跡幾熄，而一縷之脈寄於垂盡之處叟，將壞之古壁，斷文吃語，泊味希聲，帝德王功，寥寥猶在，非宇宙間大幸歟？謂當一出而君堯舜，臣皋夔，時雍世泰，獸舞鳳儀也。然治降而為雜伯書，轉而為紀傳，漢終不能自異於秦，唐亦不能無愧於漢。蓋此書焚而遂為秦，無議也。此書千五百餘載矣，代豈無聖，時豈無儒，而書之用不一還諸古，書之義不一備諸今，其與未脫於處老之口，未出於魯壁之藏，一燼之烈猶故也。陳君大猷始用武夷釋經法，東萊讀詩例，緝羣言，附己意，總為集傳，別為問答，則由漢以來稱傳注者學弗能過矣。嗟夫，《書》之難明也，以羣聖人之用未易識，紀羣聖之用而為良史者，亦未易識也。聖人如化工，良史如善畫，讀書者如觀畫矣。化工密庸丹青難與，雖良史不能盡畫也。良史誠善畫，後人亦未必能盡識其畫也。蓋畫者難識畫者，尤難識聖人。斯識畫矣，聖人未易識也，畫聖人者，亦豈易識哉？雖然，君今識聖人矣。

　　按：李宗勉（？～1240），字彊父，富陽人。開禧元年（1205）進士。端平間累拜左丞相。《宋史》本傳稱：「守法度，抑僥倖，召用老成，尤樂聞讜言。趙汝騰嘗稱宗勉為公清之相。」〔註9〕此文是李宗勉為陳大猷《書集傳》撰寫的序文。陳大猷，東陽人，紹定二年（1229）進士，著有《尚書集傳》。〔註10〕《書集傳》不見《宋史·藝文志》、《文獻通考》等著錄，後世朱彝尊《經義考》以及《四庫全書總目》認為此書已佚。但實際中國國家圖書館保存有一部宋刻元修本。〔註11〕但該本並非完帙，卷首無此篇序文。此文亦不見《全宋文》

〔註9〕〔元〕脫脫等撰，中華書局編輯部點校：《宋史》（北京：中華書局，1985年），卷405，頁12237。

〔註10〕〔清〕王梓材、馮雲濠：《宋元學案補遺》（北京：中華書局，2012年），卷74，頁4311。

〔註11〕陳良中對中國國家圖書館藏《書集傳》的版本及流傳有詳細的考辨，參見陳良中：〈東陽陳大猷《書集傳》學術價值謭議〉，《圖書情報工作》，2012年第23期，頁144～148。

收錄，當屬佚文，具有重要的文獻價值。

　　元人吳師道《敬鄉錄》稱陳大猷《書集傳》「採輯羣言，附以己意。李文清公宗勉為序」，並稱「宋季其說盛行云」。〔註12〕明人應廷育《金華先民傳》言：「陳大猷，東陽人，……著《書集傳》，用朱子釋經法，仿呂東萊《讀詩記》，採輯羣言，附以己意。」〔註13〕則應氏或目睹此篇序文，故針對陳大猷《書集傳》體例的評價與李宗勉如出一轍。同時根據吳、應二人所言，可證此文不偽。

　　宋時有兩位陳大猷，一者為東陽人，一者為都昌人，皆有《尚書》學著作，故後世書志所載二人的號、著作一直以來存在混淆不清的情況。今人陳良中曾通過細緻的考辨，指出《書集傳》的作者當是東陽陳大猷，且在學派歸屬上，此書無心學痕跡而受朱熹、呂祖謙影響較大。〔註14〕如今根據新輯得李宗勉序文，可進一步證成陳氏觀點。都昌陳大猷生於嘉定十七年（1224），開慶元年（1259）進士及第，李宗勉嘉熙四年（1240）去世，則基本沒有可能為都昌陳大猷的著作寫序。李宗勉序文中評價此書著述體例與宗旨稱：「陳君大猷始用武夷釋經法，東萊讀詩例，緝羣言，附己意，總為集傳，別為問答，則由漢以來稱傳注者學弗能過矣。」李宗勉基於作序者視角與當時人認知而給出的評論，自然具有重要的參考價值，可以進一步確證陳大猷《書集傳》在學術旨趣上受朱熹、呂祖謙著述的影響，而無心學的痕跡。

四、王子俊〈尹直卿三子名序〉《文章正印》後集卷七

　　余曩年客恩江，有友數人焉，尹直卿其一也。頃者，移書為其三子徵余為之名。余辭不獲，則皆名之曰「魯」，而繫之以伯、叔、季，以為之別。夫魯者，才之反也，士而才也，蓋鮮才也，吾斯喜之矣。微吾實喜之，將古之人，莫不喜也。然而喜生慕，慕生敬，則吾奚惡於才。喜生歎，歎生鄙，則是才也者，道之蠹也。大道之不行，而人自為學吾有也，斯恃吾過也。斯飾才乎，才乎烏得而粹諸？是故莫若舉而歸之於愚，則去道也尤近。一部《論語》，由、

〔註12〕〔元〕吳師道：《敬鄉錄》（臺北：臺灣商務印書館，1983 年，景印文淵閣四庫全書本），卷 13，頁 9b。

〔註13〕〔明〕應廷育：《金華先民傳》（民國十三年〔1924〕續金華叢書本），卷 7，頁 10b。

〔註14〕參見陳良中：〈《書集傳》作者陳大猷籍里及學派歸屬考論〉，《揚州大學學報》（人文社會科學版），2013 年第 4 期，頁 64～76。

求、商、賜之徒，爭英角辯者，千條萬端，鋒芒凜如也。顏回之愚，曾參之魯，此其號之云者，後世之士類聞而笑之，然而諸子車仆馬豬，終身馳騖，而莫能近，此可以發學者之深省矣。余少之時，往往有是病。蓋行年三十而後知二十九年之非，窮於外而返於家，以回視夫馳驅征涉之勞頓，不可惜也哉？咨汝三子，筆銳且銛，歲禿千毫，研顧鈍甚，百歲不易，吾願汝以是而將而心；晨炊徑造，朝發暮達，迷而後返，詰屈十舍，吾不願汝以是而蹈吾悔。咨汝直卿，道，吾廬也，文，吾庭之華若草也，富貴利達，吾門外之游塵宿靄也。弗視弗鞭，於余言乎何徵，誠有意焉，其為而子誦之。

　　按：王子俊，字才臣，一字巨臣，號格齋，吉水人。周必大、楊萬里館客。安丙帥蜀，嘗辟為制置使屬官。著有《三松集》、《格齋四六》等。尹直卿，《宋詩紀事》載：「德鄰，字直卿，永豐人，紹熙中太學生。」〔註15〕王子俊文中稱「曩年客恩江」時，與尹直卿相識。恩江，位於江西永豐。故當即《宋詩記事》著錄此人無疑。

　　《直齋書錄解題》著錄「《三松集》十八卷」，《文獻通考》因之。〔註16〕《三松集》久佚，今僅存《格齋四六》一卷。《全宋文》亦僅根據《格齋四六》收錄王子俊的四六文，而無一篇古文。〈尹直卿三子名序〉則是「名字說」類文體，屬於古文文體。〔註17〕王子俊從學於楊萬里，楊萬里嘗謂王子俊「發而為文，自鑄偉辭。……其古文有韓、柳之則。」〔註18〕今輯佚得此文，正可管窺王子俊古文寫作的風格與藝術成就，有助於豐富學界關於王子俊文學及思想的認識。

五、楊時〈中庸序〉《文章正印》後集卷九

　　聖人之學，其至矣乎。親炙之徒多至乎三千，而得其傳者，何其少也。孔

〔註15〕〔清〕厲鶚：《宋詩紀事》（北京：中華書局，1983年），卷58，頁1465。

〔註16〕參見〔宋〕陳振孫，徐小蠻、顧美華點校：《直齋書錄解題》（上海：上海古籍出版社，1987年），卷18，頁551。〔元〕馬端臨：《文獻通考》（北京：中華書局，2011年），卷241，頁6529。

〔註17〕關於名字說的文體淵源、寫作特徵及文化意蘊，可參見劉成國：〈宋代字說研究〉，《文學遺產》，2013年第6期，頁64～76。張海鷗：〈宋代的名字說與名字文化〉，《中山大學學報》（社會科學版），2013年第5期，頁16～30。

〔註18〕此語不見於《誠齋集》，見〔宋〕岳珂：《桯史》（北京：中華書局，1981年），卷15，頁173。〔清〕永瑢等：《四庫全書總目》（北京：中華書局，1965年），卷159，頁1371。

子沒，其後離散，分處諸侯之國，獨曾子為能授之子思，子思傳之孟軻而止爾。其所傳之學可考而知者，子思之《中庸》是也。然其為書，微極乎性命之際，幽盡乎鬼神之情，廣大精微，罔不畢舉，而獨以「中庸」名書，何也？予聞之師曰：「不偏之謂中，不易之謂庸。中者，天下之正道；庸者，天下之定理。」推是言也，則其所以名書者，義可知也。世之學者，智不足以致知，明不足以盡誠，而妄意聖人之微言，故物我異觀，天人殊歸，而高明中庸之學，始二致矣。謂高明者，所以處己而同乎天；中庸者，所以應物而同乎人，則聖人之處己者常過乎中，而與夫不及者無以異也。為是說者，又烏足議聖學哉。然聖人之意，言所不能傳；聖人之言，書所不能盡，則遺經雖存，猶不能喻人弗達，以予之淺陋，詎能盡發聖人之蘊，而使人易知哉？姑道其一以開其端，庶乎學者因吾言思之，其或有得矣。

按：楊時（1053～1135），字中立，將樂人，熙寧九年（1076）進士，宋代著名理學家，學者稱「龜山先生」。嘗從學於程顥、程頤，後講學東南，將河洛之學傳播至南方地區，朱熹、張栻之學，其源皆出於楊時。有《二程粹言》及《龜山集》等行於世。《中庸序》一文不見於《龜山集》，亦不為《全宋文》收錄。《中庸輯略》卷上引述自「然其為書微極乎性命之際」至「又烏足以議聖學哉」一段文字，署名「楊時曰」。衛湜《禮記集說》卷一百二十三同，署名「延平楊氏曰」。可證此篇文字其來有自。

楊時繼承了二程《中庸》學的思想，並進一步有所闡發，著有〈中庸義〉一書。《龜山集》卷二十五收錄〈中庸義序〉一文。〈中庸義序〉與上述文字不同，但思想內容多有相近之處，如兩篇文章都引述了二程關於「中庸」二字的闡釋，敘述了先秦儒學傳承的譜系並認為《中庸》一書獨得其傳等。兩篇文章之間的具體關係，則有待進一步之研究。

六、胡銓〈硯岡文集序〉《文章正印》後集卷十二

大抵立言各有體，詩欲典實，賦欲鋪張，誌欲條暢，銘欲簡當，碑欲質樸，誄欲悽愴，箴欲頓挫，頌欲從容，論欲精緻，說欲開爽，奏欲詳閑，贊欲清新，哀欲激切，騷欲風雅，辭欲寡約，詔欲宣明，冊欲謹嚴，令欲尊嚴，教欲溫和，文欲妍麗，表欲顯著，書欲舒徐，彈欲剛勁，啟欲暴白，箋欲華藻，序欲該洽，符命欲深，述贊欲廣，連珠欲婉，行狀欲博，對問欲審，自詩書以來，班班可考，不可誣也。是故詩則蘇李發其秘，賦則賈馬開其端，誌則任彥

昇〈劉夫人〉擅其宗，銘則〈燕然〉〈座右〉為之冠，碑則〈郭林宗〉〈陳仲弓〉專其美，誄則曹植潘安仁得其要，箴則張茂先〈女史〉索其隱，頌則子淵〈賢臣〉孝山〈出師〉擷其奇，論則〈過秦〉〈講德〉咀其華，說則韓非〈說難〉探其賾，奏則阮嗣宗摘其微，贊則孝若彥伯窺其奧，哀則〈永逝〉盡其情，騷則〈七發〉〈七啟〉續其緒，辭則〈秋風〉〈歸去來〉萃其英，詔則漢武〈賢良〉最其等，冊則〈魏公九錫〉當其雄，令則任彥昇〈宣德后〉拔其尤，教則傅季友〈修廟〉臻其極，文則王元長〈策秀才〉造其閫，表則〈薦禰〉〈出師〉窮其淵，書則〈自明〉〈諫獵〉發其蘊，彈則任彥昇沈休文盡其勁，啟則〈答脩墓〉〈固辭奪禮〉由其衷，箋則楊德祖繁休伯暢其流，序則卜子夏孔安國明其晦。至於符命則〈封禪〉〈典引〉研其精，述贊則班固范曄造其妙，連珠則陸機演得其粹，行狀則任彥昇〈齊景陵王〉權其當，對問則宋玉〈答楚王〉東方朔〈客難〉極其詳。嗚乎，立言之體，一何如是之不同也哉！

硯岡居士，章貢之望，抱道不試，埋光鏟彩，草木形骸，泊如也。間出胸中之奇，雖不露文采，已赫然驚人，片語隻字，往往膾炙人口。好事者類次成集，舉一編而眾體具焉。謝朝華于已披，啟夕秀於未振，未足以喻其新且奇也。理翳翳而愈伏，思乙乙其若抽，未足以極其微且隱也。舞者投袂以赴節，歌者遣聲而應絃，未足以覈其逸且快也。沈辭拂悅，若游魚銜鉤而出重淵之深，浮藻聯翩，若翰鳥纓璬而墜層雲之峻，未足以喻其幽且險也。近代以詩文鳴如吾硯岡者，鮮矣。紹興辛巳，予自衡陽蒙恩歸田，友人曾德輝出其家集以示予，且屬為之序。予固願掛名集端以托不腐，況德輝請之力，其又奚辭，故歷舉古人立言之體，以明硯岡之得其體也。硯岡名稷，字堯弼云。

按：胡銓（1102～1180），字邦衡，號澹菴，廬陵人。建炎二年（1128）進士，嘗上封事，力斥議和，乞斬秦檜，遂以忠義剛直名揚天下，著有《澹菴集》。此文是胡銓為唐稷文集所作的序文。唐稷（1088～1163），字堯弼，自號硯岡居士，江西會昌人，政和二年（1112）進士及第，官至樞密院編修。唐稷去世後，胡銓曾為其作墓誌銘。〔註19〕

《澹菴集》百卷本久佚，今存諸本皆非完帙。《全宋文》從《歷代名臣奏議》、《永樂大典》等書中輯佚得若干胡氏佚文，但未收錄此文。據文中「紹興辛巳」之語，則此文當作於紹興三十一年（1161）。《宋史》本傳載：「（紹興）

〔註19〕〔宋〕胡銓：《編修唐君墓誌銘》，曾棗莊、劉琳主編：《全宋文》（上海：上海辭書出版社、合肥：安徽教育出版社，2006 年），卷 4326，第 196 冊，頁 89。

二十六年，檜死，銓量移衡州。……三十一年，銓得自便。」〔註20〕與此文所言「予自衡陽蒙恩歸田」相合，可互為參證。

胡銓的文章寫作取得了較高的藝術成就，楊萬里稱譽胡銓文章云：「其為文章，駿奔軼忽，颼紛膠輵。隱帙奇字，旁摣遠撷。初占之者，口呿語難，徐綜其緯，理順脈屬。似肆實莊，若險實夷。韓碑柳騷，媲高儷俛。中興以來，作者寡二。」〔註21〕周必大亦云：「發為文章，雄深雅健，清新藻麗，下筆輒數百言。」〔註22〕此次輯得〈硯岡文集序〉一文，洋洋灑灑數百言，用排比的手法，鋪排羅列，氣勢磅礴，正符合楊、周所謂「似肆」、「駿奔軼忽」、「下筆輒數百言」的評價。

胡銓此文同時是一篇可資文體學研究的重要文本。胡銓在文中通過歷舉古人立言之體，希望藉以明唐諿作文之得其體。此文共舉出詩、賦、誌、銘、碑等三十一種文體，並且依次說明諸文體的風格特質以及代表作品。這對於探究胡銓及南宋初期的文體觀念與文學思想，具有重要的價值。

七、胡銓〈陳晦叔真贊〉《文章正印》別集卷四

漢循吏北海太守朱邑嘗為桐鄉吏，去而桐鄉為立祠。唐京兆尹李實貶通州長史，市里歡呼，袖瓦礫伺之，實由間道獲免。夫一則去而立像以祠，一則去而擲瓦投之，是何故哉？裕民之與奪民也。故欲觀政之善不善，必於民觀之；民之與不與，必於其去觀之。蓋方在官時，民之好惡或不公爾之。紹興己卯六月，零陵太守陳公輝移守章貢，既去數月，零陵之民思之，至有繪像如桐鄉者。故吏盱江溫定得其像以示某，且求公真贊。某何敢率爾而作，然曩歲嘗識公於福唐，挺挺有祖風，及是同年生方耕道談零陵之政，故輒記桐鄉京兆事，而復取唐人夢中夢，身外身之言以為之贊云：

作夢中夢，而實非夢，謂非夢耶，何寂然不動？見身外身，而實非身，謂非身邪，何名曰真？非夢非身，非露電泡影，作如是觀，六如皆屏。桐鄉京

〔註20〕〔元〕脫脫等撰，中華書局編輯部點校：《宋史》（北京：中華書局，1985年），卷374，頁11583。

〔註21〕〔宋〕楊萬里著、辛更儒箋校：〈宋故資政殿學士朝議大夫致仕廬陵郡開國侯食邑一千五百戶食實封一百戶賜紫金魚袋贈通議大夫胡公行狀〉，《楊萬里集箋校》（北京：中華書局，2007年），卷118，頁4510。

〔註22〕〔宋〕周必大：〈資政殿學士贈通奉大夫胡忠簡公神道碑〉，曾棗莊、劉琳主編：《全宋文》（上海：上海辭書出版社、合肥：安徽教育出版社，2006年），卷5172，第232冊，頁235。

兆，各見一偏，以是評公，其然豈其然耶。

　　按：此文亦是胡銓所作，不見於今本《澹菴集》與《全宋文》。陳晦叔，即陳輝，字晦叔，福唐人。隆興元年（1163）以運副兼權知臨安，次年四月改知建寧府，乾道元年（1165）直徽猷閣權知廣州。此文中提及「紹興己卯六月，零陵太守陳公輝移守章貢」，可知紹興二十九年（1159）前後陳輝曾任永州、贛州太守，可補史籍記載之闕，豐富學界對其仕宦經歷的認識，具有史料價值。

八、陳傅良〈待遇集自序〉《文章正印》後集卷十四

　　凡天下之物，遇人而後重。荊山之璞，遇卞和而重；爨下之桐，遇蔡邕而重；汾陰之鼎，遇漢而重；岐山之石鼓，遇唐而重。嚮不遇數人，則塊石也，餘薪也，無用之棄物也，奚足重哉。惟山川亦然，必得人則重焉。雷澤以舜重，塗山以禹重，洙泗以夫子重，首陽以夷齊重，不然則天下之奇山異川不少矣，何是數者獨高掛人牙頰邪？惟人亦然，管仲以鮑叔重，康章以孟子重，百里奚得秦穆公而重，毛遂得平原君而重，侯嬴得魏公子而重，淮陰得蕭相國而重，禰衡得孔文舉而重，凡若是者不可殫紀。儻不遇焉，則管仲不免於桎梏之囚，康章不免於被不孝之名，百里奚不免飯牛，毛遂不免終為下客，侯嬴不免甘夷門之隸，淮陰、禰衡亦不復有登壇之拜、薦鶚之表矣，其能自重乎？惟人之伎亦然，微周穆王乘八駿以遊，人未必重造父之御；微虢公子屍蹶而復蘇，人未必重扁鵲之醫；微吳王裂土而封，人未必重宋人之藥。此齊客之瑟雖工，而王不好，卒以斥去也。然則士之文章，何獨不然？余嘗聞之，文不待人而重者，夫子之六經，孟子之七篇而已。外是而無待者，鮮矣。司馬相如之〈子虛賦〉非武帝不重，左思之〈三都〉非張茂先不重，孟郊之詩非韓退之不重，杜牧之〈阿房賦〉非吳武陵不重，陸氏之《春秋微旨》非柳子厚不重，李華之〈吊古戰場〉非潁士不重，然是特文之次者耳。楊子雲號漢文傑，而《太元》之作笑之覆瓿。元譚目親見子雲容貌不動，人安肯傳其書，而雄毅然自許，後世有楊子雲者必好之，得非不遇於當時而有望於後世邪？嗚呼，子雲尚爾，矧不逮萬一者。

　　余學為文有年矣，而未知為文之法，時亦剿奇竄古，拾前人之陳言，斐然有成，顧無可重之實而冀敢重於世？然世固有不足重者而或重焉，昌歜、芰，羞味之不足重者也，而芰，屈到嗜之。嫫母、宿瘤，貌之不足重者也，而黃

帝、齊侯美之。鳥吟、蛙鳴，聲之不足重者也，而漢順、稚圭樂之。余文雖不足重，其自視縮舌之味、醜類之貌、聒耳之聲，粗有聞矣，安知今世無重所不足重者邪？姑編而集之，以僥倖一遇焉。

按：陳傅良（1137～1203），字君舉，號止齋，溫州瑞安人，乾道八年（1172）登進士甲科，累遷起居舍人，著有《止齋論祖》、《止齋文集》等書。陳傅良師事鄭伯熊、薛季宣，是永嘉學派的重要學者，尤精於歷代財政、職役、兵制之研究。同時，陳傅良在文章寫作上也取得了極高的成就。吳子良稱其「初則工巧綺麗，後則平淡優游，委蛇宛轉，無一毫少作之態。」〔註23〕樓鑰言：「作文自出機杼，類非今人所可企及，求之古人，亦未易多得也。」〔註24〕陳傅良的文章在當時具有重要的影響，葉適稱「其文擅於當世」。〔註25〕故此次輯佚所得陳傅良文章具有重要的文學價值。

《待遇集自序》是陳傅良為自己早年文集《待遇集》所撰寫的序文。《待遇集》在當時影響很大，《林下偶談》載：「止齋年近三十，聚徒於城南茶院。……其時，止齋有《待遇集》板行，人爭誦之。」〔註26〕慶元二年（1196），知貢舉葉翥因此書而上奏，稱：「士狃於偽學，專習語錄詭誕之說，《中庸》、《大學》之書，以文其非。有葉適《進卷》、陳傅良《待遇集》，士人傳用其文，每用輒效。」〔註27〕由于葉翥的上奏，《待遇集》的書板遭到禁毀，〔註28〕此書因此散佚。此篇序文不見於《止齋文集》，亦不為《全宋文》收錄。輯佚所得此文，可以幫助我們管窺《待遇集》的主要內容及編寫旨趣，具有重要的文獻價值。

〔註23〕〔宋〕吳子良：《林下偶談》（北京：中華書局，1985 年，影印叢書集成初編本），卷 4，頁 42。

〔註24〕〔宋〕樓鑰：〈寶謨閣待制贈通議大夫陳公神道碑〉，顧大朋點校：《樓鑰集》（杭州：浙江古籍出版社，2010 年），卷 101，頁 316。

〔註25〕〔宋〕葉適：〈寶謨閣待制中書舍人陳公墓誌銘〉，劉公純、王孝魚、李哲夫點校：《葉適集》（北京：中華書局，2010 年），卷 16，頁 298。

〔註26〕〔宋〕吳子良：《林下偶談》（北京：中華書局，1985 年，影印叢書集成初編本），卷 4，頁 42。

〔註27〕〔元〕馬端臨：《文獻通考》（北京：中華書局，2011 年），卷 32，頁 932 頁。〔元〕脫脫等撰，中華編輯部點校：《宋史》（北京：中華書局，1985 年），卷 156，頁 3635。

〔註28〕同時代人對禁毀《待遇集》一事有所評論，如《朱子語類》記載朱熹在聽聞此事後，曾言「葉進卷待遇集毀板，亦毀得是」。參見〔宋〕朱熹著、黎靖德編：《朱子語類》（北京：中華書局，1962 年），卷 123，頁 2967。

九、陳傳良〈秦筮者傳〉《文章正印》別集卷二

秦始皇既燔詩書，惟《易》以卜筮存。自隱君子者，以《周易》仕於秦筮史。上好鬼神敬卜，甚尊信之。筮者輒以其術陳始皇，雖不用，然頗異其能。

始皇三十五年，將使太子扶蘇北監蒙恬上郡，未命，使筮之，遇豐（震上離下）之震（震上震下，豐九三變為震），占之曰：「不吉。晉獻公使申生伐皋落氏之策也，其繇曰（左民爻辭）：『豐其沛，明者蔽也。日中見昧，盛者微也。折其右股，大臣刑也。』離之震而震之離（震九三變為離，離九三變為震），長子當兵焉。其將以太子將乎（震為長子，離為兵戎）？且離南也，震東也，五年之後，或者東南有變，其兆在豐沛矣（漢起豐沛）。」始皇不能用，於是將出遊東南以厭其占。

明年，使者從關東過。華陰平野道有持璧遮使者言曰：「為我遺鎬池君。」因言曰：「今年祖龍死。」使者歸璧具以聞。始皇使御府視璧，乃二十六年沉江璧也。上不懌，遂邅占筮，遇剝（艮上坤下）之坤（坤上坤下，剝上九變為坤），曰：「是謂乾易位為坤（剝，乾體三變，下體五變為艮），未強本枯，妻役其夫，主臣其奴（陰剝陽也）。艮之少男、閹人焉，與徒（艮為少男胡亥、閹寺趙高）犬讒其喉（艮為狗、為喉）。敗嬴者，胡夷高（艮為山高，趙高），顛而不扶（扶蘇），老馬亡其駒（乾為老馬，始皇象。駒，少子象），鼠拱而闚乎（艮為鼠，為門闚），且乾為金，坤為帛，或為布刀，其金刀之祥乎（古者謂錢曰布、曰帛、曰刀）？」始皇默然良久曰：「奈何？」筮者曰：「噫，臣三世筮之矣，臣之祖為吳餘祭筮，得之其年有越俘之禍（吳子餘祭伐越俘為閽，卒為所殺），臣之父為趙武靈王筮，得之其季月應沙丘（趙武王死中丘，始皇亦死此），皆死徵也。今臣為君得之是，其辭曰：『君子得輿，小人剝廬。』廬，其居也。行者在塗，盜入其居。是卜也，其惟無行乎？君必行無近刑餘，無適鉅鹿之虛（沙丘在鉅鹿）。此二者，吳、趙從之矣，於文金刀為劉，不三稔，有劉氏興矣。」始皇怒，命他筮卦得遊吉，遂出遊。少子胡亥、宦者趙高，從明年北至瑯琊。

一夕夢與海神戰，上惡之，復占筮，遇坤之剝（坤下艮上，坤上六變為剝）。始皇曰：「茲吉。龍戰於野，其血玄黃，龍其勝歟。」筮者曰：「臣嘗學此矣，龍，陽物也，君之象也。乾之否（乾九三變為否），不曰龍陽，失其為陽也。坤之剝，陰失其為陰也。玄，天也，黃，地也，戰其天且血焉，陽實傷多。抑臣聞之，秦，水德也，海，水室也，以其德天下而自戰其室，水兆衰矣。

水，火妃也。昔共工氏以水衰，炎帝以火勝之。秦其將為楚勝乎？楚勝於秦必始於陳。陳，顓頊之後也，水屬焉。楚，祝融之後也，火正焉。陳亡而楚張矣。君即位之年，夏疾日也（夏以乙卯亡，商以甲子亡，王者得之疾，始皇元年歲得乙卯），於今三終。夫數成於三，變於七（是年三十七年），其忌今年之七月乎？」始皇大怒，降為庶人。後七月丙寅，始皇死，筮者不知所終。

按：此文亦是陳傅良所作。《文章類選》、《文翰類選大成》等書中有署名陳傅良的〈李斯夢鼠傳〉，已收入《全宋文》中。但此文不見於上述選本，亦不為《全宋文》收錄。此文全以卦象爻辭敷衍成文，內容較無可觀之處，但畢竟是陳傅良除〈李斯夢鼠傳〉外唯一的傳體文，具有一定的文獻價值。

十、張九成〈歲寒知松柏說〉《文章正印》後集卷十六

子曰：「歲寒，然後知松柏之後凋也。」此夫子因物以見興也。夫時當春氣，羣英秀發，萬木交榮，松柏于春不變其色；時方凜冽，嚴霜摧折，萬木禿立，松柏於冬亦不變其色。論絢爛顏色則不如夭桃，論搖舞春風則不如宛柳，而論不懼冰雪，飽足風霜，挺然不羣，卓爾獨立者，惟松柏焉。然推之於人，固亦有之。蓋不有歲寒，何以見松柏；不有華父之亂，何以見孔父；不有里克之亂，何以見荀息；不有朱萬之亂，何以見仇牧。祿山之亂，然後知皐卿之節；希烈之亂，然後知真卿之節；朱泚之亂，然後知段秀實之節。彼是數君子，平昔在公卿大夫中，頹然委順，於眾人中猶松柏之在千花萬卉中也。彼方含英咀華，吾則老鱗瘦節，正見棄於兒童；彼方誇多鬥靡，吾則嘯月吟風，正見嗤於婦女。及秋霜一降，前日青紅皆已飄零隕墜，與糞壤同焉，灰塵蒼卒遽生。前日縉紳皆已屈膝叩頭，與逆賊同其歡宴。彼所謂松柏與君子者，方且愈廣愈壯，愈苦愈新，當凜冽猶三春，覆艱難猶平地，確乎不拔，浩然自守，而大廈棟樑之幹，日以不傾，三綱五常之倫，得以不墜。然則松柏與君子，豈求之他人哉？皆自得於正氣而已。是故君子之學，不在於投合耳目，取悅世俗而已，要當格物知至、誠意正心，凡艱難險阻之狀，盡安之於飲食起居之間，禍患之來，不枉不隨，何憂何懼，謀其義，不謀其利，明其道，不計其功，死之與生，付之天命，雍容談笑以趨之，此正孔子之學也。因松柏以發興，其旨不亦遠乎？

按：張九成（1092～1159），字子韶，號無垢居士，又號橫浦居士，錢塘人，紹興二年（1132）進士。嘗從學於楊時，後研思經學，多有訓解，然雜以佛學，議論多偏，朱熹多有指斥。著有《孟子傳》、《橫浦集》。

此文不見《橫浦集》，亦不為《全宋文》收錄。全文就孔子「歲寒知松柏」之語進行發揮，最終歸之於「要當格物知至、誠意正心」的理學修養工夫，頗具南宋理學旨趣。

十一、葉肅〈性論〉《文章正印》續集卷十一

一性之大難言哉。先天而生，後天而存，不可得而有，而常顯於有；不可得而無，而常隱於無。請試言其大略：

天無以統獨天乎。能天能地，能陰能陽，日月之往來，山川之流峙，神之所為者，性之所攝也。在人而人，在物而物，秉氣而生，隨物而應，而毫釐有所不失，凡皆一性之寄也。人者，物之主也，聖賢者，人之表也，人固靈於物，而聖賢者又靈於人者也。人而無聖賢，則不得其所以為人，而物亦不得其所以為物。是故天之所生，地之所養，惟人為大。而天於聖賢乎？聖賢者，後天而存，其性則先天而生。聖賢亦人也，人之性，自吾之性可以推也。人亦物也，物之性，自人人之性可以推也。

歷古而來，常生常化，物此物也，人此人也，聖賢者聖賢也。今固無異於古，後亦無異於今也。一性之流通，始未可以常情窺也。是性也，常虛而善應，常靜而善隨。虛而靜者，先天者也；隨而應者，後天者也。方其虛而靜也，無一物之或存，無一事之或有，及其應而隨也，事物變於外境，思慮變於內境。應而常虛，隨而常靜，善復者也。知復者存乎反觀，能復為者存乎持養，不反觀則性不著，不持養則性不尊。孟子曰：「知性則知天。」此反觀乎？其先天者也。又曰：「養性以事天。」此持養乎？其後天者也。聖賢以先天者，而後天盡人之性，盡物之性，不出吾之性，成己所以成物也，成物所以成己也。成己者必以其先天，成物者必以其後天。先天者不可以望乎人也，故凡聖賢之教，必以其後天者也，而先天者亦不過乎此也。夫先天而生，後天而存，既已謂之存，孰能亡其存哉？

按：葉肅，建安人，生平無考，僅知隆興元年（1163）登進士第。此文不見於《全宋文》。但《全宋文》收錄署名葉肅的〈情論〉、〈命論〉二文，文章內容、結構及寫作風格與此文近似，且彼此之間互有聯繫，當屬同一組文章。據內容而言，此文頗具南宋理學討論心性的旨趣，作者或為理學中人。

十二、馬存〈迎薰堂記〉《文章正印》前集卷十五

元祐二年春三月，馬子與二三子客於程氏堂。程氏觴客，酒半酣，道古今

治亂成敗事，慘戚不樂。有風生於簷戶間，飄入襟裾，已而入肌骨，蕩滌腸胃，胸中之感拂不平者，不覺散失。起視萬物，欣欣熙熙，如春臺之人有喜笑色。萬竅起音，如歌詠太平之聲。長技牽柔，婉蔓婀娜，如翟羽庭佾，舞蹈盛德。客曰：「異哉是風，何氣也。」馬子曰：「噫嘻，嗟嗟！此南風也。遼乎邈哉，曠數百千歲，有時乎一來，今其時乎？吾試為客歷古以數幾年幾何時乃一來，今幾來矣。吾聞舜孝格天，五弦之上，微動帝指，拂拂以起，被動植鳥獸魚鱉咸若。湯之時，吹雲橫霓，需作霖雨，掃滌八載之孽，而吾民僕蘇。文武成康，醞和塞周，飄然自阿，敷及路葷，使天地祖考，安樂福祿。漢孝文時，吾民阜財，國亦富實，太倉中都之儲者，不可勝計。唐太宗貞觀之間，與三代同其和，年穀屢登，行旅不糧，外戶不閉，斷獄希少，幾至刑措。宋受天命，驅逐羣陰，聖子神孫，保養休息。吾聞間數十世，聖人必興，是風必來。若合符矣，禍災愁慍之氣，立以滅息，而生氤氳。舜五百餘歲至於湯，湯五百餘歲至於周，周九百餘歲至於漢，漢八百餘歲至於唐，唐三百餘歲至於宋。自舜迄今，三千三百餘歲矣，是風也凡六來。非此六時，其風中人狀直悽悽，著物顏色零落顦顇。我與客今日之所遇，何茲其幸歟。」客於是名其堂曰「迎薰」，而馬子記之。

　　按：馬存（？～1096），字子才，樂平人。元祐三年（1088）進士，累官越州觀察推官。早年師從徐積，後獲蘇軾賞識，元祐三年貢舉時置之高等。〔註29〕馬存的文章寫作取得了較高的成就，《宋元學案》謂：「其文波瀾雄壯英毅，奇氣橫生，不可縶維。」〔註30〕其文章在當時文壇具有一定的知名度，王洋羅列時人藝文操行時言：「某不敢遠引古人，姑以近人比方。……文章則唐庚、馬存，詩什則陳無己。」〔註31〕可見馬存文名為時人所知。

　　馬存文集南宋時尚存。馬廷鸞《題察判學士家集後》提及淳熙間有人取馬氏家族所存善本，參以通行俗本，訂正整理加以刊行。〔註32〕《直齋書錄解

〔註29〕孔凡禮：《蘇軾年譜》（北京：中華書局，1998年），卷27「元祐三年」條，頁820。
〔註30〕〔清〕黃宗羲原撰、全祖望補修：《宋元學案》（北京：中華書局，1986年），卷1，頁60。
〔註31〕曾棗莊、劉琳主編：《全宋文》（上海：上海辭書出版社、合肥：安徽教育出版社，2006年）卷3871，第177冊，頁96。
〔註32〕曾棗莊、劉琳主編：《全宋文》（上海：上海辭書出版社、合肥：安徽教育出版社，2006年），卷8185，第354冊，頁3。另參見〔元〕馬端臨：《文獻通考》卷二三七，頁6457～6458。

題》著錄「《馬子才集》八卷」，〔註33〕《宋史·藝文志》著錄「《馬存集》十卷」。〔註34〕但今已散佚。此文別見於《東萊集注觀瀾文集》丙集卷九、《古文集成》乙集卷二、《古今事文類聚》前集卷三，但不為《全宋文》收錄，今從《文章正印》中輯出。

據文中所言，此文當作於元祐二年（1087）春三月。文中借主客對答的形式，歷數六次迎風之事，其中寄寓古今治亂興衰之感慨，文氣疏宕，波瀾橫生，頗為可觀，是馬存所存為數不多的散文作品，具有一定的文學價值。

十三、馬存〈子長遊贈蓋邦式序〉《文章正印》後集卷六

予友蓋邦式嘗為予言：「司馬子長之文章有奇偉氣，竊有志於斯文也，子其為說以贈我。」予謂：「子長之文章不在書，學者每以書求之，則終身不知其奇。予有《史記》一部在，天下名山大川壯麗奇怪之處，將與子周遊而歷覽之，庶幾乎可以知此文矣。子長平生喜遊，方少年自負之時，足跡不肯一日休，非直為景物役也，將以盡天下之大觀以助吾氣，然後吐而為書。今於其書觀之，則其平生所嘗遊者皆在焉。南浮長、淮，沂大江，見狂瀾驚波，陰風怒號，逆走而橫擊，故其文奔放而浩漫。望雲夢洞庭之陂、彭蠡之潴，涵混太虛，呼吸萬壑，而不見介量，故其文停滀而淵深。見九疑之絕縣，巫山之嵯峨，陽臺朝雲，蒼梧暮煙，態度無定，靡曼綽約，春粧如濃，秋飾如薄，故其文妍媚而蔚紆。泛沅渡湘，吊大夫之魂，悼妃子之恨，竹上猶有斑斑，而不知魚腹之骨，尚無恙者乎，故其文感憤而傷激。北過大梁之墟，觀楚漢之戰場，想見項羽之暗鳴，高帝之慢罵，龍跳虎躍，千兵萬馬，大弓長戟，俱遊而齊呼，故其文雄勇猛健，使人心悸而膽栗。世家龍門，念神禹之鬼功，西使巴蜀，跨劍閣之鳥道，上有摩雲之崖，不見斧鑿之痕，故其文斬絕峻拔，而不可攀躋。講業齊魯之都，睹夫子之遺風，鄉射鄒嶧，彷徨乎汶陽洙泗之上，故其文典重溫雅，有似乎正人君子之容貌。凡天地之間，萬物之變，可驚可愕，可以娛心，使人憂，使人悲者，子長盡取而為文，是以變化出沒，如萬象供四時而無窮。今於其書觀之，豈不信矣！

予謂欲學子長之為文，先學其遊可也。不知學遊以采奇，而欲操觚弄墨，

〔註33〕〔宋〕陳振孫，徐小蠻、顧美華點校：《直齋書錄解題》（上海：上海古籍出版社，1987年），卷27，頁514。

〔註34〕〔元〕脫脫等撰，中華書局編輯部點校：《宋史》（北京：中華書局，1985年），卷208，頁5372。

組綬腐熟者，乃其常常耳。昔公孫氏善舞劍，而學書者得之乃入於神。庖丁氏善操刀，而養生者得之乃極其妙。事固有殊類而相感者，其意同故也。今天下之絕縱詭觀，何以異於昔？子果能為我遊者乎，吾欲觀子矣。醉把杯酒，可以吞江南吳越之清風；拂劍長嘯，可以吸燕趙秦隴之勁氣。然後歸而治文著書，子畏子長乎，子長畏子乎？不然斷編敗冊，朝吟而暮誦之，吾不知所得矣。」

按：此文亦為馬存所作，別見於《東萊集注觀瀾文集》丙集卷十一、《古文集成》甲集卷二、《古今事文類聚》別集卷二十五、《古今合璧事類備要》續集卷四十五、《文章辨體彙選》卷三百三十九，題名略有不同。但不為《全宋文》收錄，今從《文章正印》中輯出。

金代王若虛言：「馬子才〈子長游〉一篇，馳騁放肆，率皆長語耳。」〔註35〕可謂很好地概括了此文的寫作特色。另外，此文屬於贈序類文體，宋人贈序除敘離情別意外，多以議論為主。此文亦不例外，蓋借贈蓋邦式之機而闡發關於遊覽與文章寫作的關係。馬存提出，司馬遷文章之所以有奇氣，是因為他周遊歷覽天下名山大川壯麗奇怪之處，從而積累素材、涵養氣度，因此發而作文，故變化萬端而有奇氣。馬存此說一方面是受到孟子「養浩然之氣」、韓愈「氣盛言宜」的養氣作文觀念的影響，另一方面則是直接繼承了蘇轍〈上樞密韓太尉書〉中強調周遊歷覽對文章寫作影響的觀點。馬存的此篇文章，在中國古代文論之「文氣」說發展的脈絡中具有重要的意義，可以作為中國文學批評史研究的重要文本。

十四、馬存〈俞彥明字序〉《文章正印》後集卷六

日月星斗之明，非不暐也，天下不以為驚。水涵太虛，燈破幽室，非不瑩徹也，天下不以為驚。物之抱負，靈耀而埋藏於荒磧塵壤之中，寂寞之境，抑遏拂蔚，終不可沒，而時吐光怪，衝射天地，天下之人始驚，以為神奇。

吾友乃江南豫章人也，請以豐城古獄之事為君道。牛斗之間，河漢之表，昔時有異氣，紅光紫焰，盤礴衝激，夾衡機杓，搖而奪之色，此龍泉太阿之精也。龍泉太阿者，天下神劍也，固當決浮雲，截流波，刺虎南山，膾蛟長橋。邊城飛塵，河角有彗，掃戎王之庭，斬佞臣之首，提攜四顧間，天下事誰有

〔註35〕〔金〕王若虛著：〈文辨〉，胡傳志、李定乾校注：《滹南遺老集校注》（瀋陽：遼海出版社，2006年），卷34，頁386。

不平者乎，此劍之得志而遇英雄之人，壯烈之士，取決於一時也。今沉屈而在敗牢重鐍之下，是其氣不得不暴露而憤發，非以耀世也，乃其不可遏者，固如此耳。嗚呼，士君子得志而在廊廟之上，事業昭著，天下之人以為當然，不以為驚。至於懷負利器，蔚蔚而不得世時，因感慨微見芒刃，故其可喜可愕者，多發於窮時。吾友自未及壯之初，已能飛步上庠，取聲名於場屋中。今已及壯矣，其間坎壈䴥㠌，前踬后㾵，其躍也，如有躧之，其哆也，如有鯁之，豈非天欲大感怒君而使之發精煒也。予雖愚弱不靈，前日君自執手相許以友，又謂曰：「子其字我而併序其意。」敢取寶劍鄉閭之舊事，聊以相感，君其自磨無刑於眾，予將見張、雷博識之士有為君鑒拔者矣，又將見西山北巖之膏，華陰之英，有以拂拭君者矣。煌煌燁燁，奪人精爽，其見有日矣。〈晉〉曰：「君子以自昭明德。」惟自昭而進者，終不可揜屈，故字彥明以「晉叔」。

　　按：此文亦為馬存所作，乃是為俞彥明撰寫的字說。俞彥明，事跡無考，但據文中知是豫章人。此文別見於《古文集成》甲集卷二、《古今合璧事類備要》續集卷三十三，但不為《全宋文》收錄，今從《文章正印》中輯出。

十五、馬存〈侯孟字序〉《文章正印》後集卷六

　　侯孟名夫，求予為字之說。予不得其意而謂之曰：「君以夫自名者，豈慕灌將軍仲孺之為人邪？君以夫字孟者，豈慕洛陽劇遊俠之為人邪？二子非全人，儒生法士之所諱道也。予以謂人各有所長，甚非一介淺淺之所知。推鋒陷堅，決死讎敵，名聞三軍，勇冠天下，不喜諂諛而重然諾，此灌將軍之所長也。剛橫不遜，果於犯上，使氣杯酒之間，乃其短耳。吳楚舉大事而向京師，大將軍得之，則知諸侯之無能為，使諸侯得之，則大將軍必以為憂，一人之身，為兩軍之輕重，此劇遊俠之所長也。起匹夫之私，不顧國家之公議，乃所短耳。吾欲剔去二子之所短，而收其所長，持以贈君。幸君無辭而受之，可乎？」予與孟同居相悉也，知孟之為人，氣直而貌質，行方而言謹，與人要約，勇於必信，故喜取天下之偉士為孟激揚而稱道之。雖然，吾因孟竊有所感矣。今孟乃趙人也，古稱：「燕趙多慷慨謀略之士。」吾嘗欲登太行之巔，遊邯鄲之道，觀井陘常霍之險，放聲而悲歌，大醉以起舞劍，鳴腰間精爽傍射，庶幾乎意氣必有感者，恨以羈留未能也。孟君還故鄉，千萬為我道此言。囊中之錐穎，脫而立見者，其誰乎？賣漿之家，屠牛之肆，尚有昔時傲遊之叟者乎？廉、藺、奢、牧亦有遺種，可以將兵者乎？如其舊態尚在，幸為我望燕山之故

雲,睇易水之悲風,扼腕乎沙漠之北。可以動心否?

　　按:此文亦為馬存所作,乃是為侯夫撰寫的字說。侯夫,事跡無考。此文別見於《古文集成》甲集卷二、《古今合璧事類備要》續集卷三,但不為《全宋文》收錄,今從《文章正印》中輯出。

十六、馬存〈送陳自然西上序〉《文章正印》後集卷六

　　朔風驚沙,枯梢號寒,子行亦良苦,聞之京師曰:「米如買珠,薪如束桂,膏肉如玉,酒樓如登天。驟雨至矣,黑潦滿道,則馬如遊龍。清霜激風,客衣無襦,抱膝而苦調,則火如紅金。」子之遊京師所以恃此具者,其挾幾何?豈子之家位高金多,父母兄弟渠渠款款,厚撫以遺子乎?曰:「無有也。」豈子之鄰里鄉黨相悅以義,出門辭東家而西家已待贐矣,寧有是乎?曰:「無有也。」豈子之昵親挾友,入室握手,說無說有,把酒相別,飲酣氣張,有解劍而指槖者乎?曰:「無有也。」豈子之於京師公侯富貴之家舊與款厚,有哀王孫而進食者乎?曰:「無有也。」然則子之此遊,挾何術以往?曰:「吾視囊中不見乎有物,視我胸中耿耿者尚在也。以吾之耿耿者遊天地,庶幾必有合乎?」予聞其言而壯之曰:「今人適百里,必宿舂而漸,乃敢出門戶。子有數千里之役,徒手以往,浩然無憂,予因驚怪子矣。果如子言,予來春於江南林石之下,聞北方有焰焰者,必子也夫。」

　　按:此文亦為馬存所作。陳自然,事跡無考,僅黃庭堅有〈題陳自然畫〉,其中言:「陳君以佛畫名京師,戲作〈秋水寒禽〉,便可觀。」〔註36〕

　　此文別見於《東萊集注觀瀾文集》丙集卷十一、《古文集成》甲集卷二、《古今事文類聚》前集卷二十七、《古今合璧事類備要》續集卷四十三,今從《文章正印》中輯出。此文不見《全宋文》收錄,但見於《全唐文》。馬存、陳自然皆為宋人無疑,則當屬《全唐文》誤收,其人其文均當刪去,另補入《全宋文》。

十七、陳謙〈治體論〉《文章正印》續集卷六

　　為大者,不屑於其細而事之。非甚迫者,君子不枉己以從之也。今夫千金之家,必不肯為負販之所為。詩書之後,雖其甚寠,終不敢鬻先世之圖籍。何

〔註36〕〔宋〕黃庭堅《題陳自然畫》,曾棗莊、劉琳主編《全宋文》(上海:上海辭書出版社、合肥:安徽教育出版社,2006年),卷2312,第106冊,頁259。

者？所傷者大也。夫位者，姦之窺也，名者，孽之乘也。揭二者而制於上，巍焉而尊，確焉而公，圭芒崖角，悶焉而不露。是以無所於窺而無所於爭，如操其柄而褻用之齷齷焉。與民相貸於尋常，彼習其勢之輕也，則誰不欲如上之所為，欲而不得，則不肖之心誰憚而不發。嗚呼，天下者豈不顧區區之小利，而深防乎廉隅之際者？以此昔晁錯之為漢謀，欲令民入粟以授爵免罪，夫上之獲利以佐國也，下之脫禍以省刑也。一舉而二利，從至便也。而識者每不可，曰：「長惡而傷死也。」儒之論大抵迂闊而不切時變，然使稍知體者觀之，慮稽其弊，則寧不食而死，無寧貿貿然以自釁也。今天下所可慮，徇一切而忘大體也。淫緶者，先王所禁，今反勸焉。滅谷粟之養，盛醪醴之設，白晝大都之中，列娼優，具幄幬，耀市人而招之曰：「吾醑爾，吾色爾。」此甚可愧也。負乘者，聖人所戒，今反誘焉。閭巷之子，儈賈商俠，輕剽以逐什一之利，輩流所不齒，國家捐告身而委之曰：「吾官爾，吾祿爾。」此甚可惜也。問其然，曰：「利之也。」豈惟是哉？牒數萬以髡天下絲粟之入，耳滋異端，耗生齒不恤也；楮數寸以權有無歲月之智，耳長奸偽，濫桎梏不顧也。夫伐冰之家，不與民爭利，而詭遇以獲禽，一藝者所羞為，至於朝廷獨安為之，玩其細，而忘其大，愚恐天下之窺且爭也。一二年僅有寢者，以今用度而欲盡革，是固難也。然今之言治者，動皆欲堯舜其君，至反革其所為，中智以下有不敢刮目焉。然則去其太甚，亦當柄者之所宜講也。賈子曰：「使管仲而愚人也，則可。管子而少知體，豈不為之寒心哉？」作〈體論〉。

十八、陳謙〈治本論〉《文章正印》續集卷六

天下喜寬而惡嚴，便簡而刻詳，沿人之情至無已也。然則沿之乎雖然，深於治道者，不能不懼於此也。蓋天下有至迫之機，其狀常麗於歡欣愛順之中，而渙於乖獷不相受之際，君子固憂夫渙而幸夫麗也，無寧亦沿而重毒之也。昔者漢秦之先，其世醇，其政仁，其有司賢且恕，曰：「我以治之云耳，應而無倡也，補而無缺也。」彼與天下從事於誶訶之域未數數也。夫故其民便安之，浸入之，心膂念慮，竭於上而無遺，數百年而治未泯也。嗚呼，不幸而天下不得如昔者之無事，則棼，吾求理也，泛，吾求底也，不至與之俱靡而已矣。待之紓，故承之也安，安之者，可久之道也；答之大，故受之也樂，樂之者，不懈之術也。吾觀今之時，法密也，非紓也，事悉也，非大也，其為見近而非遠，其為謀拙而非工，其為說蔽而不通也。斂焉燎也，摧焉癰也，徵焉禦

也。今之吏，非是三者無議也；今之民，非是三者無抵也。國之大，民之細，至絕也，立法而置之，掩其口腹之尋常，而與之為市，市之不酬，還與之為仇。勢至慼，事至不美也，是奚足哉？數百里之地，設數大阱棋，而布之武夫悍吏，苟逃責大體，不恤也，不必譏也，直徵而已矣。不獨徵也，直揉而已矣。行者重跰而遠避，迂險而深逝，虎視吏坎乎，視國也，非苛政而奚若？然而獻計者猶曰：「無顧足國耳。」嗟夫，足國而慼其本，拔本而救其末，何如其智也？昔文王之政，賦不二，澤不禁，關不徵，今之吏皆犯之矣。人之虐於斯，蠹於斯，聚族嘆於斯，非一日也，幸而天下未有故，孰測其傀。涇原之卒，長安市上呼去爾架，除爾陌，撤而偶有，不爭赴者乎。夫復九規之道，短足而蹈武，步可羈而束也，倚之於窮蹙，蹴之於阨區，計索而技窮，鋌而險，無擇也。天下之勢，其灼灼也如是。嗚呼，執天下之柄者，其亦少察乎此也。作〈本論〉。

十九、陳謙〈治具論〉《文章正印》續集卷六

天下不可以勝治也，亦求其所以然而已矣。形而格，勢有禁，彼之所以附我者，吾不知其然也。力可殫，智可窮，我之所以御彼者，吾不知其然也。今夫四肢百體之所運，孰使則氣而已矣。視聽照了之所及，孰詰則神而已矣。蓋其為物也無跡，而其為狀也無證。悠然行乎萬物之表，而不可控持，及其潔然消盡，則亦漠然潰，聱然戾也。燕之南，樊之北，營、闔之東西，若是其曠且夥也，而坐一人於堂奧之間，使彼曠且夥者，環而拱之，合之而不離，固之而不散。嗚呼，是豈徒然哉？豈非有以陰駈而潛率之者邪？是故古之為天下者，必有紀綱維持之具，凡天下之人繫之以區區之形，蓋轇轕離齬而不定也。至於心悅而誠服，則不約而自定，繩之以一切之法，蓋抑遏剪拂而不順也。使之浸漬乎義理之所安，則不待告語而自順。吾求其順且定者，不必其形也，心可也，不必其法也，理可也。然則心者，蓋維之之地，而理者，又維之之具也。昔者三代之治，惟其徒事於內，而置諸其外，與之周旋乎哀樂之中，而脫略乎強勉之際。是以其民，優游以入之，安靜以守之，上下相馴數百年而不變，而後世亦恃以為憑藉扶持之具。今天下之勢至難言也，徵摧峻而箠楚深，法令繁而禁綱密。天下之吏，酷者，逞其聰，懦者，縱其姦，此其凡也。自始至以迄於終，更無他業也。課辦否耳，慮非顧行也，督責之嚴也，迫趣之苛也，而天下之民無歡心矣。下之於上，直以形相制，而所謂心者，漠然不相及也。怵迫拘急之

際，剽者嘯者時接乎聽聞，及其弭之也，非力復不可制也，則其勢可見矣。且夫今有所謂學云者是淑之之具也，今之吏，名主之而實棘之也；今有所謂農云者是安之之具也，今之吏名勸之而實擾之也。嗚呼，有天下者而無其具，上下以形相制，則可呼而來，亦可呼而去，可約而合，亦可約而散也。鄉閭之人同宴於堂，凶盜猝至則羣走而不顧，何則？形合而心異也。左氏曰：「本先顛，葉從之。」管子曰：「維不張，一國從之。」韓子曰：「脈病而肥者，死矣。」夫惟固其本，張其維，壽其脈，而後天下治矣。

二十、陳謙〈治機論〉《文章正印》續集卷六

事之不立也，我知之矣。執之者敗之也，然則不可以執乎？夫甚弊之俗，不懲不可也；苟懲矣，不執不可也。然則曷敗之天下之事，其動有機。夫機者，發於至密，而藏於不可臆料。今夫一事之立也，昭昭然若揭日月而行也，立的於此，使過者皆得引弓而射之，吾知其不足以成也。何者？天下之情不一，眾多之口難制，欲者不止，議者無窮，則吾心不得不徇，吾說不得不搖，事垂立而徇且搖者，繼之則宜其不足以成也。昔漢之患諸侯之強也，賈誼欲削之，晁錯又欲削之，二子發其謀而皆不享其成。彼特恃必削之說，以與之相抗於必爭之中，是以事未發，而跡已暴於天下。使之得自為謀者固久也，至主父偃之策則不然，予之以意之所欲，而吾無削之之名，使之有不能不分之心，而有不得不弱之勢。嗚呼，機之所動，乃在於此。故夫昔之恃必然之說以律天下者，未有能濟者也。愚觀今之世上，欲立一事，革一弊，則羣起而議之，議之不勝，則極力而撼之，上之人亦極力而捍之，捍之不勝，則終舉而從之。若然者，是未得夫機之說也。試以一二端論之，郊賞之汰也，任子之濫也，庶官之冗且蠹也，當世之君子未嘗不悒悒於此。然其說大抵皆曰「必去是」，否則曰「必省是」。夫上至祖宗之已行，下至人情之不順，則吾之說不直。夫惟其不直也，故其隙之易破，君子思夫事機之發，不在於灼灼明辨之日，亦不在於斷斷乖違之際。郊賞不必廢，省乎郊以遷乎賞，如蘇文忠之云，是機也。任子不必廢，嚴乎銓以難其任，如近日之議，是機也。冗曹不必廢，多其攝而缺其人，如紹興之初，是機也。此機之可言者也，其不可以告人者，吾又不能悉數也。夫三者之名舉不廢，而吾之說獨行於其間，人不得而議，我不得而搖。若是者，可以立乎？嗚呼，有餘矣。丙、魏之佐宣帝，號為樞機周密，以愚觀之，則未也。膠東戶口如故，而王成受賞，惟其以必然者，待天下持之愈急，執之愈嚴，彼

進不得攻之使破，則退而飾之以為欺，然則安在其為周密也？《易》曰：「神而化之，使民宜之」，是吾之說也。作〈機論〉。

按：陳謙（1144～1216），字益之，號易庵，永嘉人，陳傅良從弟。乾道八年（1172）進士，歷官寶謨閣待制，江西湖北宣撫副使，著有《易庵集》、《永寧編》等。〔註37〕以上四篇別見於《古文集成》戊集卷八，但不為《全宋文》收錄，今從《文章正印》中輯出。

陳謙為永嘉學者，素有文名，但因文集久佚，文章不為後世所知。葉適所作墓誌銘曰：「初，隆興、乾道中，浙東儒學特盛，以名字擅海內數十人，惟公才最高，其在《易庵集》文最勝。」〔註38〕雖墓誌難免有虛美之辭，但亦可見陳謙文章之成就，足見此次輯得佚文之價值。

此次輯佚所得陳謙文章十篇，皆是有關治術、制度的內容，具有強烈的經世致用的色彩，符合陳謙從屬於永嘉學派的思想背景。這十篇文章，具有統一的結構、風格，在主旨思想上兼顧國家治理的各個層面，是頗成系統的一組文章。陳謙的這一組文章可能與宋代的科舉考試，尤其與制科考試密切相關。宋代的制科考試，是進士科等常科考試外的一種特科考試，由制科出身的士人往往升進較快。而根據宋代制科考試的程序，應考士子在報名時需「繳進詞業」，又稱「進卷」，其內容為策論五十篇。〔註39〕推測陳謙這組文章即是為準備制科考試而撰寫的「進卷」的其中一部分。

南宋永嘉士人擅長策論等考試文體的寫作與教學，以此聞名於當時。〔註40〕《文章正印》作為一部舉業用書，將指導科舉考試作為編選的主要目的，故選錄陳謙的這組進卷的文章亦在情理之中。另，葉適與陳謙同屬永嘉

〔註37〕陳謙事跡參見〔元〕脫脫等撰，中華書局編輯部點校：《宋史》（北京：中華書局，1985 年），卷396，頁 12079。〔清〕黃宗羲原撰、全祖望補修：《宋元學案》（北京：中華書局，1986 年），卷 53，頁 1720。

〔註38〕〔宋〕葉適：〈朝請大夫提舉江州太平興國宮陳公墓誌銘〉，劉公純、王孝魚、李哲夫點校：《葉適集》（北京：中華書局，2010 年），卷 25，頁 505。

〔註39〕《宋會要輯稿》載：「（應制舉人）各具詞業繳進，送兩省侍從參考，分為三等。原注：詞業謂策論五十篇，分為十卷，隨舉狀繳進，入舉詞。」見〔清〕徐松輯：《宋會要輯稿》（北京：中華書局，1957 年），選舉一一之二一，頁 4436 下欄。另可參看祝尚書：〈宋代制科制度考論〉，收入氏著：《宋代科舉與文學》（北京：中華書局，2008 年），頁 125～157。

〔註40〕關於永嘉學者策論寫作與舉業教學的情況，可參考〔比利時〕魏希德著、胡永光譯：《義旨之爭：南宋科舉規範之折衝》（杭州：浙江大學出版社，2015 年），頁 67～126。

士人，二人關係密切，葉適的文集中保存了《進卷》八卷五十篇，推測是他早年為準備制科考試而撰寫的。〔註41〕其中如《君德》、《治勢》、《國本》、《民事》等，主題、結構皆與陳謙文章相似，可互作參證。

二十一、陳謙〈質論〉《文章正印》續集卷六

　　人之情樂趨於文，而不便於質，何以哉？惑於所觀也。觀人者當厭其陋，觀乎人者常恥其不足。一厭焉，一恥焉，舉斯二者而求兩當焉，則宜其不便於質也。且夫侈靡之未具也，人情無趨也，安焉而已矣，不雜也，樸焉而已矣。喜新而厭，故自夫靡靡者之眩其觀也，然則蓋人情之靡敝而非其正也。今反之本則旁愧，投乎人之靡敝，則不得色且不獨此也。天下方有甚迫之勢，謀不給，力不贍也，而猶徇耳目之末，不肯少貶乎觀聽之際。請譬之千金之家，出煩而用廣，貲已耗而無之矣。然而冠昏喪祭，凡動乎人之所觀者，尤竭力以事之，甚者鬻焉貸焉以求足焜耀之飾，何者？彼之情不平乎，自殺於不足之名也。嗟夫，孰知夫儒者之室，木器之苦窳，絺褐之故陋，而詩書道德之光，華然有衣被之也。今之患者，皆曰無財，凡為是徵推裒斂之苛者，皆以是故也。曷不要其質而推之，堯之屋不剪，椽不斷也，文帝之衣綈也、鳥革也，若今之世，必欲人之所為唐堯歟，漢文歟，則豈不姍笑之，以為享天下之奉，何其自槁如此也？古之裕天下者，於己皆有所忘。今天下之勢方迫，外而遺虜也，內而奉宗廟也，上而祿吏也，下而稟兵也。執計者，偲偲然有不繼之憂。而太平之矩度，所以耀於觀者，甚未泯也，郊祀以不文為不重，賚賜以不渥為非體，用度以不廣為非稱。服御所過，絳綺文繡交映乎道路，走卒繫紐，輿馬被金玉，用器服具，紛如也，百官有司，煥如也。唐堯漢文嘗以此示民否乎？況居天下之半，而用之不給時乎，其不屑於捐也。豈其為天下之大而不美乎觀也，欲適於所觀而廢天下之大計，亦惑矣。康定之初，有以日食請罷撤樂。執政曰：「不可。」既而北虜行之，則深以為悔。夫其始之不可者，豈非以不美於所觀哉？美於目，悔於心，奚擇焉？盛德之事，捨之而不為，而方今求生財之不已，吾亦恐後來之悔也。作〈質論〉。

〔註41〕〔宋〕葉適：《水心別集》卷一至八，收入劉公純、王孝魚、李哲夫點校：《葉適集》（北京：中華書局，2010年），頁631～756。葉適的《進卷》最初是以單行本的形式，流行於世。前文所引葉裔奏議稱「有葉適《進卷》、陳傅良《待遇集》，士人傳用其文，每用輒效」云云，即指當時通行的單行本《進卷》。後人整理文集時，方將《進卷》編入葉適文集之中。

二十二、陳謙〈一論〉《文章正印》續集卷六

物不能以相物。夫物之不能以相物者，何也？非才不贍，智不足也。夫彼我對立於天下，兩無以相勝，則亦兩無以相制，故必虛心而兩聽焉。於是不物於物者，得以制其權。嗚呼，非以物之不一，而我之一也歟。衡垂於空，輕重就焉，而衡不移；鏡設於堂，妍醜過焉，而鏡不知。夫惟以我之一不變，制彼之多變；彼之來無窮，我之應也如初。故曰：「天下之動，正夫一者也。」坐一人於廟堂，舉萬鈞物為之從者，其有以一之也。今夫操至一之權，居可一之勢，有不能自一者，吾見其惑也。是非牽於首鼠，遷就成於猶豫，我與物常相掣於糾紛不定之中，以我之擾擾，謂能應物之紛紛，可信也哉。是以君子貴一事，不一謀，欲一也，謀以處事者也。謀於一人，而或變於他人，此事之所以愈不一也。雖然有本，惟公故一，溺而偏，私而沮也；惟定故一，精而明，躁而紊也；惟精故一，審而專，懵而惑也；惟和故一，忌成疑，矜成戾也。曹參之繼何也，始也隙，終也隨，苟可以安民守之而不失，終不以私害公，故曰：惟公故一也。子產之相鄭也，始也民欲殺之，終也民歌之，苟可以利國安之而不變，終不以躁妨定，故曰：惟定故一也。充國之計邊，始而是者十五，終而是者十八，吾亦不知也，人亦不知也，所瞭然者吾計之勝也，故曰：惟精故一也。房杜之謀國，始而非如晦不能斷，終而卒用元齡策，而在彼不知也，在此亦不知也，所洞然者欲謀之濟也，故曰：惟和故一也。嗟夫抗焉，而公確焉，而定灼焉，而精比焉，而和孰能行此四物者，可與語天下之事哉。今世之患，最患乎民聽之惑也。民非自惑也，示之者無介然之守也。朝廷建一事，出一令，苟有罅隙之可尋，則皆執文以要其上，幸者希恩，罪者覬原。夫是之謂執文以要其上，可劫之勢也。民之私相與，且不可況下之於上哉，然天下安為之者則亦以執之而上之，人嘗與我遷焉故也。夫民情之無窮，而我與之為無窮，此何異物之相物，而安取夫制天下之動者哉。曹侍中有守者也，一執而不行，再執而不行，三執而行之。或者袖手而旁睨，於是得以行其奸。然則不一者，豈惟事之不集而奸亦生焉，可不懼哉。

二十三、陳謙〈要論〉《文章正印》續集卷六

智不貴於周知而貴於灼知；權不貴於盡用而貴乎大用。夫舉萬物之長短高下，惟吾之察而窮，其抑昂軒輊，皆入吾之的，悉之而無遺，斂之而無罅，君子固亦欲神其機而畢吾事也。然而天下之情無窮，而事變之來錯出，聰明

運於微妙,而制御施於脫略。彼其簧動之險情,衒飾之詖行,雜然交至於此,而吾以臆度采聽之區區,而欲盡其故。夫昔之周於智而盡其用者,其卒也,為繁,為褻,為不暇給,而反以病之,而卒亦不享其效,何者?天下固利其所不及而輕於要之,而亦不平其強及而敢於欺之也。昔者丙吉之在漢,不問死傷之鬥,姚相之在唐,不肯任擇刺史縣令之責,其說皆矯且誕。及詳思而竊揣之,彼其堂奧之邃且密,而欲耳目四方萬里之遠,進見之須臾,而根株天下之才,此固有所不可繼,而天下固有任其責者也。今天下之事,吾知其不能以盡察也,而中書之剸決日繁焉。今天下之士,吾知其不能以徧識也,而三府之召呼日湊焉。夫小民之情不習國之尊,來之則無窮,而士之至於斯者,大抵皆有可喜之論、欲行之舉,而任之則不酬。夫以無窮之變、不酬之情相幻乎吾前,而吾日以至誠惻怛之心而當其會,揣量布置,各有以塞其求,而亦卒不一二收其效。然則是擾擾者,果何為也哉?嗚呼,是非欲周知之病邪?於此有要焉,民也歟,人可也,人也歟,求於人可也。求於人者如何,才於才,賢於賢,德於德,誠知其才與賢與德邪,則以我之所以知之者,委之以知人,夫何憂?此不過灼知於萬方,而大用其一二,而天下之事畢矣。昔孔子告仲弓以「舉爾所知,爾所不知,人其舍諸」。夫天下之事,而惟所知之從,疑於不廣矣,然吾所不知者所知之,人將不我遺矣,則不廣者是無遺之術也。嗚呼,錙銖而稱之,不若鈞之為徑也;龠合而量之,不若鍾之為便也。知此則知要矣。

二十四、陳謙〈重論〉《文章正印》續集卷六

天下之勢,莫重於所習。習者,玩之;玩者,黷之。嗚呼,勢而至於黷,則情迫而難應,求煩而多怨,恩施而無所顧,紛然求以塞其難滿之慾,而弭其不平之源。吾力已窮,而人心猶未艾,則習之過也。今夫自庶人以上,至於卿大夫,其勢貌之相望,固已截然而不可比等。而至宰相則又可知矣,逆而睨之,蓋如梯天而航海,而孰敢習之。夫居天子之左右,朝夕與一人謀度議論,可生可殺,可與可奪者,舉而屬之百執事,拱手以聽其所為,付其身於不可必知之中而委其他,日於惟所造成之地,不敢以私謀邪,計褻於其前,傴僂而趦進,倉皇而亟退,不敢指,不敢臆,故不敢議,而又安敢怨。惟其然故其端坐之餘聲,峻潔之末觀,猶足以懾遠方而憺鄰國,使其非心奸態寢息而不作此,必非崇飾振耀,強為是以嫭天下也。夫固其居之者,如此而已矣。夫居之固如

此，而又安用抑絕掩遏以與？夫人從事於辨數之域，而反以自病也。愚觀今之時，宰相立乎堂上，而百吏各進疏，其所欲得，若誅負於鄰而索物於懷袖甚者，彼此相排追，前後相挾持，敢於自置而不顧，少不酬則怨謗憤悱，退而發舒，言故情而無所憚。嗚呼，嚮之所謂凜然不可黷者，夫誰戮之而邑邑至此。今夫庸人之論必曰：「尊者不可抗其為尊也，下者不可甚其為下也。」大而容，公而通，無為隔天下之善，而盡其博而已矣。嗚呼，通者，天下之事嚴者，人臣之法，今取夫與天下為喜樂之權而用之，出納之際以求盡天下之情，是不以為公而市私者乎。昔者王文正為相，張師德兩及其門，則終身斥之而不念，李文靖當國，新進陳便利者皆屏不奏，此不惟嚴之云耳。塞倖而抑貪，由此故也。故夫欲寬以盡其情，乃不勝其情，而卒亦不得其情，執古之恕法，以御今之極變，則亦習之而已矣。作〈重論〉。

二十五、陳謙〈備論〉《文章正印》續集卷六

任人之事，當患夫勢迫而不暇應，計窮而無可為也。蓋立至之機，間不容息，四空之室，智巧莫為之計。二者不幸而君子當焉，猶將存什一於千百也。苟其勢可以應，計可以為，吾未睹夫置之悠悠之地而無後憂者也。且先事而慮，慮無遺策，過思而求，求有餘應，當其可為而不為，耳目可及而自窒，手足可措而自縶，及一旦倉卒之變，彼有怖四體以熟視而已。鄭之垂亡也，君臣相顧，縮手無策，幸而得一人焉，其言曰：「吾不早用子」。夫嚮不早用而今以急求，猶有其人可求也，故賴以濟如，無可求，不殆也哉？夫為之不整者，未必蹶，辯之不早者，未必煩。孔子曰：「不曰『如之何，如之何』者，吾未如之何也已矣。」孟子曰：「今國家間暇，及是時，明其政刑。」君子不以「如之何」為可狃，而以「間暇」為不可失，則玩歲愒日，吾知其必不為也。今之天下不易為者，以其難測之也。嚮者之和，非心也，含憤而柔之，不得已而從之，蓋可危而不可安，可慮而不可恃。而柄國者不圖，遽為之晏然，是以屢盟之日，士大夫未出而適當之，皆有勢迫計窮之嘆。今之和，未異於初也。夫兩國相持，此弱而彼強，則和者其倚之以為固邪，亦藉之以為計邪？何者可以款彼之謀而詳我之備，故凡來釁之未我及者，皆吾為計之日也。玩而安，習而常，識者於是乎為之懼矣。夫火流於天，狐貉戒焉，霜薄於林，絺綌具焉，古人之智，非直為是不切也，其所以豫備者悉矣，矧事變之大可畏者乎。虜之不賴盟，和必變，變必不久，不待智者而後見也。豫防之卦，陰雨之詩，愚恐有

後時之悔也。夫有備之國，天道從焉，試以吾說乎，則勢迫而計窮，非所患也。作〈備論〉。

二十六、陳謙〈制論〉《文章正印》續集卷六

能處人於無用，而後能制人於有用。夫世未嘗無才，可用者少也。幸而有一用焉，又皆挾所有以要其上，彼則可用耳，而吾不得其用猶故也。夫先王之世，非其無人也，天下有故，悉力而爭趨，已事則旋踵，晏然而已。若夫名器不假也，爵土不濫也，彼非擯富貴，羞榮寵，與人異情也。曰：「君，心也；臣，手足也。」心靜乎內，手足運乎外，吾責也。噫，身之衛心，心亦大哉。道之不足，其次有制。夫制之說，不生於其所畏，生於其所恃也。恃忠者激，恃寵者縱，恃功者戾，恃其有恃之心而不得當焉，則反而狼顧。上之人不熟慮，何也？倚其力之足以緩其急，卒不免優之以豐其志。嗚呼，未有用而然，如用何捐？楚以豢信躝足之機，滋動剖券以盟。霍驂乘之亡，益凜君臣相仇，不根於終。吾今知制之不可已也。今國家之所恃以安者，曰：「將與兵。」無事而養，有事而用之，然而養不以為恩，用反以為憚，兵之驕也久矣，諉曰：「將用之也。」然而虛籍以自豐，濫功以蓋賞，將之驕也亦久矣，諉曰：「此其小者也。」有罪而黜之，棄瑕而復之，此亦望外之恩也，則左右睥睨，盡求故賞故爵，猶執券而取之懷袖間。且夫報功者，人主事也，盡瘁者，人臣責也。二者實相須，不可以相求。上而求之下，非甚盛事也。為下而上之求焉，不亦難乎其上哉？乃知上功差六級，罰之不為過，而慟哭以死者，不為無說矣。議者尚謂創克融之亂，使唐再失河朔者，不得一官之故，以為時相之咎。以愚觀之，咎不在此，夫鴟梟之性安，往而不為不祥，彼不作於藩鎮，則作於肘腋。天下有變，非倡則和者，捨斯人而誰，曾謂一官而足以弭其不平之心哉。彼唐之相，知其不可用而制之，又不得策乃脫，克融以自貽患。若克融政當以「寧我負卿，毋卿負我」之策制之耳。雖然，今之言制者，固不在於必，予亦不在於不。予要令伸縮在我，彼無恃焉可矣。抑遏猜沮，不厚於禮，不信其衷，而奴虜視之者，吾又不知其說矣。作〈制論〉。

按：以上六篇陳謙文章別見於《古文集成》己集卷六，但不為《全宋文》收錄，今從《文章正印》中輯出。

二十七、曾煥〈贊襄論〉《文章正印》續集卷七

古之相也，無異而有異。今夫其位，崇如其爵，穹如其祿，豐如是佐，君

者所同也。其接從容，其與密勿，其權也魚水，其固也膠漆，是得君者所同也。家可亡，吾君不可忘；身可殺，吾國不可奪。命焉斯寄，孤焉斯托，是報君者所同也。然有異焉，非所操之異也，用不同焉；非所用之異也，遇不同焉。由今觀之，周公，大聖人也，而求如伊尹所為，有弗能，非弗能也，弗容能也。伊尹，大聖人也，而求如禹、皋所為，有弗得，非弗得也，弗可得也。是故禹、皋之相也，大以簡，大以簡，故其德備。伊尹之相也，直以遂，直以遂，故其業巨。周公之相也，艱以婉，艱以婉，故其功顯。且夫拮据捊荼，憂勤以思，周公豈願哉？然欲堯舜君民，以重自任，是弗容能也。五就辛勤，一訓諄複，伊尹豈樂哉？然欲賡歌一堂，都俞數語，是弗可得也。雖然有聖賢之時，有聖賢之權，有聖賢之道，時之所在，而權用焉，權之所在，而道形焉。故曰：「禹、皋、伊、周則一轍也。」漢唐非無相也，高、惠之間，大業已定，然而寬大襟懷，不無猜防之心，鎮靜基業，不無動搖之患，諰諰然周護密備而不敢肆，蕭、曹之為相也，何其畏且謹也。孝、宣非不曉解也，傷其過曉解也，精明有餘，而寬裕不足，以嚴相徇，而不知相濟，雖或號為寬大，而所就無幾，丙、魏之為相也，何其懷且促也。太宗雖好名雅，有志於前古之規轍，一時翕合，諫諍征伐，悉有其人，藉第弗皆當也，然總持其綱，以遂其君臣相與從事之意，而有可否焉？房、杜之為相也，何其裕且整也。明皇非無姿也，不由其道，銳而輕，明而不固，崇之進也，要之也，而璟之日又甚淺，姚、宋之為相也，何其隘且迫也。嗟夫，數君子之所立，雖不無優劣也，三代以來僅有此耳，而於大者俱缺焉，是不能不令人慊然也，非咎之也，望之也，惜之也。故嘗以謂隨世以就功名，君子所不免也。講之平時，用之一旦，君子所當思也。盡其在我，勉其在君，君子所當思也。隨今為異，而不悖古以為異，君子所當思也。能其君者，孔明也；因其君者，漢唐數子也；大其君者，傅說、召公也；聖其君者，伊、周也；神其君者，禹、皋也。作〈贊襄論〉。

二十八、曾煥〈燮調論〉《文章正印》續集卷七

天地之大則一指也，宇宙之廣則一握也。古之聖賢，出而有立於斯世，夫豈眇其身而自小其用哉？券霄壤為四肢，而不知其有異也，貫陰陽為一息而不知其有間也。是故體此以出治者，君也；體此以佐治者，相也。君能是，而相不能是，其失則孤。相能是，而君不能是，其失則偏。兩能是則昌，兩不能則荒。循而星辰時，而雨暘鎮，而山嶽寧，而河海遂，而人民孳，而鳥獸亭毒之

間，無一毫足以疥吾治，則天下理，太平立矣。帝王盛時，疇弗用是道，然而咸若裕如，僅見一二語，若不切切於是者，彼蓋視為當。然而君相所當，其留意焉者，故隨其效著，而輒及之，非差事也。《周官》作大小職以分六卿，帥屬事悉，就理綱維，是主張是者不容缺也。燮理寅亮，始屬三太，少而一不以他故屑之。無幾何也，泰和之風，藹然薰塞於四方萬里之間，雅頌詠歌，迄今不泯，則亦有自也。然嘗考之陳平之於文帝，反覆開說，言非不切也。漢家水旱、盜賊、陰陽之變，為相者輒不免責，非不嚴也。自是而來，未見有如雅頌之所稱者，則是何故？後元以降，熙然豐殖，亦云可矣，政恐干戈之禍，暫息穹壤之和，俶集醞釀，淑郁於五六十載之間，天與人因，治與時偶，兩相際焉。有非六出奇計者，所能獨了是也。不然，天馬白麟，黃龍五鳳，遽以為陰陽和，嘉瑞應，且謂孫洪黃霸，二三君子實召之，寧不啟寞言，滋媚習乎，茲非為是鍥論也。漢之君，責其相則是，而所以責其相，則非也。朝夕汲汲，困其身於簿書期會、斷獄聽訟之叢，俾之惶焉、怛焉。救過之弗給，何暇從容靜嘿，思所以與天地造物接哉。雖然，誠與天通，念與事接，兩不相掩，夜以繼日，坐以待旦，此心運用，初何有一刻息。機務酬酢，要不容以自逃，陶鈞斡旋，要不容以自已。顧不與之俱馳，而衰於叢脞以自累，則一念明淨，一念貫通也，一事端忠，一事感格也。交際同流，太和保合，天地遠乎哉！作〈燮調論〉。

二十九、曾煥〈經綸論〉《文章正印》續集卷七

天下大物也，不可以小智私，不可以小道持，必有大於是者，從而掎挈焉，運動焉，斯可以久安長治而無後患。蓋萬鈞之鼎，非烏獲而舉之，則必絕臏以斃。器一不用而置之於屏處，則菌衣生之，蝸蛛叢之，不至於腐壞不止也。古之君子出而佐人之國，靜則觀勢，動則觀變，經營圖回，不敢暫息。為是物也，夫《易》曰：「雲雷屯，君子以經綸。」經綸為言，猶曰運用，區處各有攸當，四方萬里必使無一隅偏而不舉也，必使無一民捶而不帖也，必使無一事悖而不順也，如斯而已矣。而或者獻疑曰：開闢也，創造也，是之須爾守成其何庸？所謂開闢云者，天地劃分，人獸交迹，強理弗辨，綱常弗立，天下不可一日居也，則必正民彝，設民極，辨正體，經綱維分，畫發十三卦之藏，使民用以足。夫是以四方正，而萬民奠，古之人有為之者，風后力牧，舜、禹、皋陶之佐其君是也。所謂創造云者，上無明君，下無賢臣，紀綱蕩然，制度隳

然，八紘絕而四維墜，天下不可一日堪也，則必興師鞠旅，南征北伐，以救瘡痍，以脫塗炭。夫是以基緒植立而事功成，古之人有為之者，伊尹、太公之佐其君是也。又其下也，志於立國而未必為民，志於取天下而未必憂天下，然而權謀之中有仁義焉，戰伐之中有公恕焉，是亦可以自附於前哲。古之人有為之者，張子房、諸葛孔明之佐其君是也。若夫有盈可持，有成可守，統紀素明也，禮法素具也，京師有奠枕之安，邊陲無揮羽之警，則雍容廟堂，唯諾殿陛，光輔太平，優遊樂歲，尚何以經綸為哉？雖然，竊嘗譬之人之少也，四體盛強，百骸堅耐，觸風冒露，一無不可，而六氣運行，間所侵薄，猶不能不為鍼熨攻療之具，況其壯乎，況其老乎？一指之大，一脛之瘇，豈無如賈誼之所當憂者乎？養以膏粱，伐以藥石，豈無如崔寔之所當防者乎？風寒數處，何者當先，𢿜脈病人，病何者當速療？昔人有言：「無病而服藥與有病而不服，皆足以殺人。」作〈經綸論〉。

三十、曾煥〈諏訪論〉《文章正印》續集卷七

嚴尊卑者謂之分，畫上下者謂之勢，通彼此者謂之情，達可否者謂之辭。分與勢有截，情與辭無窮，是故賢且明者，不以分廢情，不以勢廢辭。守其分，履其勢，嵬然其崇，而弗有其崇，燁然其榮，而弗有其榮，降而下之，抑而晦之，使天下之人，無智愚，無賢不肖，欣欣然，津津然，皆欲自進於其前，而無所憚，有言得聞，有語得達。辭之喜怒者，情之屈伸也，辭之善惡者，情之好惡也，會通焉，紬繹焉，一人之辭，無阻抑捍絕之憂，則一方之情，無壅底滯塞之患，推而大之，八表以達，萬事以察，功緒以挈，民庶以悅，勳績以傑，聲實以晰。古之善相人之國者，捨是何說哉？不善者，反此昂昂然，訑訑然，使人仰之如天神之尊，而不敢親望，望然皆將求去之，之不暇敢有言乎？有言矣，敢盡言乎？一節之塞，萬善之窒，一隅之蔽，萬法之敝，無疑也。雖然，世未有如是之人，而足以佐人國也。世未有如是之襟懷器局，而能成大功立大業也。然而尊固根於卑，養尊之久者有時乎？不自卑高，固基於下，養高之久者有時乎？不自下，富驕貴侈，豈期而至，獨不防其將也哉？況夫輕王公，藐大人，世每不多見，而仰視貴人之光容，則低回瑟縮而不敢近者，比比皆是。銳然而進，恐然而退，蒼然而來，慴然而去，夫豈少哉？嗚呼，千百人中，而有一人焉。不獲其情，固未足以疵吾相。然使千百人中，而有一人焉，不獲其情，亦豈足以示吾相哉。且夫還贄貌執之士多至百人，又多至千人，使其皆賢

也，則必如闔散顛适，著其聲者矣，而未聞者，其不足以進於周公之前，亦明矣。而僕僕吐握，不敢少後，豈直借此以自牧哉？諮諏訪問，當必有在，不然虛揖默拱，一覯而退，竊意聖人不爾為也。一家之中有子弟焉，有臧獲焉，有親故鄰曲焉，通其情，達其意，使洞然無所隔，是家道所由以肥也。憂憂然藐而不之，接恩怨爾，汝憻不聞焉，則家必睽，睽則替矣。是相天下之說也。作〈諮訪論〉。

三十一、曾煥〈選掄論〉《文章正印》續集卷七

君不能自治，故屬之相；相不能獨任，故屬之人。一日萬機之繁，千官億醜之多，寸心兩耳，目之聰明，安能盡籠而睹記焉，是必有屬。故夫君屬之相，相屬之卿，卿屬之監司，監司屬之郡，上下相維，等級相傳。然而散之下則眾，斂之上則寡，崇正斥邪，進賢退不肖，提綱挈領，相實任責，寧不大哉，寧不重哉？然嘗聞之天之生人也，氣不皆全也，一有偏焉，性質以異，陰柔陽剛，各品殊形，賢者常少，而不肖者常多，君子常難逢，而小人常滿天下，此一說也。苗莠相欺，朱紫相奪，偽假真售，姦託直送，出入翻覆，千蹊萬轍，有未易以窺且詰，此又一說也。君子常剛，小人常柔，君子多梗概，小人多脂韋，君子惡詭隨，小人喜順適，而又身為天子之宰輔，崇嚴威重，每未易以犯，往往熟聞軟媚，而聽激烈正直之言則易驚，習見柔順，而逢剛方挺特之士則易憚，此又一說也。矧夫揆之於時，所忌者若人也，揣之於俗，所便者若人也。所與親者，未必樂斯人也，則進之終弗安，所與處者，未必快斯人也，則用之終弗果。雜是數說，有一柴於胸次間，則變目易耳，移情改意，奸且佞進，而賢與君子日以遠矣。嗟夫，一賢見疏，未足恤也，一不肖見用，未足慮也，然亦有以外補利害，試一數之者乎。一路之間，輕畀一節，纔一節耳，而一路為之搔；一郡之間，輕畀一麾，纔一麾耳，而一郡為之擾。始有所牽而求以悅，一人終有所悅，而至於不悅者千萬人，即其千萬人所不悅者而推原之，則亦豈無所歸也哉。又況所牽者愈上，則所不悅者愈大矣。雖然，於此有鈞焉，於此有衡焉，運之於中，提之於上，洪也，纖也，良也，窳也，軒也，輕也，悉聽物自取，而不亂以人，不參以己，則賢不肖判，君子小人不至於易位，而天下定矣。作〈選掄論〉。

按：曾煥，字文卿，一字少卿，吉州吉水人，紹熙元年（1190）進士。曾煥事跡無考，僅據《南宋館閣續錄》知其曾任秘書郎、著作佐郎、秘書丞、秘

書少監等職。著有《毅齋集》，已佚。以上五篇曾煥文章，別見於《古文集成》已集卷四，但不為《全宋文》收錄，今從《文章正印》中輯出。

此次輯佚所得曾煥五篇文章，皆屬論體文，主題頗成系統，皆是有關君臣名分、國家治理、政府運作等內容，推測是為科舉考試或教學而寫作的一組文章。

三十二、鄭伯熊〈議財論上〉《文章正印》續集卷九

《大易》有訓，聚人曰財。《洪範》明疇，政先食貨。《中庸》以九經為國，而足財用於百工。《大學》以明德平天下，而論生財之大道。故財者，有國之司命，理財者，非可緩之務，議財者，非不急之談也。高論之士，握孟子仁義之說，聞言利之人，急起而疾擊之，不使喘息於其側，置金穀為猥務，視三司度支為濁流，以鉤校簿書為冗職，漫然不肯誰何。於戲，獨不以吾一身一家而思之，夫飢而食，渴而飲，自何而至；仰而事，俯而育，自何而給。彼晉之士大夫以清談欺其妻孥，果能柅腹而赤立乎？天下之大，事非一端，百官羣吏、軍旅征戍、朝聘會同、郊社宗廟、城郭宮室、器服車馬之用，矜寡孤獨、凶荒札瘥之賑恤，皆堯舜三王之常規，非後世創為之也。一日非財，百事瓦解，而欲置之度外，亦幾於不辨菽麥矣。雖然，自周之衰，先王之制亡，人慾日侈，用財者多，秦漢以下，類以四海九州之財賦，養一人而不足。於是賤丈夫者，出而伸其喙，剝膚槌髓，以厭一人之慾。其原既開，不可復窒，後之承前，有增無損。凡先王之予於民者，奪之盡矣，所以散在民者，斂之極矣，利析秋毫而國用常乏。雖以惻怛好治之主，其所奪者不能復予，其所斂者不能復散也。不惟不能，勢亦不可。嗟乎，高論之士，雖不達時宜，彼其平時讀古人之書，見先王之政，纖悉委曲，無非假民，謹之重之，不敢少放，回視後世如許，則聞言利之臣，遽起而擊之，望財利之司，疾趨而馳之，蓋亦無足怪也。然時世不同，事變非一，古之法不可用於今，猶今之法不可用於古。苟不勝後世之弊，欲一取先王之法而繩之，此時君世主所以病其說之難，流俗鄙夫所以呵其法之迂，有志之士亦日悼其說之不合也。抑不知先王之法，雖不可遽行，而其遺意猶可言也。蓋先王之於民，愛之也，厚之也，予之也，散之也，而猶懼其或傷焉。夫財出於民而愛之，厚之，予之，散之，是豐其本之術也。烏有本豐而末不茂者哉。苟知此意，則可以議邦財，司民命矣。先王之陳迹，無襲焉可也。

三十三、鄭伯熊〈議財論中〉《文章正印》續集卷九

　　夫財安從出哉？弊去矣而不知養其源，吾未睹其可也。山有材焉，旦旦而伐之，人見其濯濯也，斤斧休而牛羊樵，牧之不呵，則日夜之所息，雨露之所養，亦未矣。先王之時，為民者四，而以智力交相養，瘖聾、跛躃、斷者、侏儒，各以其器食之。彼廢疾之力，猶必有所事而後食，況耳目手足無故者哉，其不得游手而食必矣。今之所謂游民者，何其多也。高宮大室，撞鐘伐鼓，談無演空，惑誘癡甿，謂之緇黃之游；懷黃挾彈，玩養鳥獸，六博鬥鞠，歌舞游行，謂之市井之游；冒名守闕，充墀溢廡，交相贊助，招權為姦，謂之官府之游。若此之類，不可殫言。賈生所謂「殘賊公行，莫之或止」者也。昔句踐還越，令壯無娶老，老無娶壯，女十七，男二十，不嫁不娶，罪父母，蓋欲人民繁息為國之用。今有民而委之無用，亦可惜哉。今之四民，亦非古之四民也。士舉無用之文，以媒利祿，立身事君，何嘗在是，則士亦游矣。工作無用之器，以競奇巧，而食用所須，苦窳不堪，則工亦游矣。商通無用之貨，以煽侈靡，而實用所資，往往不通，則商亦游矣。嗚呼，民相與游，而人之類未相食者，幸吾農民尚守耒耜而已。然而解凍而耕，暴背而耘，櫛風沐雨，霑首濡足，戴星而出，戴星而入，其勤極矣。而又有水旱、霜雹、蝗蟣，間為之災幸，而收成則公私之債，交相互奪，穀未離場，已非己有。羣游之徒，聚而饞之，又從而嗤鄙之，良可哀也。故其子弟，時出城市，目睹盛麗，歸視其糠粃不飽，短褐不蔽，其心搖搖，已不安於畎畝矣。不急救之，是農又將游也。古之為政，關市有譏，偽飾有禁，執左道以亂政者有誅，作淫聲異服、奇技奇器者有誅。用器不中度，不鬻於市，姦色亂正色，不鬻於市，錦文珠玉成器，不鬻於市。不耕者祭無盛，不蠶者無帛，不績者無衰，無職事者出夫家之徵。此皆先王抑末厚本之意，苟損益而施之，使彼輕而此重，其不轉而歸南畝者，寡矣。至於占田有限，以抑兼并之家，儲粟有勸，以廣凶荒之備。選擇守令，嚴責實之政，則田畯之官何必復建也；寬養農功，省公家之徭，則力田之科何必復立也。孔子曰：「示之以好惡，而民知禁。」法者，天下之大防而已，要當明好惡以示之，則靡然向方。上革其弊，下養其源，譬如疾已去體，而厚加調養，孰能御之。吁，治道無難，顧力行何如爾。

三十四、鄭伯熊〈議財論下〉《文章正印》續集卷九

　　莫非王民，予奪歙散其權在君；何事非君，治亂安危其權在民。先王知人

上之權不足恃也,而一聽於民,凡有所慾,委曲彌縫,不敢有己。故制其常產,與之相生養之道,為之比閭族黨、州鄉鄰里、酇鄙縣都,夫遂溝洫澮川、畛塗道路,徑術以相居,教之耕鑿種藝、稼政女功、飲食醫藥、喪紀祭祀,判妻入子,畜牧用財,以安其生。老弱、廢疾、孤窮則有恤養之政,艱厄、凶荒、札瘥則有賙救之法。巡稼移民,合耦趍耕,以裕其力;通貨斂滯,貫賒貸假,以周其匱。懼吏之侵牟,則為之大比,以周知山林川澤、器械六畜之數。懼役之不均,則為之稽其夫家,以歲之上下,為役之久近,事以民立,而無長事,官以事建,而無羨官。思慮周密,纖悉不遺,既措之溫飽安樂之地,而後身與其享。民樂其愛己,而閔其甚勤也,於是輸其天育地產,與己之所致之物,以供王之飲膳器物、匪頒賜予、賓客喪祭,以充府庫,以供玩好,多而不厭,而先王亦以為當然。粒粟寸帛,籍之有司,要會鉤考,不敢私焉。少有不登,惻然變色,邦計民財固未乏也,而與士大夫捐膳徹樂矣。嗚呼,彼豈不知予奪斂散之權在己耶!自井田壞而貧富不均,後世不復能制民之產,而先王之良法美意日以消亡。廟堂之間,苟曰王府充軍儲備則幸矣,餘不暇問也,而民始自為生矣。自山海藪澤之利,公家專之,冗食逐末之人耗農者眾,而民之為生始勞矣。自粟米絲麻、蔬果魚肉、竹木薪炭,百物有稅,而官司之法,月較日比,羨則有賞,虧則有誅,上下相蒙,不知其自何而來也。污吏黠胥,又從而私漁之,而民始無以為生矣。夫先王之於民,與之為生,而後世之民,至無以為生。不反其本,方焦心勞思,患於無財,族談羣議,以圖生財,變法易令,以求豐財,吾恐民之大權,有時而或用也。世固有達於人情物理,知先王之遺意者,過而問焉,其知本矣。

按:鄭伯熊,字景望,永嘉人。紹興十五年(1145)進士,歷官宗正少卿,以直龍圖閣知寧國府卒,著有《鄭景望集》、《鄭敷文書說》等。鄭伯熊是永嘉學派的早期學者,以經制、治術之學見長。秦檜當國之時,禁習程學,鄭氏於此時「推性命微眇,酌今古要會,師友警策,惟以統紀不接為懼,首雕程氏書於閩中」。〔註42〕鄭伯熊的學術在當時的永嘉地區有著較大影響,陳傅良、葉適等皆嘗從其問學,《宋元學案》稱「永嘉之學宗鄭氏」,〔註43〕肯定了鄭伯熊在

〔註42〕〔清〕黃宗羲原撰、全祖望補修:《宋元學案》(北京:中華書局,1986年),卷32,頁1153。

〔註43〕〔清〕黃宗羲原撰、全祖望補修:《宋元學案》(北京:中華書局,1986年),卷32,頁1153。

南宋永嘉學術發展過程中的重要地位。鄭伯熊文集久佚。此上三文別見於《古文集成》已集卷三，但不為《全宋文》收錄，今從《文章正印》中輯出。

因為鄭伯熊著作散佚嚴重，故此三篇〈議財論〉是研究鄭氏學術思想的重要材料。三篇文章皆圍繞財政主題展開，上篇強調了財政之事的重要性以及議財的必要，對那些「握孟子仁義之說，聞言利之人，急起而疾擊之」的「高論之士」予以駁斥。中篇指出傳統「四民」秩序的崩壞，如今僅「農民尚守耒耜」，主張應抑末厚本、寬養農功，方能「上革其弊，下養其源」。下篇則進一步強調了寬民散財的觀點，通過對比古今制度之異，強調不能採取一味「變法易令，以求豐財」的聚斂行為。

據葉適所言，永嘉之學早期經歷了從「必兢省以御物欲」轉向「必彌綸以通世變」，〔註44〕即從性理之學轉向事功之學的過程。鄭伯熊早年倡言關洛性理之學，雕刻印行程氏著作，而至寫作三篇〈議財論〉時已經頗具浙東事功之學的色彩，〔註45〕確切地反映了早期永嘉之學發展演進的脈絡。

同時，透過此三篇〈議財論〉，可以發現鄭伯熊的學術思想，對後世如葉適等永嘉學者產生了直接的影響作用。例如葉適於〈財計上〉中強調了「理財」的重要性，駁斥了「聖賢不理財」的妄說，提出「古之人未有不善理財而為聖君賢臣者也」，〔註46〕這與鄭伯熊在〈議財論上〉中的觀點頗為接近。

葉適在〈民事下〉中激烈地反對恢復井田制度，指出井田制度的產生是與上古三代特殊的歷史條件密切相關的，並不適用於當下的社會，所謂「已遠者不追，已廢者難因」。〔註47〕這與鄭伯熊在〈議財論上〉中提出的「時世不同，事變非一，古之法不可用於今，猶今之法不可用於古」的觀點十分接近。

再如葉適在《習學記言序目》「周禮」條中，指出古今制度相異，上古三代「司徒教養其民，起居飲食待官而具，吉凶生死無不与偕與」，故什一之稅

〔註44〕〔宋〕葉適：〈溫州新修學記〉，劉公純、王孝魚、李哲夫點校：《葉適集》（北京：中華書局，2010年），卷10，頁178。

〔註45〕周夢江、何俊等人對此有所申論。參見周夢江：〈論鄭伯熊的學術思想〉，《溫州師範學院學報》（哲學社會科學版），2006年第1期，頁1～6。何俊：〈鄭伯熊與南宋紹淳年間洛學的復振〉，《復旦學報》（社會科學版），2010年第4期，頁38～46。

〔註46〕〔宋〕葉適：〈財計上〉，劉公純、王孝魚、李哲夫點校：《水心別集》卷2，收入《葉適集》（北京：中華書局，2010年），頁658。

〔註47〕〔宋〕葉適：〈民事下〉，劉公純、王孝魚、李哲夫點校：《水心別集》卷2，收入《葉適集》（北京：中華書局，2010年），頁656。

是合理的，而後世制度崩壞，政府不再負責這些民生事務，此時再取什一之稅，則是取諸民而供上用的「聚斂」行為，應予以批判。〔註48〕這與鄭伯熊在《議財論下》中的觀點如出一轍，可見鄭、葉二人學術思想的傳承關係。

以上所論足可見鄭伯熊學術思想在永嘉學術發展脈絡中的重要地位，亦可見此次輯得鄭氏三篇佚文的重要價值。

三十五、王十朋〈仁論〉《文章正印》續集卷十一

世之言仁者多矣，不知其果何物也。孔子曰：「若聖與仁，則吾豈敢？」又曰：「仁者樂山，智者樂水。」夫自其對聖而言之，則仁為道之妙；自其仁智而言之，則仁者五常之一耳。然則仁果何物也耶？以吾觀於夫子，蓋未嘗輕言仁，而亦未嘗以與人。故曰：「子罕言利與命與仁。」至於令尹子文、陳文子，則曰：「未知焉得仁。」子路、冉有、公西華，則曰：「不知其仁也，是可謂難矣。」雖然，竊猶有疑焉。《論語》一書，孔子言仁居其半，其自言也曰：「巧言令色，鮮矣仁。」曰：「剛毅木訥，近仁。」曰：「君子去仁，惡乎成名。」曰：「民之於仁也，甚於水火。」曰：「仁者壽。」曰：「仁者不憂。」凡此類者，無非仁也。其與羣弟子言也，樊遲問仁，則曰：「仁者先難而後獲。」子張問仁，則曰：「恭寬信敏惠。」顏淵問仁，則曰：「克己復禮為仁。」仲弓問仁，則曰：「出門如見大賓，使民如承大祭。」司馬牛問仁，則曰：「其言也訒。」凡此類者，亦無非仁也。未嘗輕曰仁，於伯夷、叔齊曰：「求仁而得仁。」於箕子、微子、比干曰：「三仁。」是皆以仁與之也。而何獨於令尹子文、子路、陳文子之徒，此不可不辯也。吾意《論語》之所謂仁，則《易》之所謂性命也。性與天道，自子貢不可得而聞，而況其他乎。故自人言之，然而皆非其至也。管仲之仁，仁之功也，夷齊之仁，仁之行也，三仁之仁，又仁之節也，是亦非其至也。吾故謂孔子之於仁也，其罕言也，如其所謂聖。而其所以與羣弟子言者，亦如其所以許管仲、夷齊之類也，蓋其難也如此。然則為仁者，果無其道乎哉。蓋嘗論之仁不可為也，去其害仁者，而仁自至。仁，性命之理也，人曷嘗無是仁哉，然而害之者多。水非不清也，而土渾之；鑑非不明也，而塵昏之。顏淵問為仁，孔子曰：「克己復禮為仁，一日克己復禮，天下歸仁焉。」請問其目，曰：「非禮勿視，非禮勿聽，非禮勿言，非禮勿動。」夫禮與仁異，而

〔註48〕〔宋〕葉適：《習學記言序目》（北京：中華書局，1977 年），卷 7，「周禮」條，頁 85。

為仁必於復禮，則非禮者，仁之害也。非禮勿視，非禁其為視也，以視無非禮也。非禮勿聽，非禁其為聽也，以聽無非禮也。非禮勿言，非禁其為言也，以言無非禮也。非禮勿動，非禁其為動也，以動無非禮也。視聽言動無非禮，則害仁者去，害仁者去，而仁可勝用哉。土去而水自清，塵去而鑑自明，故曰：「克己復禮為仁。」非顏子不足以語此，故盡以告之，而又曰：「回也，其心三月不違仁，其餘則日月至焉而已矣。」夫孔子之於仁，不敢輕之如此。自孟子以仁義游說，而仁遂為愛人之一術，學者至輕言仁義。然孟子曰：「仁者，人也，合而言之道也。」則凡《孟子》之書，可謂仁也，亦非其至也，惟以其至者言之。故《論語》一書，言仁者居其半，惟顏子為得盡聞。當時之人未嘗不為仁，惟顏子為獨可許，是可不謂難哉？由是而言，則知《論語》之所謂仁，即性命之理也，蓋進於習而與乎聖矣。不然，則仁果何物者耶？

按：王十朋（1112～1171），字龜齡，號梅溪，樂清人。紹興二十七年（1157）以進士第一及第，後任國子司業、侍御史等，歷知夔、湖、泉州，立朝剛直，歷官多有政聲，以龍圖閣學士致仕。著有《梅溪前後集》五十卷。此文別見於《古文集成》己集卷八，但不見於王十朋文集，亦不為《全宋文》收錄，今從《文章正印》中輯出。

此文圍繞《論語》中「仁」的觀念展開論說。據汪應辰所撰墓誌，王十朋聚徒授學時，著有《論語》講義，但未及成書。〔註49〕今檢王十朋文集，卷二十三中仍保存了〈學而第一〉、〈為政第二〉兩篇講義。卷十四另有〈論語三說〉，圍繞「三月不違仁」「有若似聖人」等話題展開論說。〔註50〕可見關於《論語》與「仁」的問題，是王十朋長期以來一直關注、思考的話題。

《宋史》本傳載王十朋「資穎悟」、「有文行」。〔註51〕汪應辰稱譽王十朋的文章「專尚理致，不為浮虛靡麗之詞」。〔註52〕此文始終圍繞《論語》中

〔註49〕〔宋〕汪應辰：〈龍圖閣學士王公墓誌銘〉，曾棗莊、劉琳主編：《全宋文》（上海：上海辭書出版社、合肥：安徽教育出版社，2006年），卷4782，第215冊，頁278。

〔註50〕〔宋〕王十朋：《王十朋全集》（上海：上海古籍出版社，2012年），卷14，頁804～806。

〔註51〕〔元〕脫脫等撰，中華書局編輯部點校：《宋史》（北京：中華書局，1985年），卷387，頁11882。

〔註52〕〔宋〕汪應辰：〈龍圖閣學士王公墓誌銘〉，曾棗莊、劉琳主編：《全宋文》（上海：上海辭書出版社、合肥：安徽教育出版社，2006年），卷4782，第215冊，頁278。

「仁」的觀念加以解說，文筆質實，無虛浮之辭，由此文即可管窺王氏文章的寫作特點。同時，此文從「子罕言仁」與《論語》中常見言「仁」的矛盾談起，層層遞進，徧舉例證，佈局嚴密而有變化，最終推論出「《論語》之所謂仁，即性命之理也，蓋進於習而與乎聖矣」的觀點，令人信服。朱熹評價王十朋文章稱「規模宏闊，骨骼開張，出入變化，俊偉神速」，〔註53〕強調了王氏在結構佈局上的長處，由此文可見，這一評語並非虛美。

原載《澳門文獻信息學刊》第 28 期（2021 年 12 月），

頁 40～52。收入時有改寫、修訂。

〔註53〕〔宋〕朱熹：〈王梅溪文集序〉，曾棗莊、劉琳主編《全宋文》（上海：上海辭書
出版社、合肥：安徽教育出版社，2006 年），卷 5620，第 250 冊，頁 317。

附錄貳　馬存文章的輯佚、考證及研究〔註1〕

第一節　前言

馬存，字子才，樂平人。元祐三年（1088）進士。早年師從於徐積，《宋元學案》將之繫於「節孝門人」。〔註2〕馬存後獲蘇軾賞識，元祐三年蘇軾知貢舉，將馬存置之高等。〔註3〕後任鎮南節度推官、越州觀察推官等，紹聖三年（1096）卒。〔註4〕

〔註1〕筆者日常讀書，曾偶檢得馬存佚文若干篇，未見《全宋文》收錄，頗具價值，故撰作〈馬存文章的輯佚、考證及研究〉，但慮及文中尚有未盡人意之處，故久置笥中，未尋投稿。後奉讀二篇類似題目之論文（黃文翰：〈北宋文學家馬存佚文輯考──補《全宋文》的重要遺漏〉，《圖書館雜志》，2020年第11期，頁120～127；張培鋒、黃文翰：〈北宋文學家馬存考論〉，《南開學報》（哲學社會科學版），2020年第6期，頁131～141），頓有「德不孤，必有鄰」之喜，但慮及二文僅輯錄馬存文章七篇，未利用《文章正印》、《類編層瀾文選》、《五百家播芳大全文粹》等書，且未對部分署名錯訛的情況進行辨證，頗有遺珠之憾。但因有同題著述在前，拙文的學術價值已大大降低，自忖不宜再投稿發表，故謹將該文作為附錄，繫於正文後，以供學界參考。

〔註2〕〔清〕黃宗羲原撰，〔清〕全祖望補修，陳金生、梁運華點校：《宋元學案》（北京：中華書局，1986年），卷1，頁60。

〔註3〕孔凡禮撰：《蘇軾年譜》（北京：中華書局，1998年），卷27，頁820。

〔註4〕〔清〕石景芬等纂：《（同治）饒州府志》（臺北：成文出版社，1975年，中國方志叢書影印清同治十一年〔1872〕刊本），卷22，頁2。〔清〕汪元祥等纂：《（同治）樂平縣志》（臺北：成文出版社，1975年，中國方志叢書影印清同治九年〔1870〕刻刊本），卷8，頁45～46。

　　馬存的文章寫作取得了非常高的成就。《宋元學案》謂：「其文波瀾雄壯英毅，奇氣橫生，不可縶維。」〔註5〕正因如此，馬存在當時的文壇擁有很高的知名度，北宋王洋羅列時人藝文操行時，舉例人物言：「某不敢遠引古人，姑以近人比方。……文章則唐庚、馬存，詩什則陳無己。」〔註6〕可見馬存文名為時人所傳。南宋馬廷鸞亦對馬存的文章不吝贊詞，稱：「其文章雄直，雅似節孝。」〔註7〕

　　馬存文名盛於生前，但身後文集流傳不廣。究其原因，應是北宋末年黨禁所致。馬端臨《文獻通考》引研軒程氏之說言：「既沒之後，川黨議起，蘇、黃文字焚毀無遺，而子才亦在指揮中，故世罕傳，傳復訛舛。」〔註8〕北宋末年，蔡京操持權柄，禁抑元祐學術，蘇、黃文字都遭禁行焚毀，而馬存因與蘇軾過從頗密，故被歸為蜀黨，亦在禁抑之列，導致其文集在南宋前期世間罕傳。迨至南宋淳熙間，方有人取馬氏家族所存善本，參以通行俗本，訂正整理加以刊行。〔註9〕《直齋書錄解題》著錄「《馬子才集》八卷」。〔註10〕《宋史‧藝文志》著錄「《馬存集》十卷」。〔註11〕可見至元代，馬存文集猶存。但今日已經散佚不復見。

　　馬存的文集儘管流傳不廣，但他的單篇文章卻經常為宋元時期的選本收錄，透過選本的形式，在士人間流傳、閱讀。成書於南宋末年的古文選本《文章正印》、《古文集成》、《回瀾文鑑》，以及成書於元代的《類編層瀾文選》，都選入了若干篇馬存的文章，這也成為本章輯佚工作的文獻基礎。

〔註5〕〔清〕黃宗羲原撰，〔清〕全祖望補修，陳金生、梁運華點校：《宋元學案》（北京：中華書局，1986年），卷1，頁60。

〔註6〕〔宋〕王洋：〈與丞相論鄭武子狀〉，曾棗莊、劉琳主編：《全宋文》（上海：上海辭書出版社、合肥：安徽教育出版社，2006年），第177冊，卷3871，頁96。

〔註7〕〔元〕馬廷鸞〈題察判學士家集後〉，曾棗莊、劉琳主編：《全宋文》（上海：上海辭書出版社、合肥：安徽教育出版社，2006年），第354冊，卷8185，頁4。

〔註8〕〔元〕馬端臨撰：《文獻通考》（北京：中華書局，2011年），卷237，頁6457～6458。

〔註9〕〔元〕馬廷鸞：〈題察判學士家集後〉，曾棗莊、劉琳主編：《全宋文》（上海：上海辭書出版社、合肥：安徽教育出版社，2006年），第354冊，卷8185，頁3。
　　　〔元〕馬端臨撰：《文獻通考》（北京：中華書局，2011年），卷237，頁6457～6458。

〔註10〕〔宋〕陳振孫，徐小蠻、顧美華點校：《直齋書錄解題》（上海：上海古籍出版社，1987年），卷17，頁514。

〔註11〕〔元〕脫脫等撰，中華書局編輯部點校：《宋史》（北京：中華書局，1985年），卷208，頁5372。

透過選本的傳播，馬存的單篇文章屢屢為元明人提及、徵引，如元人張之翰〈送元正卿詩序〉言：「隆冬敝裘，走西北千餘里，正馬子才所謂『朔風驚沙，枯梢號寒』。」〔註12〕「朔風驚沙，枯梢號寒」出自馬存文章〈送陳自然西上序〉。

但馬存作為如此重要的一位文士，卻未獲得學界相應的重視。今人所編《全宋詩》據地方志、詩歌選本等文獻，僅輯錄馬存詩歌八首，殘句一聯。今人所編《全宋文》網羅有宋一代所有文章，蒐輯宏富，考訂精審，但於馬存文章竟然一篇都未收錄，殊不可解。推測其原因，可能是因為清編《全唐文》將馬存誤作唐人，並誤收了其〈送陳自然西上序〉一文，而今人在整理《全宋文》的過程中或許亦將馬存誤作唐人，故未收錄其文章。這不可謂不是一大疏失。

基於學界對於馬存及其文學作品認識的不足，本章嘗試立足於文獻與文學兩端，一方面從文獻的角度，輯佚、考證馬存的若干文章，另一方面從文學的角度，針對馬存文章寫作的成就與價值予以抉探，以期拓展與深化學界關於馬存及北宋中後期文學的認識。

第二節　馬存文章的輯佚

通過翻檢文獻，可以輯得馬存佚文總計十四篇，其中五篇已見附錄一輯錄，此處不再贅錄，茲將其餘九篇校錄如下，並於文後附加按語，略作考證。

一、〈浩齋記〉

舜視棄天下如棄敝屣，伊尹以不義祿之天下而不顧。舜、伊尹之輕天下如此哉。古之人所以成就大事，當危疑之機、顛覆之變，處置甚暇而不亂，唯輕天下者能之。今夫操刀而斷壺，執匕以飯稻者，皆是也。至於屠龍、繪蛟、刺虎之役，則束手戰栗而不敢發者，其氣懾也。

干越許淳翁於其所居之東，開室讀書，名之曰浩齋，而求予記。予請以一齋之事言之，則所謂浩然者，可以立見而不惑。今子之洒掃是室也，異時之洒掃天下，有異於此乎？今子之整齋圖書，拂拭几案，臥琴於床，掛劍於壁，冠佩在上，履杖在下，異時之輔相天子。措置公卿大夫，百執之士，下至於庶人，

〔註12〕〔元〕張之翰：〈送元正卿詩序〉，李修生主編：《全元文》（南京：鳳凰出版社，1998年），第11冊，卷382，頁277。

微至於萬物，有異於此乎？子有役而呼童子，小不如意，則必叱而去之，奔走顛倒，唯子所指，異時將百萬之騎，大戰於陰山之墟，朔野之北，微吟而輕呼，使熊羆豺虎之猛，畢皆赴敵，萬死而不顧，亦有異於此乎？子或志倦體疲，神昏欠伸，撫髀露腹，便然酣臥乎一榻之上，異日之厭功名，辭富貴，歸休乎江湖之間，泉石之畔，高尚以養德，醉吟而適真，亦有異於此乎？子之居是齋也，試以此觀之，則所謂浩然者，豈不壯哉。予嘗患士氣卑弱，不足與立，子有志於此言，則其自負必無敵於天下矣。予之閱人亦多矣，為利僅耳，喜津津出顏間，而手足趑趑然搖動，小不諧世，則摧敗挫辱，作兒女聲，有可憐憔悴之色，此何謂也。予將求子以語同儕，而論心尚有此態，則可以相視一笑。

按：此文見《永樂大典》卷二五三五收錄。〔註13〕今從《永樂大典》中輯出。文中提及「干越許淳翁」，當即餘干縣許謂。《（同治）餘干縣志》載：

> 宋許謂，習泰鄉童嶺人。元豐五年（1082）進士，仕桃源令，謝事歸。好施與，置義田，贍宗族之貧者，凡老幼歲食，及寒暑衣服、婚姻、喪葬、祭祀，皆有定禮。置義館，延樂平馬存，教宗族子弟及鄉里俊秀。有浩浩亭，存為作歌。〔註14〕

可知，馬存曾執教於許謂興辦的義學。馬存是元祐三年（1088）進士，故執教義學及寫作本文的時間或是在元祐三年登第之前。許謂建浩浩亭，馬存為作〈浩浩歌〉，今收錄於《全宋詩》；許謂另於居所之東作浩齋，而馬存為之作〈浩齋記〉，當在情理之中。

二、〈賀王樞使啟〉

誕告明庭，延登近弼。運籌決勝，久分疆場之憂；當軸處中，遂正廟堂之位。折衝雖舊，注意唯新。恭以某官稟氣雄剛，受材英特，任心膂爪牙之寄，積旂常鼎鼐之勳。惟文武以兼資，故君臣而默契。昨屬羽書之急，親煩幕府之行，軍容一陳，士氣百倍。殄萬里憑陵之眾，安兩淮震擾之民。累歲賢勞，蟣虱幾生於甲冑；一朝醲賞，貂蟬果出於兜鍪。某早託餘光，欣聞異數，偶左府之拘綴，阻東閣之進趨。暑令方新，政塗多暇。冀謹寢饔之節，用承流辰之休。

〔註13〕《永樂大典》（北京：中華書局，1986年，影印明內府鈔本），卷2535，頁13～14，總頁1160。

〔註14〕〔清〕區作霖纂修：《（同治）餘干縣志》（臺北：成文出版社，1975年，中國方志叢書影印清同治十一年〔1872〕刊本），卷13，頁8。

　　按：此文見《五百家播芳大全文粹》卷八收錄。〔註15〕「樞使」一般為樞密使的簡稱，〔註16〕元豐改制後罷樞密使，而設知樞密院事為樞密院長官，故亦偶以「樞使」稱知樞密院事。馬存活躍於政壇的時間，大約在嘉祐元年（1056）至紹聖三年（1096）之間。〔註17〕檢索《宋史・宰輔表》、《續資治通鑑長編》、《宋宰輔編年錄》等書，嘉祐元年至紹聖三年間，未見王姓官員曾任樞密使或知樞密院事等職。〔註18〕此文的寫作對象及時間俟考。

三、〈賀王簽書啟〉

　　煥號王庭，對揚天子之命；參謨樞府，簡在上帝之心。聲名推重於朝廷，華夏想聞其風采。凡依德宇，舉極歡心。竊惟樞柄之臣，始自唐宗之制。朱梁易之為崇政，石晉更以為宣徽，分南院北院之稱，有正使副使之任，名雖異致，理實同條。迨我宋之隆興，鑒前朝之得失，兼置簽書之職，並為執政之官。蓋將總禦於藩戎，抑亦參詳於機密，安危所係，授受非輕。自非才略兼優之人，曷副聖神注委之意，廣謀庶位，果得宗工。恭惟某官識造淵微，學窮元本，仰天庭而睹星辰之小，浮滄海而知江湖之汙。六藝折衷於仲尼，萬事不問於伯夷。仁經義緯，蘊和順以積中，玉振金聲，致英華之發外。確爾自守，介然不移。其為氣也至剛，有諸己之謂。信青雲得路，搏九萬里之扶搖；紫綬重金，際一千齡之會遇。頃從近列，寢陟華津，振耳目於烏臺，聳威稜於風憲。巍巍然泰山北斗，無得踰馬；凜凜如烈日嚴霜，真可畏也。身既與名而俱顯，功因得位以彌昭。爰辱眷知，亟參樞要。內以制於羣牧，外以鎮於四夷。形勢強而王室尊，賢能用而天下治。綸言誕布，輿論允諧，行慶九遷，即登三事。如某者么麼細行，運蹇浮生，頃緣都下之遊，獲識荊州之面。傾蓋如故，陳義

〔註15〕〔宋〕魏齊賢、葉棻編：《五百家播芳大全文粹》（臺北：臺灣商務印書館，1983年，景印文淵閣四庫全書本），卷8，頁46b～47b。

〔註16〕龔延明：《宋代官制辭典》（北京：中華書局，1997年），頁103。

〔註17〕馬存的生年不詳，僅知他於元祐三年（1088）登第，紹聖三年（1096）卒。若以卒年六十推算，則他大約出生於1036年前後，再以他二十歲出入官場推算，則他大約自嘉祐元年（1056）前後開始活躍於政壇。

〔註18〕惟王疇、王韶在此期間曾出任樞密副使。治平元年（1064）十二月，王疇自翰林學士、禮部侍郎除樞密副使。熙寧七年（1074）十二月丁卯，王韶自觀文殿學士兼端明殿學士、龍圖閣學士、禮部侍郎、知熙州除樞密副使。樞密副使一職的簡稱一般為「樞副」、「副密」等。而且王疇、王韶除樞密副使均在十二月。而馬存〈賀王樞使啟〉中言「暑令方新，政塗多暇」，則寫作時間當在初夏四月、五月間，故寫作對象當非王疇、王韶。

甚高，茲聞台座而登庸，偶竊藩符而出守。潭潭公府，方欣仰託於岼嶸；六六錦鱗，敢後欽脩於竿牘。

按：此文見《五百家播芳大全文粹》卷十收錄。〔註19〕「簽書」，是「簽書樞密院事」的簡稱。〔註20〕檢索《續資治通鑑長編》、《宋史·宰輔表》、《宋宰輔編年錄》等書，嘉祐元年（1056）至紹聖三年（1096）間，曾任王姓官員僅有王巖叟一人。元祐六年（1091）二月，王巖叟自龍圖閣待制、權知開封府除樞密院直學士、簽書樞密院事，〔註21〕與文中所言相合。故這封賀啟的寫作對象可能是北宋名臣王巖叟，寫作時間在元祐六年二月間。

四、〈賀王殿學除宣撫啟〉

神旗翠盖，方展義於江吳；大纛高牙，實寄賢於岷蜀。采簪紳之宿望，伏樽俎之宏謀。長城巨防，致邊烽之帖息；輕裘緩帶，見民堵之歡呼。鼎彝力奏於隆勳，篋櫝兼收於遺雋。擊轅拊缶，雖慙白雪之音；彈幘振衣，願附青雲之足。恭惟某官明堂杞梓，清廟璠璵，學問淵源博聞強識之君子，智謀經緯簡德易業之賢人。戎昭累試於价藩，譽處獨高於清曩。屬聖主念坤維之凋瘵，命大臣申巽虎之撫綏。讀書命於行臺，儼軍容於天府。轅門玉帳，精神折於遐衝，羽扇綸巾，謀慮憺於勍敵。不愆於素，克壯其猷。朱英綠縢，益盛魯公之徒旅；彤弓玈矢，將錫晉侯之典章。丕昭帝圖，懋建臣績。

某瑣才弱質，懵學局聞，恥湮替於家聲，冀徊翔於藝苑。峩冠結綬，幸隨芸閣之員；抱槧懷鉛，誤玷蘭臺之侶。株愚自守，藍縷無成。比牒併名，皆踐公卿之貴；閉關却掃，盍謀田里之歸。未成三徑之賢，猶苟一廛之祿。念獲親於言笑，深願就於範模，雖抱影於空廬，每馳情於交戟。鳥則擇木，果依嘉蔭而棲，魚潛在淵，當幸餘波之潤。

按：此文見《五百家播芳大全文粹》卷十八收錄。〔註22〕「宣撫」，為宣撫

〔註19〕〔宋〕魏齊賢、葉棻編：《五百家播芳大全文粹》（臺北：臺灣商務印書館，1983年，景印文淵閣四庫全書本），卷10，頁2a～3b。

〔註20〕龔延明：《宋代官制辭典》（北京：中華書局，1997年），頁105。

〔註21〕〔宋〕李燾撰，上海師範大學古籍整理研究所、華東師範大學古籍整理研究所點校：《續資治通鑑長編》（北京：中華書局，2004年），卷455，頁10901。
〔元〕脫脫等撰，中華書局編輯部點校：《宋史》（北京：中華書局，1985年），卷212，頁5505。

〔註22〕〔宋〕魏齊賢、葉棻編：《五百家播芳大全文粹》（臺北：臺灣商務印書館，1983年，景印文淵閣四庫全書本），卷18，頁12a～13b。

使的簡稱。〔註23〕但翻檢《續資治通鑑長編》、《宋史·宰輔表》等史籍，北宋時期未見王姓官員曾以殿學士除宣撫使。〔註24〕此文的寫作對象及時間俟考。

五、〈赴任上通判啟〉

叨奉宸恩，獲承郡寄。湖山千里，慚非共理之良；民社一邦，乃結同僚之契。尚俟瓜時之報，遽先雲體之瞻。伏惟某官上智稟資，中庸為德，學既優於臚仕，實亦茂於蜚聲。旋膺出綍之榮，更侈題輿之寵。某猥縻令使，濫預分符。方虞浮食之譏，敢意餘光之托。請惟欣幸，曷既敷宣。

按：此文見《五百家播芳大全文粹》卷四十三收錄。〔註25〕此文位於全書的「上啟」之「赴任類」。宋人到官赴任，依慣例當向長官上啟致意。馬存曾任鎮南節度推官、越州觀察推官，當是他赴任時呈遞給當地通判之作。但此啟均是格套用語，未能提供其它信息，寫作對象及時間俟考。

六、〈登瀛閣記〉

唐太宗以文學取天下士十有八人，天子與之讌游，議論今古事，待以殊禮，天下人榮之，謂之「登瀛閣」。余之表親程通叔，於其居跨池為閣，高壯偉麗，聚書其中，以教子孫，名之曰「登瀛」，欲其家必以文學取榮於世也。今請道古今顯然可驗事、眾人所知者，以勉通叔。

余讀〈于定國傳〉，其父于翁高其門閭，使容駟馬車，曰：「吾治獄多陰德，子孫當有興者。」已而定國為宰相封侯。後漢虞詡之祖曰經，亦曰：「吾治獄如于公，子孫當為九卿。」故字詡曰升卿。詡官至尚書令，為漢名臣。後讀眉山先生〈三槐堂記〉，言故兵部侍郎晉國王公顯，於漢、周之際，歷事太祖、太宗，文武忠孝，直道積德，嘗手栽三槐於庭，曰：「吾子孫必有為三公者。」既而子魏國文正公相真宗，於景德、祥符之間十有八年，福祿壽考，為宋賢相。余歷觀昔之君子，積善於身，厚施於人，責報於天，應若影響，罔有

〔註23〕龔延明：《宋代官制辭典》（北京：中華書局，1997 年），頁 465。

〔註24〕僅王似一人曾以殿學士除宣撫使。《宋史·高宗紀》載：紹興四年（1134）三月「丙子，以王似為資政殿學士、川陝宣撫使」。但王似任宣撫使已是南宋紹興時，馬存早在紹聖三年（1096）去世，自然不可能再為王似寫作賀啟。參見〔元〕脫脫等撰，中華書局編輯部點校：《宋史》（北京：中華書局，1985 年），卷 27，頁 509。〔宋〕李心傳：《建炎以來繫年要錄》（北京：中華書局，1988年），卷 74，頁 1230。

〔註25〕〔宋〕魏齊賢、葉棻編：《五百家播芳大全文粹》（臺北：臺灣商務印書館，1983年，景印文淵閣四庫全書本），卷 43，頁 21b。

差失。于公以車蓋大其門閭，虞經以卿名氣孫，晉國公以槐名其堂，今通叔以「登瀛」名其閣，異世同類。天道無私，豈能獨違名耶。通叔勉之矣。農夫耕腴，獲也必豐；商賈資厚，其利也必倍。不耕而無資，其求也必無獲。今君之家積累數世矣，為吾鄉里名族，子孫盡儒，決欲以文學顯於世。余他時歸故鄉，登君之閣，見君之詵詵侍立者，皆青紫也，然後知天可必余言為有驗。元祐五年，里人馬存記。

按：此文見《東萊集注觀瀾文集》丙集卷九收錄。〔註26〕《觀瀾文集》乃南宋林之奇（1112～1176）所編古文選本，全書分甲、乙、丙三集，共七十卷。呂祖謙幼時從學於林之奇，後承師業，為《觀瀾文集》作集注，是為此書。《東萊集注觀瀾文集》的通行版本為《宛委別藏》本，該本甲集為二十五卷，乙集僅存七卷，丙集則全佚。今人整理《呂祖謙全集》，利用清方功惠碧琳瑯館影宋刻《東萊集注觀瀾文集》，整理得七十卷足本。〔註27〕此文僅見於《東萊集注觀瀾文集》，但未獲學界關注，今據《呂祖謙全集》本輯出。

七、闕題（殘）

古之逸民，或隱於漁樵，或逃於巖谷，人有所不知也，有所未用而斂智以為愚，韜光以晦迹也。夫隱而未顯，屈而未伸，逸民也。時可以逸而己未可以為者，逸於己也。時可以為而己為，夫時之所致者，逸於時也。逸於己者，時之窮也；逸於時者，己之致也。是二者其為逸雖同，其所以為逸則異也。蓋樂則行之，憂則違之者，聖人之潛也，而孔子謂之「龍」。往無不利，心無所繫者，君子之遯也，而孔子謂之「肥」。潛者隱而未見，而終有見之時；遯者退而自藏，而終有顯之意。至於索隱行怪，後世有述者，不足語於此也。

按：此文見《璧水羣英待問會元》卷三十一徵引，〔註28〕原題為「馬子才云」，今從中輯出。《璧水羣英待問會元》是南宋末年所編的一部類書，供科考士人學習寫作策論參考之用。由於類書的節錄體例，故以上文字當非馬存文章全貌。

〔註26〕〔宋〕林之奇編，〔宋〕呂祖謙集注：《東萊集注觀瀾文集》，收入《呂祖謙全集》第十冊（杭州：浙江古籍出版社，2008 年），丙集卷九，頁 660～662。

〔註27〕黃靈庚：〈點校說明〉，〔宋〕林之奇編，〔宋〕呂祖謙集注：《東萊集注觀瀾文集》，收入《呂祖謙全集》第十冊（杭州：浙江古籍出版社，2008 年），卷首，頁 3～4。

〔註28〕〔宋〕劉遠可輯：《璧水群英待問會元》（上海：上海古籍出版社，2002 年，續修四庫全書影印南京圖書館藏明麗澤堂活字本），「出處門」，卷 31，頁 9a～9b。

八、〈辨論盤誥之文〉（殘）

予讀〈盤庚〉三篇周公之語，如在宗廟武庫中，觀古器物茫不之識，如登太山之崎嶇，劍閣之道羊腸九折之險，一步一止而九歎息，如夷狄蠻貊、窮荒萬里之人聽華人之言，累數十譯僅乃通。未嘗不廢書而驚曰：「古先王之聖，豈欺予哉？」後世之搢紳先生老於文學者，考釋訓詁，役馳精神，歷數十年至於白首沒齒，有不能知。當時之人號召告令於百篇之間，何自而知之？當時學士大夫借曰知之可也，田夫野叟閭巷之徒何自而知之？竊意三代之民，家家業儒，人人有士君子之識，所謂道德仁義之意，性命之說，典〔註29〕誥之文，一一聞見而盡識之。非上之人好為聲牙強倔難入之言，以驚拂之也，所習素曉也。

按：此文見《璧水羣英待問會元》卷四十一徵引，今從中輯出。〔註30〕原題為「辨論盤誥之文」，文末題署「馬子才文」，對原文當有節略。

九、〈省試揚雄論〉（殘）

方王莽以險怪愚弄天下學，士大夫高節尚潔者非引去，則繼以死。龔勝以清死，鮑宣以悍死，其憤甚矣。雄斯時方著〈劇秦美新〉論以發揚其盛，讀之令人氣，拂膺不懌者累日。嗚乎，雄乎寧死，爾其忍為此文哉！

按：此文見載於《（同治）饒州府志》、《（同治）樂平縣志》等，〔註31〕原作馬存「元祐省試論，以揚雄、劉向為題，存論曰」云云。此文當時馬存元祐三年（1088）應省試時所作的論體文，原文當不止於此數句，今從方志中輯出，聊備一端，可略窺馬存策論的寫作特色。

第三節　馬存文章的考辨

馬存文集在流傳過程中散佚，導致其大部分詩文湮沒無聞，部分文章則

〔註29〕「典」字後原衍一「典」字，今刪去。
〔註30〕〔宋〕劉遠可輯：《璧水群英待問會元》（上海：上海古籍出版社，2002年，《續修四庫全書》影印南京圖書館藏明麗澤堂活字本），「儒事門」，卷41，頁17a～17b。
〔註31〕〔清〕石景芬等纂：《（同治）饒州府志》（臺北：成文出版社，1975年，中國方志叢書影印清同治十一年〔1872〕刊本），卷22，頁2。〔清〕汪元祥等纂：《（同治）樂平縣志》（臺北：成文出版社，1975年，中國方志叢書影印清同治九年〔1870〕刻刊本），卷8，頁45。

竄入他人文集，被誤作其他人的作品；同時也有他人文章被誤歸為馬存名下，誤題馬存之作的情況。如錢謙益〈題歸太僕文集〉即指出：「歸熙甫先生文集，崑山、常熟皆有刻。刻本亦皆不能備，而〈送陳自然北上序〉、〈送蓋邦式序〉，則宋人馬子才之作，亦誤載焉。」〔註32〕錢謙益所見的歸有光文集中便有竄入馬存作品的情況。總之，馬存文章的署名情況相當混亂，多有誤說，基於此，筆者翻檢史籍，對此略加考辨，以求正本清源，訂正誤說。

一、〈披雲堂碑〉作者考辨

《類編層瀾文選》別集卷九收錄〈披雲堂碑〉一文，題為馬存所作。此篇錄文見《全宋文》收錄，〔註33〕故不再抄錄原文，僅針對此文的著作權略加考辨。

〈披雲堂碑〉見《(同治)饒平府志》卷二七、《(同治)樂平縣志》卷一收錄，但題名為馬廷鸞所作。〔註34〕《全宋文》據上述方志收錄該文，題名作「披雲堂記」，將之繫於馬廷鸞名下。陸心源《宋詩紀事補遺》卷三十六據上述方志，文末的歌單獨輯出，著錄為馬廷鸞〈披雲堂歌〉。《全宋詩》依《宋詩紀事補遺》，將〈披雲堂歌〉予以收錄，亦題馬廷鸞所作。〔註35〕

馬廷鸞（1222～1289），字翔仲，號碧梧，乃馬存之後裔，俱是饒州樂平人。淳祐七年（1247）進士，咸淳中拜右丞相，後罷歸，入元不仕，至元二十六年（1289）卒，年六十八，事見《宋史》本傳。〔註36〕馬廷鸞工文辭，著有《碧梧玩芳集》，《全宋詩》存詩二百餘首。

考《全宋文》等所據文獻的最早出處為清代同治間纂修的地方志，而《類編層瀾文選》成書於元代，文獻來源更早，可信度更高。且元人潘昂霄《金石

〔註32〕〔清〕錢謙益：《牧齋初學集》（上海：上海古籍出版社，2009年），卷83，頁1759～1760。

〔註33〕曾棗莊、劉琳主編：《全宋文》（上海：上海辭書出版社、合肥：安徽教育出版社，2006年），第354冊，卷8188，頁66。

〔註34〕〔清〕石景芬等纂：《(同治)饒州府志》（臺北：成文出版社，1975年，中國方志叢書影印清同治十一年〔1872〕刊本），卷27，頁5～6。〔清〕汪元祥等纂：《(同治)樂平縣志》（臺北：成文出版社，1975年，中國方志叢書影印清同治九年〔1870〕刻刊本），卷8，頁106～107。

〔註35〕北京大學古文獻研究所編：《全宋詩》（北京：北京大學出版社，1998年），第66冊，頁41272～41273。

〔註36〕〔元〕脫脫等撰，中華書局編輯部點校：《宋史》（北京：中華書局，1985年），卷414，頁12436。

例》曾著錄：「披雲堂碑，馬子才。」〔註37〕可與之互作參證。可見，元人所見文獻顯示〈披雲堂碑〉當是馬存所作，而非馬廷鸞。《類編層瀾文選》本內文有「鄉人馬存，聞公言而壯之」一語，可以作為馬存作此文的內證。兩部方志及《全宋文》本該句作「鄉人尚存，聞公言而壯之」，〔註38〕語意殊為不類，或是傳刻舛誤所致。

綜論之，馬存乃馬廷鸞先祖，二人皆為饒州樂平人，而馬廷鸞於後世詩名較顯，後人纂修方志，但知馬廷鸞而不知馬存，故誤將此文誤繫於馬廷鸞名下，今人所編《全宋文》、《全宋詩》皆因之而誤。今略加考辨，將此文著作權歸還馬存。

二、〈題元聖庚清水巖記〉作者辨正

《東萊集注觀瀾文集》丙集卷八收錄〈題元聖庚清水巖記〉一文，題為馬存所作。〔註39〕但該文又見於黃庭堅《豫章黃先生文集》卷二十六，題作「跋元聖庚清水巖記」，文字與之基本相同。《豫章黃先生文集》為黃庭堅外甥洪炎所編，成書於南宋建炎二年（1128）。〔註40〕今日本內閣文庫庋藏該書南宋初年刻本，〔註41〕臺北國家圖書館庋藏該書南宋乾道間刊本，〔註42〕二本均收錄〈跋元聖庚清水巖記〉一文。因為黃庭堅的文集編纂出自親族之手，去取謹嚴，該書又有宋本存世，承傳有序，故可信度較高。相較之下，將該文作者題作馬存的僅有《東萊集注觀瀾文集》，孤證難立。因此，應當將〈跋元聖庚清水巖記〉歸為黃庭堅名下。

三、〈顏魯公祠堂記〉作者辨誤

南宋祝穆所編地理總志《方輿勝覽》載「顏魯公祠，在新政縣，詳見蓬

〔註37〕　〔元〕潘昂霄：《金石例》（臺北：商務印書館，1983年，景印文淵閣四庫全書本），卷2，頁4。

〔註38〕　曾棗莊、劉琳主編：《全宋文》（上海：上海辭書出版社、合肥：安徽教育出版社，2006年），第354冊，卷8188，頁67。

〔註39〕　〔宋〕林之奇編，〔宋〕呂祖謙集注：《東萊集注觀瀾文集》，收入《呂祖謙全集》第九冊（杭州：浙江古籍出版社，2008年），丙集卷八，頁653。

〔註40〕　參見祝尚書：《宋人別集敘錄》（北京：中華書局，1999年），卷11，頁502～503。

〔註41〕　〔宋〕黃庭堅：《豫章先生文集》（日本內閣文庫藏南宋初年刻本），卷26，頁24b～25a。

〔註42〕　〔宋〕黃庭堅：《豫章黃先生文集》（臺北國家圖書館藏宋孝宗時刊寧宗時修補本），卷26，頁21b～22a。

州，馬存撰祠記」，並錄〈顏魯公祠堂記〉全文，將之歸於馬存名下。〔註43〕後人多從此說。清人郭尚先《芳堅館題跋》云：「舊有魯公祠，已圮，有碑，宋馬存文，明盧雍重書，尚完好。」〔註44〕《（同治）饒州府志》亦云：「按，離堆石在今南部古新政地，宋邑宰強叔為魯公建祠，馬子才作記。」〔註45〕可見馬存作〈顏魯公祠堂記〉一說流播甚廣。

但〈顏魯公祠堂記〉最早見於南宋呂祖謙編選的《宋文鑑》，文字與《方輿勝覽》基本相同，而《宋文鑑》題署為唐庚所作。〔註46〕晚宋文章總集，如《文章正印》、《古文集成》等書，皆收錄此篇，題名雖略有不同，但均題為唐庚所作。

唐庚，字子西，眉州丹稜人，元祐六年（1091）進士。唐庚與馬存俱活躍於北宋晚期，而且都與蘇軾過從頗密，確實容易為後人搞混。

據〈顏魯公祠堂記〉文中所言「元符三年，予友強叔來尹是邑，始為公作祠堂於其側，求予文以為記」，可知此文作於元符三年（1100）。考唐庚生平，他曾任閬中令。唐庚〈重修思政堂記〉：「元符元年（1098），管城虞公來守是邦，明年（1099），始作整暇堂。……逾年（1100）一新。……是歲，某為閬中宰。」〔註47〕據此可知，唐庚為閬中令的時間正是元符三年（1100）。顏魯公祠遺跡在新政，乃閬中屬縣，此時唐庚正主事閬中，而新政縣令強叔修顏魯公祠並請唐庚寫作記文，正在情理之中。相較之下，根據現有資料，馬存並無在閬中任職的經歷。因此，應當將〈顏魯公祠堂記〉歸於唐庚名下。

第四節　馬存文章的價值

馬存文章雖僅存十餘篇，數量並不算多，但卻具有重要的價值，以下就文獻與史料價值、文學價值、文學批評價值三方面依次論述。

〔註43〕〔宋〕祝穆撰，〔宋〕祝洙增訂：《方輿勝覽》（北京：中華書局，2003 年），卷 67，頁 1176。

〔註44〕〔清〕郭尚先：《芳堅館題跋》（杭州：浙江人民美術出版社，2018 年），卷 2，頁 34。

〔註45〕〔清〕石景芬等纂：《（同治）饒州府志》（臺北：成文出版社，1975 年，中國方志叢書影印清同治十一年〔1872〕刊本），卷 30，頁 18。

〔註46〕〔宋〕呂祖謙編，齊治平點校：《宋文鑑》（北京：中華書局，1992 年），卷 84，頁 1203。

〔註47〕曾棗莊、劉琳主編：《全宋文》（上海：上海辭書出版社、合肥：安徽教育出版社，2006 年），第 140 冊，卷 3012，頁 25。

一、文獻價值與史料價值

　　從當時的評價及後人的追述可知，馬存兼擅詩文，在北宋中期的文壇享有頗高的聲譽。但由於被歸入「蜀黨」之列，北宋後期新黨執政，禁習元祐學術，馬存的著述亦在禁抑之列。這導致馬存的詩文著述流散，存世無多，導致今人對於馬存文章寫作的思想內容、藝術風格等所知甚少。

　　本章從宋元文章總集、類書、《永樂大典》等書中，輯得馬存的完整文章十一篇，殘章三篇。此外，通過文獻考辨，論證《全宋文》所收署名為馬廷鸞的〈披雲堂記〉一篇，實則為馬存所作，亦當歸入馬存名下。故總計得馬存佚文十五篇，可補《全宋文》失收之闕，有助於豐富學界對於馬存及北宋中期文學的認識，具有重要的文獻價值。

　　此次輯得馬存文章中，部分篇章亦具有重要的史料價值。如馬存的〈辨論盤誥之文〉表達了他對於《尚書》〈盤庚〉三篇中佶屈聱牙的文辭的看法。清人閻若璩認為馬存此文「煞有見，正足為攻古文者之一助」，並在其學術名著《尚書古文疏證》中徵引此文。〔註 48〕此文至少可以反映宋人對於古文《尚書》的看法與認識，具有一定的學術價值。

　　再如馬存所作〈省試揚雄論〉，是他元祐三年參加省試時所作的論體文。文中稱「王莽以險怪愚弄天下學」等語，這恐怕是另有深意，當是暗諷王安石於熙寧、元豐間操持權柄，頒行新學之事。〔註 49〕馬存文中怒斥揚雄曲學阿世、美化王莽的行為，亦是就當時依附王安石的新黨人士所發。馬存言「讀之令人氣，拂膺不懌者累日」，「嗚乎，雄乎寧死，爾其忍為此文哉」等語，決絕地表達了自己對於異端邪說以及曲學阿世之徒的憤怒。馬存憑藉這篇指斥新學新黨的文章得以進士及第，並一度驚動京城，〔註 50〕實是仰賴於蘇軾等舊黨人士主持貢舉，表明當時科舉取士標準由反對新學的舊黨人士控制，反

〔註 48〕〔清〕閻若璩：《尚書古文疏證》（上海：上海書店出版社，2012 年），卷 8，頁 243。

〔註 49〕馬端臨《文獻通考》轉引研軒程氏曰：「方新學盛行，士皆以穿鑿怪誕相高，子才自上庠奉大對，首闢災異曲說，歸諸人事。」所謂「自上庠奉大對」，當是指馬存應殿試之事。此則記載可見馬存對於王安石新學的不滿以及嘗試在科舉考試中暗諷指斥的心態，故關於〈省試揚雄論〉暗諷王氏新學之意的推測，應該是有所依據的。參見〔清〕馬端臨撰：《文獻通考》（北京：中華書局，2011 年），卷 237，頁 6457。

〔註 50〕《（同治）饒州府志》載馬存作此文後，「典舉蘇軾奇之，置高等，京師競傳，因呼為『拂膺』」。參見〔清〕石景芬等纂：《（同治）饒州府志》（臺北：成文出版社，1975 年，中國方志叢書影印清同治十一年〔1872〕刊本），卷 22，頁 2。

映了熙豐至元祐之際朝堂政治風向的轉變。

二、文學價值

馬存的文學寫作在他生前及身後都獲得較高的評價。《(同治)樂平縣志》敘述樂平歷史上的名人鄉賢時，言：

> 稱文學者又有馬貴與、馬子才、徐季平、程正之諸公，疊疊輩出，不能悉數。其道德文章，忠孝節義，或彪炳當年，或流芳青史，其品衡已定，無容置喙也者。〔註51〕

可見在樂平縣的地方記憶中，馬存儼然已經成為文學寫作方面的代表人物。

這些評價並非虛譽，透過此次輯得的佚文，可知馬存的古文寫作確實具有鮮明的個人風格，取得了較高的藝術成就。

馬存〈迎薰堂記〉是為程氏迎薰堂所作的記文，綜觀全篇，文氣疏宕，波瀾橫生，頗為可觀，具有相當高的文學價值。

亭臺樓閣記類的文體有著悠久的寫作傳統，傳統亭臺樓閣記的寫作強調以客觀的筆調，敘述營造建築的時間、工費、主事者姓名等內容，議論僅僅是在敘事末的餘事。〔註52〕但馬存〈迎薰堂記〉全篇並未述及建築營造的事項，而圍繞宴飲遇見薰風之事展開敘寫，以及針對迎薰堂的命名予以議論，體現出宋人亭臺樓閣記文體寫作的新變。

馬存〈迎薰堂記〉文中為闡明命名之意，藉主客對答的形式，歷數六次迎薰風之事，其間寓古今治亂興衰之感慨。主客問答的結構，是賦體寫作常見的形式。〔註53〕馬存正是將賦體的寫作手法融入至記體的寫作之中，使得文章立意集中，結構渾融，體現了宋人「破體為文」的創作思維。〔註54〕

〔註51〕〔清〕汪元祥等纂：《(同治)樂平縣志》（臺北：成文出版社，1975年，中國方志叢書影印清同治九年〔1870〕刻刊本），「舊序」，頁2。

〔註52〕如明人吳訥《文章辨體序說》所言：「記營建，當記日月之久近，工費之多少，主佐之姓名，敘事之後，略作議論以結之，此為正體。」參見〔明〕吳訥：《文章辨體序說》（北京：人民文學出版社，1962年），頁42。

〔註53〕參見曹明綱：〈虛擬對話──文體賦創作的一個基本模式〉，收入氏著：《賦學論稿》（上海：上海古籍出版社，2012年），頁71。

〔註54〕關於中國古代「破體為文」的創作思維以及宋人的創作實踐，可以參看吳承學：〈辨體與破體〉，收入氏著：《中國古典文學風格學》（北京：北京大學出版社，2011年），頁109～111。谷曙光：〈宋代文體學的核心問題：本色與破體〉，收入氏著：《貫通與駕馭：宋代文體學述論》（北京：人民文學出版社，2016年），頁323～398。

　　再如馬存的〈子長遊贈蓋邦式序〉，該文屬於贈序類文體，贈序文體的成立是唐宋「古文運動」的成果，〔註55〕宋人的贈序除敘述離情別意外，尚多以議論為主。馬存此文亦不例外，藉贈蓋邦式之機而闡發關於周遊歷覽與文章寫作之間的關係。該文使用鋪陳排比的手法，敘寫洞庭彭蠡、九嶷巫山、沅江湘水、大梁之墟、齊魯舊都等地不同的山川名勝，以及經由山川名勝刺激下形成的各式寫作風格。金代王若虛言：「馬子才〈子長遊〉一篇，馳騁放肆，率皆長語耳。」〔註56〕可謂很好地概括了此文的寫作特色，也揭示了此文的文學價值。

　　同時，馬存的這篇作品對後世文人的寫作產生了一定的影響。元人王義山〈送彭華國北遊序〉曰：

> 華國盡取胷中之奇，發為文章，所至留跡，墨汁淋漓，龍蛇現動，飛走壁間。收拾遺薰，貯以錦囊，歸日與余共讀。馬子才〈送蓋邦式序〉，不專美矣。〔註57〕

王義山在此文中極力讚譽彭華國的文章，而取馬存〈子長遊贈蓋邦式序〉作比，認為彭氏文章可使馬存文章「不專美矣」。由是可見馬存文章在元代文人的心目中具有典範的地位。馬存〈子長遊贈蓋邦式序〉一文甚至還引起了後世文人的模擬之風，何喬新〈跋大事記續編〉指出王子充之文「好模擬甚者，剽前人之成說」，自注：「如〈贈郭士中序〉用馬子才〈子長遊〉。」〔註58〕為後世文人模擬，足可見馬存文章在元明士人群體間的影響力以及其文學價值。

三、文學批評價值

　　馬存文章中的部分論述具有重要的文學批評價值，在中國文學批評的發展過程中產生了一定的影響。最重要的便是馬存在〈子長遊贈蓋邦式序〉一文中，提出的「文氣」說。

〔註55〕錢穆先生認為：「韓、柳之大貢獻，乃在於短篇散文中再創新體，如贈序，如雜記，如雜說。」見錢穆：〈雜論唐代古文運動〉，收入氏著：《中國學術思想史論叢（四）》，《錢賓四先生全集》第十九冊（臺北：聯經出版有限公司，1998年），頁70。

〔註56〕〔金〕王若虛著，胡傳志、李定乾校注：〈文辨〉，《滹南遺老集校注》（瀋陽：遼海出版社，2006年），卷34，頁386。

〔註57〕〔元〕王義山：〈送彭華國北遊序〉，李修生主編：《全元文》（南京：鳳凰出版社，1998年），第3冊，卷81，頁113。

〔註58〕〔明〕何喬新：《椒邱文集》（臺北：臺灣商務印書館，1983年，景印文淵閣四庫全書本），卷18，頁18。

　　中國古代文學批評史上的「文氣」說，最著名的自然是孟子的「養浩然之氣」與韓愈關於「氣盛言宜」的論述。孟子的「養氣」論述，實是以「仁義」為內涵，以「集義」為途徑，以「剛大」、「浩然」作為外在表現，〔註59〕對後世的學術與文學寫作影響頗大，是為「文氣」說的發源。韓愈的「文氣」說與孟子的「集義養氣」的論述一脈相承。〔註60〕韓愈進一步將「養氣」與文章寫作聯繫，提出「氣盛言宜」的觀點：重視道德在文章寫作中的作用，主張寫作者應該通過研讀聖賢經典，完善自身道德修養，形成一種充足的精神力量，進而反映在文章寫作之中。〔註61〕

　　馬存的〈子長遊贈蓋邦式序〉同樣討論「文氣」，但在孟子和韓愈強調內在的道德修養的觀點外，另闢新說，更強調外在的遊覽經歷對文章寫作的影響作用。這一觀點其來有自，上承蘇轍在〈上樞密韓太尉書〉中的論述。蘇轍〈上樞密韓太尉書〉指出司馬遷遊覽山川名勝、交遊豪傑俊士的經歷對他文章寫作產生了重要的影響，「故其文疏蕩，頗有奇氣」。〔註62〕蘇轍進而結合自身經歷，認為自己雖讀書廣博，但「皆古人之陳迹，不足以激發其志氣」，遂決意「求天下奇聞壯觀，以知天地之廣大」。〔註63〕但蘇轍的論述畢竟較為簡略，馬存則在此基礎上進一步發揮，完整地論述了作家的周遊歷覽與文章寫作之間的關係。馬存提出司馬遷文章之所以有奇氣，是因為他周遊歷覽天下名山大川、壯麗奇怪之處，從而積累素材、涵養氣度，在此基礎上作文，故能變化萬端而有奇氣。馬存進而歷數洞庭彭蠡、九嶷巫山、沅江湘水、大梁之墟、齊魯舊都等名山大川、人文名勝，指出這些山川名勝能夠刺激形成多樣化

〔註59〕《孟子》曰：「我善養吾浩然之氣」，「其為氣也，至大至剛，以直養而無害，則塞於天地之間。其為氣也，配義與道，無是餒也。是集義所生者，非義襲而取之也」。參見〔漢〕趙岐注，〔宋〕孫奭疏：《孟子注疏》（臺北：藝文印書館，1981年，影印清嘉慶二十年江西南昌府學刊本），頁54下欄～頁55上欄。

〔註60〕韓愈〈答李翊書〉言：「養其根而竢其實，加其膏而希其光。根之茂者其實遂，膏之沃者其光曄。」見〔唐〕韓愈著，劉真倫、岳珍校注：《韓愈文集彙校箋注》（北京：中華書局，2010年），卷6，頁700。

〔註61〕韓愈〈答李翊書〉稱：「仁義之人，其言藹如也。」又言：「氣，水也；言，浮物也。水大而物之浮者小大畢浮，氣之與言猶是也。氣盛，則言之短長與聲之高下者皆宜。」參見〔唐〕韓愈著，劉真倫、岳珍校注：《韓愈文集彙校箋注》，卷6，頁701。

〔註62〕〔宋〕蘇轍著，陳宏天、高秀芳點校：《蘇轍集》（北京：中華書局，1990年），卷22，頁381。

〔註63〕〔宋〕蘇轍著，陳宏天、高秀芳點校：《蘇轍集》（北京：中華書局，1990年），卷22，頁381。

的寫作風格。馬存的「文氣」說在儒家傳統的道德修養論之外，拓展出新的論述空間，具有重要的理論價值。

馬存的「文氣」說在後世產生了一定的影響。元代不少文人都持類似的意見，如劉敏中〈江湖長短句引〉言：「昔太史遷南游而文益奇，故知宏才博學，必待山川之勝有以激於中，而後肆於外；山川之勝，亦必待名章鉅筆有以盡其真，而後播於遠。」〔註64〕可以說，劉氏是在馬存「文氣」說的延長線上繼續討論周遊歷覽與作文之間的關係。此外，吳澄〈曠若谷詩文序〉云：「人皆驚異其能，往往歸功於其遊，以為得山川之助。雖其自敘，蓋亦云然。然斯論也，自〈子長遊〉一篇贈蓋邦式者始。後人徒玩其華，而未暇究其實也。」〔註65〕吳澄作為元代大儒，從儒家的傳統立場出發，批評了馬存主張「文氣」說的觀點。但自吳澄的敘述可知，馬存此說在當時社會間頗為流行，形成了「人皆驚異其能，往往歸功於其遊」的普遍認識，可見馬存「文氣」說的深遠影響。

綜論之，馬存強調周遊歷覽對文章寫作具有重要影響，進一步發揮了蘇轍「文氣」說，在中國古代文論之「文氣」說的發展脈絡中具有重要的意義。

第五節　結語

本章以北宋中期文人馬存及其文章寫作為研究對象，立足於文獻與文學兩端，開展輯佚、考證與研究的工作。一方面從文獻角度，輯得多篇馬存佚文，並對部分作品加以考辨，訂正前人誤說，另一方面從文學角度，針對馬存文章所具有的文學價值與文學批評價值等予以充分發覆，對於拓展與深化學界關於馬存及北宋中後期文學的認識具有一定的價值。

首先，本章在附錄壹輯佚成果的基礎上，爬梳宋元時期的總集、類書等文獻，從《文章正印》、《東萊集注觀瀾文集》、《五百家播芳大全文粹》、《永樂大典》，輯得馬存佚文共計十四篇，可彌補《全宋文》失收馬存文章的缺憾。

其次，本章通過翻檢史籍，對部分疑似馬存的作品加以考辨，考訂《饒州府志》、《樂平縣志》等方志中所收馬廷鸞〈披雲堂記〉一文、〈披雲堂歌〉一

〔註64〕李修生主編：《全元文》（南京：鳳凰出版社，1998年），第11冊，卷391，頁440。

〔註65〕李修生主編：《全元文》（南京：鳳凰出版社，1998年），第14冊，卷486，頁386。

詩，實為馬存所作，訂正《全宋文》、《全宋詩》誤收之失。而〈題元聖庚清水巖記〉、〈顏魯公祠堂記〉二文，前人或以為馬存所作，本章通過文獻考訂，指出二文分別為黃庭堅、唐庚所作，廓清了前人的誤說。

最後，本章針對新輯得的馬存佚文進行分析，從文獻與史料價值、文學價值、文學批評價值三個方面，對於馬存佚文的價值與意義予以充分的抉探。本章指出馬存的古文作品馳騁放肆，文氣疏宕，波瀾橫生，具有鮮明的個人風格，取得較高的文學價值。同時探討了馬存的「文氣」說，指出他有關周遊歷覽與文章寫作關係的論述，進一步發揮了蘇轍關於「文氣」的論述，在中國文學批評的發展脈絡中具有重要的意義。

附錄參　王安石《淮南雜說》的輯佚與研究

　　王安石（1021～1086）的著述十分豐富，除《臨川先生文集》外，還曾編著《三經新義》、《字說》、《易解》、《老子注》、《禮記發明》、《楞嚴經疏解》等。[註1]但在進入南宋後，作為新黨領袖的王安石，被南宋士人視作導致北宋王朝覆滅的「罪魁禍首」，而遭到批判。王安石的著述也隨之不被重視而逐漸散佚，如最能集中體現「荊公新學」思想風貌的《三經新義》、《字說》等書如今均已不存完帙，僅能從他書中輯得部分文字。[註2]

　　除以上著述外，王安石早年有一部名為《淮南雜說》的著作，雖頗為流行於當時，而亦不免於散佚，不為世人所知。在當下王安石的政治作為與思想學術研究日漸成為學術熱點之際，《淮南雜說》作為王安石早年著述與早期思想的代表，卻因文獻資料不足而經常為研究者所忽視。

　　本文將以王安石《淮南雜說》這部被歷史遮蔽的著述作為研究對象，首先考述王安石撰述《淮南雜說》的成書時間、流行情況及在當時的影響，爬梳前輩學者關於該書的意見；其次從臺北國家圖書館庋藏宋刻孤本《精騎》一書中輯得《淮南雜說》若干條佚文，拓展研究材料的範圍；最後根據此次新輯得的佚文，嘗試抉探王安石《淮南雜說》中體現的思想內容與特色，以及該書在北宋思想文化發展脈絡中的價值。

〔註1〕關於王安石著述的名目、存佚等相關情況，可參見高克勤：〈王安石著述考〉，收入氏著：《王安石與北宋文學研究》（上海：復旦大學出版社，2006年），頁65～86。

〔註2〕《三經新義》、《字說》、《老子注》等書的輯本可見新近整理出版的《王安石全集》。參見王水照主編：《王安石全集》（上海：復旦大學出版社，2017年）。

第一節　王安石與《淮南雜說》

　　王安石撰作《淮南雜說》應當在其任職淮南期間，故該書名之曰「淮南雜說」。根據《王安石年譜長編》，王安石於慶曆二年至五年（1042～1045）任簽書淮南東路節度判官廳公事，於皇祐三年至五年（1051～1053）任舒州通判，二地均屬淮南。故關於《淮南雜說》的成書時間，學界素來有慶曆二年至五年、皇祐三年至五年二說。〔註3〕

　　晁公武《郡齋讀書志》著錄《王氏雜說》十卷，解題云：

> 右皇朝王安石介甫撰。蔡京為安石傳，其略曰：「自先王澤竭，國異家殊。由漢迄唐，源流浸深。宋興，文物盛矣，然不知道德性命之理。安石奮乎百世之下，追堯、舜、三代，通乎晝夜陰陽所不能測而入於神。初著《雜說》數萬言，世謂其言與孟軻相上下，於是天下之士，始原道德之意，窺性命之端云。」所謂《雜說》，即此書也。以京之夸至如此，且不知所謂「通乎晝夜陰陽所不能測而入於神」者，為何等語，故著之。〔註4〕

　　此處所謂《王氏雜說》即王安石《淮南雜說》。據晁氏引《王安石傳》可知，王安石《淮南雜說》的篇幅在數萬字之間，以「原道德之意，窺性命之端」為主要內容；該書在當時士人階層間廣為流行，推動了士人談論道德性命學說的風氣，世人甚至以王安石與孟子相較高下。《王安石傳》出自新黨蔡京之手，〔註5〕或略有誇飾過譽的可能，晁氏已心疑之。但類似的記述尚見於《元城語錄》：

> 先生曰：金陵在侍從時，與老先生極相好。當時《淮南雜說》行於

〔註3〕鄧廣銘、陳植鍔主張《淮南雜說》撰作於慶曆二年至五年（1042～1045）期間，劉成國、漆俠則認為《淮南雜說》撰作於皇祐三年至五年（1051～1053）期間，但諸人均未給出可靠證據，亦屬推測。參見鄧廣銘：《北宋政治改革家王安石》（北京：生活・讀書・新知三聯書店，2007年），頁7。陳植鍔：《北宋文化史述論》（北京：中國社會科學出版社，1992年），頁228～231。漆俠：《宋學的發展和演變》（保定：河北人民出版社，2002年），頁319。劉成國：《王安石年譜長編》（北京：中華書局，2018年），卷2「皇祐三年」條，頁274。

〔註4〕〔宋〕晁公武著，孫猛校證：《郡齋讀書志校證》（上海：上海古籍出版社，1990年），卷12，頁525～526。

〔註5〕鄧廣認為《郡齋讀書志》中之「蔡京」乃「蔡卞」之誤，但未列出明確證據，此處仍作「蔡京」。參見鄧廣銘：《北宋政治改革家王安石》（北京：生活・讀書・新知三聯書店，2007年），頁8。

時，天下推尊之，以比《孟子》。〔註6〕

《元城語錄》所記的是宋儒劉安世的言論。劉安世師從司馬光，屬於站在新法對立面的舊黨人士，他的描述應該具有更高的可信度。可見王安石《淮南雜說》一度風靡流行，世人推尊，確實是當時社會的實況。

此外，陸佃《傅府君墓誌》、劉弇《上知府曾內翰書》等材料亦曾提及王安石《淮南雜說》在當時的流傳情況。陸佃言：

> 淮之南學士大夫宗安定先生之學，予獨疑焉。及得荊公《淮南雜說》
> 與其《洪範傳》，心獨謂然，於是願掃臨川先生之門。〔註7〕

從陸佃的自述中可知，王安石《淮南雜說》對當時士人有著巨大的吸引力。劉弇則曰：

> 如歐陽公之《本論》，王文公《雜說》，閣下《秘閣十序》，皆班班播
> 在人口，雖不言可知，又知而不必言也。〔註8〕

劉弇將王安石《淮南雜說》與歐陽脩著名的作品《本論》相提並論，可見《淮南雜說》一書在當時已經被視作是經典作品，廣為流傳。

總而言之，王安石《淮南雜說》在北宋士人階層間頗受歡迎，是當時士人熱衷閱讀、討論的重要學術著述，且該書的面世推動了士人談論道德性命學說的風氣，對當時的思想界產生了重要的影響。

晁公武《郡齋讀書志》成書於南宋前期，〔註9〕王安石《淮南雜說》見該書著錄，說明《淮南雜說》至南宋前期時尚存。該書如今已經散佚，不得窺見全貌，但從時人批評、徵引的文獻材料中，我們仍能輯得少量文字。如《河南程氏外書》記錄了程頤對於王安石的批評，其中便保存了兩條《淮南雜說》的文字：

> 王介甫為舍人時，有《雜說》行於時，其粹處有曰：「莫大之惡，成於
> 斯須不忍。」又曰：「道義重，不輕王公；志意足，不驕富貴。」有何

〔註6〕〔宋〕馬永卿輯，〔明〕王崇慶解：《元城語錄解》（上海：商務印書館，1939年，叢書集成初編本），卷上，頁6。

〔註7〕〔宋〕陸佃：〈傅府君墓誌〉，曾棗莊、劉琳主編：《全宋文》（上海：上海辭書出版社、合肥：安徽教育出版社，2006年），第101冊，卷2210，頁244。

〔註8〕〔宋〕劉弇：〈上知府曾內翰書〉，曾棗莊、劉琳主編：《全宋文》（上海：上海辭書出版社、合肥：安徽教育出版社，2006年），第118冊，卷2554，頁320。

〔註9〕孫猛認為：「《讀書志》初成於宋高宗紹興二十一年（1151），終成於宋孝宗淳熙七年至十四年（1180～1187）之間」。參孫猛：〈前言〉，《郡齋讀書志校證》（上海：上海古籍出版社，1990年），卷首，頁1。

不可？伊川嘗曰：「若使介甫只做到給事中，誰看得破？」〔註10〕

此外，北宋楊繪曾上《論王安石之文有異志奏》，論劾王安石有「有異志」，其中徵引《淮南雜說》三條作為論據：

> 王安石《雜說》曰：「魯之郊也可乎？曰有伊尹之志，則放其君可也。有湯之仁，則紲其君可也。有周公之功，則用郊不亦可乎？」
>
> 王安石《雜說》曰：「周公用天子禮樂可乎？周公之功，人臣所不能為。天子禮樂，人臣所不得用。有人臣所不能為之功，而報之以人臣所不得用之禮樂，此之謂稱。」
>
> 王安石《雜說》曰：「有伊尹之志，而放君可也。有周公之功，而代兄可也。有周之后妃之賢，而求賢審官可也。夫以后妃之賢，而佐王以有天下，其功豈小補哉！與夫婦人女子從夫子者，可同日語乎？」〔註11〕

以上數條佚文，前人如鄧廣銘、金生楊、丁四新等已經注意到，並據此分析王安石《淮南雜說》思想的特色與意義。鄧廣銘指出，《雜說》是以道德性命之說為主要內容，而這也是時人將之與《孟子》相比的原因。〔註12〕《淮南雜說》的問世具有重要的意義，雖然「只是王安石在當時的思想界和學術界初露鋒芒，卻已經奠定了他在當時的思想界和學術界的比較突出的地位」，「王安石一生學術思想的發展，也始終沒有離開這一準繩」。〔註13〕金生楊則分析王安石《淮南雜說》中所謂的「異志」思想，認為體現了王安石「積極進步」的思想內涵，在宋人學術思想的演進中具有特別的價值。〔註14〕丁四新也將《淮南雜說》作為王安石早期思想的代表，並且分析其與孟子性命說之間存在的關聯。〔註15〕然而，鄧、金、丁等前輩學者畢竟因客觀條件的限制，寓目

〔註10〕〔宋〕程顥、程頤：《二程集》（北京：中華書局，1981 年），頁 434。

〔註11〕〔宋〕楊繪：〈論王安石之文有異志奏〉，見曾棗莊、劉琳主編：《全宋文》（上海：上海辭書出版社、合肥：安徽教育出版社，2006 年），第 72 冊，卷 1562，頁 56。

〔註12〕鄧廣銘：〈王安石在北宋儒家學派中的地位〉，收入氏著：《鄧廣銘治史叢稿》（北京：北京大學出版社，2010 年），頁 179。

〔註13〕鄧廣銘：《北宋政治改革家王安石》（北京：生活‧讀書‧新知三聯書店，2007 年），頁 8～9。

〔註14〕金生楊：〈論王安石《淮南雜說》中的「異志」思想〉，《四川大學學報》（哲學社會科學版），2002 年第 6 期，頁 89～93。

〔註15〕丁四新：〈王安石性命論思想研究〉，《思想與文化》，2014 年第 1 輯，頁 165～168。

《淮南雜說》佚文僅有數條，故下語論斷不免存在較多推測的成分。若要進一步討論《淮南雜說》與王安石早期思想，則首先需要拓展研究材料的範圍，廣泛地蒐集《淮南雜說》的佚文，方有可能更加全面深入地抉探《淮南雜說》與王安石早期思想的內容與特色。

　　筆者近日於臺北國家圖書館發現一部名為《精騎》的宋刻孤本，該書保存了二十九條、二千餘言的《淮南雜說》佚文，極大地拓展了材料範圍，對於推進《淮南雜說》與王安石早期思想的研究，具有重要的意義。

第二節　臺北國圖藏《精騎》與《淮南雜說》的輯佚

　　臺北國家圖書館庋藏《精騎》一書，著錄為「南宋婺州永康清渭陳宅刊本」，索書號為「308 07576」。〔註16〕檢索《中國古籍總目》等善本書目及古籍數據庫，除臺北國家圖書館藏本外，未見他館著錄，此書當屬海內外孤本。〔註17〕

　　《精騎》全書共計六卷，臺北國圖藏本存三卷，為卷一至三，分三冊。前後無序跋，不詳編集者姓名。卷首有「精騎目錄」，可知全書之內容結構。目錄後鐫有一牌記作「婺州永康清渭陳宅刊本」。正文卷首題「精騎卷第一」，跨行題「韓退之文」，卷二至三體式皆與此同。是書半葉十三行，行二十三字，左右雙欄，版心白口，雙黑魚尾。版心上魚尾下方題卷次，下魚尾下方記葉次，隔一、二格記字數，底端記刻姓名工，刻工名有「昌」、「升」、「馬中」（或作中）、「同」等。〔註18〕文中有朱墨筆圓點若干。

　　《精騎》一書前後所鈐的藏書印數量頗多，據這些藏書印，可以大致梳理出該書的遞藏源流。其中「高氏鑑定／宋刻版書」、「妙賞樓藏」等鈐印係出自

〔註16〕《精騎》一書為《國家圖書館善本書志初稿》著錄。參見國家圖書館特藏組編：《國家圖書館善本書志初稿　子部二》（臺北：臺北國家圖書館，1998 年），頁 246。

〔註17〕韓國嶺南大學中央圖書館東濱文庫庋藏一部不分卷鈔本《精騎集》，韓國嶺南大學學者崔恆曾撰文對該書的體例、內容及用途等予以介紹。從崔氏的介紹來看，該書依時序類編，雜鈔「十二月記」、「花月令」、「風信花侯」、「夏小正月令」及群書故事等內容；又收錄清道光時人的詩句，成書當不早於清道光間。故該書與本文所論《精騎》決非同一書。參見崔恆《時編類書〈精騎集〉簡介》，收入陳輝主編《韓國研究》第十輯（北京：國際文化出版公司，2010年），頁 336～342。

〔註18〕參見國家圖書館特藏組編：《國家圖書館善本書志初稿　子部二》（臺北：臺北國家圖書館，1998 年），頁 246。

明代藏家高濂（1573～1620）。〔註19〕據「季振宜／讀書」鈐印，可知此書曾是明末清初著名藏書家季振宜（1630～1674）的藏書。《季滄葦藏書目》著錄「宋板古文精騎六卷」，〔註20〕當即此書。另據「伯淵／宋元／秘笈」、「頤煊／審定」、「石溪嚴／氏芳椒堂」等鈐印，則表明該書此後又陸續成為孫星衍（字伯淵，1753～1818）、洪頤煊（1765～1387）、嚴元照（1783～1817）等人的藏書。

其中「菦圃／收藏」鈐印當是民初藏書家張乃熊（1890～1945）的藏書印，張乃熊藏書目錄《菦圃善本書目》卷一「宋刊本」著錄該書，〔註21〕可知該書曾是張乃熊舊藏。〔註22〕抗日戰爭期間，張乃熊經與當時代表國立中央圖書館搶救善本古籍的「文獻保存同志會」商談，於1941年10月將其大部分藏書售予國立中央圖書館。〔註23〕《精騎》一書鈐「國立中央圖／書館收藏」印，可知該書亦當在這批書中，轉入當時的國立中央圖書館收藏，後兩岸分治，輾轉來臺。《精騎》作為國立中央圖書館舊藏，目前由臺北國家圖書館收藏。由是可知，《精騎》一書流傳有序，書目著錄班班可考，該書的真實性不容置疑。

《精騎》在書目著錄中往往名列子部雜家類，但究其性質應當屬於一種古文雜鈔類著述。《精騎》卷首的目錄全存，故可大致窺知該書的內容結構。以下略述之：

第一卷為韓退之文、柳子厚文、李文公文、唐文粹
第二卷為歐陽公文集、王荊公文集、嘉祐集
第三卷為東坡文集、東坡易解

〔註19〕林申清編著《中國藏書家印鑒》中著錄高濂藏書印「高氏鑑定／宋刻版書」一枚，與該書鈐印相合。另陸心源曰：「高瑞南名濂，字深甫，自號瑞南道人。明正德時人，家有妙賞樓，藏書甚富。」可知「妙賞樓」乃高濂之藏書樓，該鈐印也應出自高氏。參見林申清編著：《中國藏書家印鑒》（上海：上海書店出版社，1997年），頁43。〔清〕陸心源著，馮惠民整理：《儀顧堂書目題跋彙編》（北京：中華書局，2009年），頁603。

〔註20〕〔清〕季振宜：《季滄葦藏書目》（北京：中華書局，1985年，影印叢書集成初編本），頁27。

〔註21〕張乃熊：《菦圃善本書目》（臺北：廣文書局，1969年），頁14。

〔註22〕張乃熊藏書大多繼承自其父張鈞衡藏書。但《精騎》一書，無張鈞衡藏書印，亦不見張鈞衡《適園藏書志》著錄。推斷該書是在張鈞衡去世後，方由張乃熊購入。參見張鈞衡：《適園藏書志》（臺北：廣文書局，1968年）。另參黃庭霈：《張乃熊藏書研究》（臺北：臺灣大學圖書資訊學系碩士學位論文，2009年），頁146。

〔註23〕參見蘇精：《近代藏書三十家》（臺北：傳記文學出版社，1983年），頁207。

第四卷為東坡書解、東坡論語解、潁濱老子

第五卷為曾南豐文、張右史文、秦少游文

第六卷為陳瑩中文、李邦直文、唐贊、五代紀贊

可知,《精騎》一書的文獻來源即韓愈、柳宗元、歐陽脩、蘇軾等人的文集及著述。作為古文雜鈔的《精騎》與一般古文總集不同,該書並非收錄完整全文,而是將文章中的關鍵片段雜鈔謄錄,彙為一編。這種節錄文獻的形式,有些接近類書,但又不似一般類書分作若干類別,綱舉目張,而僅是簡單地按照文集卷次依序摘鈔。

試以卷二「歐陽公集」部分為例,說明該書之體例。該書選錄《正統論上》一文,僅節錄其中一段:

自周之亡迄於顯德,實千有二百一十六年之間,或理或亂,或取或傳,或分或合,其理不能一概。大抵其可疑之際有三:周、秦之際也,東晉、後魏之際也,五代之際也。

另選錄《本論》一文,亦僅節錄其中一段:

昔三代之為政,皆聖人之事業;及其久也,必有弊。故三代之術,皆變其質文而相救。就使佛為聖人,及其弊也,猶將救之;況其非聖人者乎。

《精騎》節錄文獻的體例當與南宋科舉考試相關。南宋時科考風氣頗盛,當時社會間出現了頗多供舉子閱讀準備科舉考試的書籍,今日所見的如《論學繩尺》等時文選本,《古文關鍵》等古文選本,《歷代制度詳說》、《永嘉八面鋒》等類書,皆與科舉考試有著密切的關係。《精騎》也是當時供舉子準備場屋考試的書籍。舉子們通過閱讀該書節錄的諸家文章的關鍵語句,省去了翻檢原典、通篇閱讀的精力,得以在較短的時間內掌握文章的大概主旨,在考試作文中得心應手地徵引、化用。

由於《精騎》一書卷帙殘闕,加之又無序跋、題署等可供檢核,故我們對於該書的成書情況,如編校作者、刊刻時間等,所知甚少。考該書避諱,於宋諱字如弦、眩、弘、殷、匡、讓、桓、慎等字俱闕筆,又玄作元、弘作洪、桓作亘,臺北國家圖書館據此將該書刊刻時間定為孝宗間。﹝註24﹞此說可信。宋孝宗喜讀蘇軾文章,當時社會間蘇學與蘇文頗為流行,這種「崇蘇」的風氣也

﹝註24﹞ 國家圖書館特藏組編:《國家圖書館善本書志初稿　子部二》(臺北:臺北國家圖書館,1998 年),頁 246。

反映在科場中，陸游《老學庵筆記》言：

> 建炎以來，尚蘇氏文章，學者翕然從之，而蜀士尤盛。亦有語曰：
> 「蘇文熟，喫羊肉。蘇文生，喫菜羹。」〔註25〕

這即是說熟讀蘇軾文章，便能在科場上取得優異成績，反之則無法取得科名。綜觀《精騎》全書，三蘇及蘇門士人的文章著述佔據了大半篇幅，推崇蘇學的傾向十分明顯。《精騎》一書很有可能就是在孝宗朝「崇蘇」風氣影響下的產物。

另外，在朱熹與呂祖謙的一封書信中，提到一部名字亦為「精騎」的書籍，其言：

> 近見建陽印一小冊，名《精騎》，云出於賢者之手，不知是否？此書流傳，恐誤後生輩，讀書愈不成片段也。雖是學文，恐亦當就全篇中考其節目關鍵。又諸家之格轍不同，左右采獲，文勢反戾，亦恐不能完粹耳。〔註26〕

朱熹以為市面上流行的該書是由呂祖謙編纂，故致信求證，該信大約作於宋孝宗乾道九年（1173）十一月。〔註27〕據「讀書愈不成片段」、「左右采獲」等描述，該書應是雜鈔諸家文章中的關鍵語句彙編而成，與臺北國圖藏《精騎》的體例相同。但該書刊印於建陽，而臺北國圖藏本卻刻於婺州，二書是否即同一本，尚有可商榷之處。〔註28〕但可以推想的是，在孝宗乾道年間的社會上確實流行著《精騎》這一類的書籍，臺北國圖藏本刊刻於此時是很有可能的。

儘管《精騎》收錄的不是完整篇章，但由於成書於南宋前期，故仍具有保存文獻的重要價值，在該書節錄的片段文句之間，多有吉光片羽，價值彌珍。其中最具價值的當是該書卷二「王荊公集」部分後，節錄有題為「雜說」的若干條文字。每條後以小字注明來源篇名，如「大有」，「晉，岡孚，裕無咎」，「革言三就」等，但最後數條卻並未標明篇名。就全書體例而言，這部分文字

〔註25〕〔宋〕陸游撰，李劍雄、劉德權點校：《老學庵筆記》（北京：中華書局，1979年），卷8，頁100。

〔註26〕〔宋〕朱熹：〈答呂伯恭〉，曾棗莊、劉琳主編《全宋文》（上海：上海辭書出版社、合肥：安徽教育出版社，2006年），第245冊，卷5488，頁180～181。

〔註27〕信中提及陸子壽入浙訪呂祖謙一事，故陳來據《呂祖謙年譜》將該信繫於乾道九年十一月。參見陳來：《朱熹書信編年考證》（上海：上海人民出版社，1989年），頁105。

〔註28〕二者可能是同一書的不同版本，即《精騎》一書原先在婺州刊刻，臺北國圖藏本即初刻本，爾後該書又在建陽重印，朱熹書信中提及或即該重印本。

應當節錄自王安石文集以外的單行著述。但翻檢近年整理出版的《王安石全集》，以及檢索諸多古籍電子數據庫，均未見收錄，可知這部分文字目前僅見於《精騎》一書。

本文認為這部分文字應當出自王安石的散佚著述《淮南雜說》，理由有三。

第一，晁公武《郡齋讀書志》著錄《淮南雜說》，說明該書至南宋前期尚存於世。《精騎》成書於南宋孝宗朝，該書節錄、彙編《淮南雜說》中的文字，在時間上是有可能的。

第二，《淮南雜說》原名當為「雜說」，因王安石撰於淮南任上，故冠以「淮南」之名。《郡齋讀書志》冠之作者姓氏，故著錄稱「王氏雜說」。而蔡卞、劉弇、程頤、楊繪等人提及該書時皆逕稱「雜說」云云。因此，《精騎》卷二題以「雜說」之名，符合時人稱呼該書的通例。

第三，新輯得佚文中存在不少內容與王安石其他著述的思想相合，行文相近，可證這部分文字確是出自王安石之手。〔註29〕而佚文中頗多討論孟子思想以及道德性命之學的內容（這在下節將予以具體討論），與北宋蔡卞、劉安世等人對《淮南雜說》的描述完全相符。

若將《精騎》中保存的文字，與其原始出處（如韓愈、柳宗元、歐陽脩等人文集）進行對勘，可以發現該書的抄錄方式為「節錄」，即成段截取並移錄文字，除此之外，未發現刪略、撮要、改竄等現象。可以說是基本保存了文本的原始面貌。故我們可以認為，《精騎》所抄錄之《淮南雜說》佚文也應當與原書文字無較大出入，基本保留了文本的原貌，文獻價值頗高。

茲將《精騎》保存王安石《淮南雜說》的佚文全部輯錄，以供學界參考。惟文前序號是筆者所加，非原文所有。

　　雜說

　　一

大畜，剛上而尚賢，能止健；大有，柔得尊位大中，而上下應之。

〔註29〕如佚文中有一則曰：「甚哉，君子之難知也。故淳于髡得齊王於眉睫之間，而不足以知孟子。」類似的話語見於王安石《王深父墓誌銘》，其中曰：「甚哉，聖人君子之難知也！以孟軻之聖，而弟子所願，止於管仲、晏嬰，況餘人乎？」（見〔宋〕王安石：《臨川先生文集》，卷93，收入王水照主編：《王安石全集》第七冊，上海：復旦大學出版社，2017年，頁1611～1612。）這兩則材料均是對聖人君子不為時人所知而生發的感慨，且均以孟子為例證，可見王安石關於這一問題的思考是一以貫之的。

剛上能止健，所以畜之之道也；柔得尊位大中，所以有之之道也。方其畜之不可以不剛，方其有之不可以不柔。（大有）

二

常人不見孚，則或急於進以求有為而見其材，或急於退以懟其上之不我知。惟君子為能不見孚而裕於進止也。然初六最在卦下，未受命者也，未受命，故裕於進止而無咎，其既受命，則有官府，有言責，不得其志，則不可一朝居也。其進止，亦可裕乎？（晉，罔孚，裕無咎）

三

九三不如九五之得尊位大中，未占有孚，是以言而後能革也。不待言而能革者，革之上也；待言而後能革者，革之次也。（革言三就）

四

見唐虞禪即以為公天下，見禹湯繼即以為私天下，以禪為公，則以繼為私矣。此小人不知聖人，而以其利心量禹、湯、文、武、周公以為私其子孫而已，何其陋哉。（禮運天下為家說）

五

古者受命之君，未嘗無符瑞也。古之人因其有以著之，所以明天命之不可以力求也。或以為符瑞之說用，則後世之姦人託是以欺世，而莫之能禦也。夫古之人教後世，未嘗不至於誠善也，能以誠善遺後世，而不能止後世矯託以濟其姦者也。惟其得志於天下，則能以義禁之耳。且使彼詐力以饗天下者，欲符瑞之說焉，則彼之命不可以力求矣，其所以矯託以欺世，惟不信故也。故符瑞之說行，姦人固有畏天命而止者，符瑞之說廢，終不能止姦人干非其命也。（義命）

六

孔子曰：「微管仲，吾其披髮左衽矣。」假今之世不為管仲所為，則民左衽，君子為之乎？曰：「不為也。」不為可謂仁乎？曰：「天將必大任我乎，吾不必為管仲所為。必為管仲所為，而後可以免民左衽，則吾雖不為管仲，其憂非管仲乎？」（仁說）

七

今徒曰：「無心則莫怨，莫怨則莫害」，是亦不足以為知矣。夫蕘之

敗，田無心也，田者不怨也，而豈能使之勿耰乎？夫苟無心而已，則其不得戕於物也，幸矣。（治心）

八

或曰：「能言拒楊墨者，孟子也；能言拒佛老者，韓子也。吾以謂韓子之功，猶孟子也。」「亦嘗聞伐燕之語乎？以燕伐燕者，韓子也，為天吏以伐燕者，孟子也。」（言）

九

萬物不能憂者，至樂也；萬物不能樂者，至憂也。君子有至樂，亦有至憂。故富有天下，貴為天子，而不能樂，舜之憂；一簞食，一瓢飲，而不能憂，顏子之樂。（戒懼）

十

告宿學之謬，難於始學也。始學虛，宿學實，實其所學，而告之無自入也。（學說）

十一

化賤者易，化貴者難，化勞者易，化逸者難。故公子之信厚，如《麟趾》國君之仁，如《騶虞》所以為周召之終。

十二

俗之所榮，罰之不能止；俗之所恥，賞之不能誘。故君子無為也，反身以善俗而已矣。（刑罰）

十三

甚哉，君子之難知也。故淳于髡得齊王於眉睫之間，而不足以知孟子。（君子小人）

十四

誠女用於內，則姦士用於外。詩不云乎：「庶姜孽孽，庶士有朅。」（任用）

十五

塗人之小者，知有財利；大者，知有權勢；其上，乃知有名而已。知有財利也，奪之則怨；知有權勢也，紬之則怨；知有名也，毀之則怨。伯夷不知有此三者，知求仁而已，求仁在我，其得之也無所喜，其不得之也無所怨。故孔子曰：「求仁得仁，又何怨。」（伯夷）

十六

無功而祿，謂之素餐；無德而隱，謂之素隱。素餐盜實，素隱盜名。以眾之所同為善，莫善乎鄉原；以眾之所異為善，莫善乎行怪。君子之過，以人知之為幸，以其好善行也；小人之過，以人不知為幸，以其好善名也。（名實）

十七

夫有思也，思東則怠西；有為也，為此則怠彼，則是滯而不通，非所以為無方無體也。

十八

索鬼神，除盜賊，最後者。人事備，然後可以及鬼神；所養盡，然後可以罪盜賊。

十九

德薄而位高者，可以無愧，何也？德又有薄於我者也。亡功而厚祿者，可以無慊，何也？功又有寡於我者也。噫，三公之位，人人皆曰我能為之；萬鐘之富，人人皆曰我當享之。足以見今之多幸而爵祿之不幸也。

二十

夫後之視今，與今之視昔，蓋已成已敗之驗，其事之是非易見也。若夫今之視今，昔之視昔，未成未敗之前，其事之是非難見也。然則如之何而可？曰：莫若究夫昔之所以成敗之初，而驗今之所為是非之端。與治同其初者，莫不興；與亂同其初者，莫不亡。聖人之言如是而已也。

二十一

三代之法律，不若漢世之密；三代之境土，不若漢世之廣；三代之取斂，不若漢世之巧；三代之宮室，不若漢世之侈。以漢世修法律之精工，議三代之禮樂；以漢世開闢境土之勞苦，講三代之田祿；以漢世務取斂之奇巧，論三代之賦役；以漢世修宮室之功力，復三代之制度，吾見其有餘矣，惜哉。

二十二

治世之法必有可革，亂世之法必有可因。

二十三

祐神者，非神祐我，而我能祐神。莊子所謂「精之又精，反以相天」，

是也。道未足則有待於彼，故為神所祐，未能祐神；道足則無待於外，故神亦為我所祐。《書》言成湯之道曰：「山川鬼神，亦莫不寧。」山川鬼神，待我而後，寧此祐神之謂也？

二十四

或問賢。揚子曰：「顏淵、黔婁、四皓、韋元者。」言賢亦當有局限，自出顏子之上，即聖人矣；自出韋元以下，眾人矣。

二十五

市井輕薄欲羣行，而囧野民必一人為惡，一人為善。彼非不知皆惡之為快也，而皆惡則無以就事；非不知皆善之為直也，而皆善則無以就事。

二十六

人之所學，學改其觀而已矣。夫樓船之載，其物如山，及船一轉，則如山之物莫不易嚮，心亦如是。夫平生之多聞廣見，博學詳說，皆聚於心，心觀忽遷，則曩之多廣詳博者，盡隨而改。

二十七

古之人曰異端，而不曰異終者，其端異可也，其終烏得而為異。

二十八

高宗既免喪，其惟弗言；而康王告諸侯，乃父死之九日，何也？義無常情，歸諸是而已。故時每不同，而是無異也。高宗弗言，蓋有所可以弗言也；康王之誥，蓋有所不可以不誥也。方其有所弗言，終身弗言可也，況免喪乎；方其有所不可不誥也，父死之日誥焉可也，況九日乎。此無它，隨時焉耳。

二十九

筋疲而跛倚者，以太山為固，而不知天下之固，莫固若於無力之力，而太山為易踣。狐疑而求決者，以巫咸為至神，而不知天下之神，莫神於無知之知，而巫咸為大惑。是以善倚者，不倚太山，而倚於無力之力；善決者，不問巫咸，而問於無知之知。

第三節　《淮南雜說》佚文中所見的思想內容

侯外廬《中國思想通史》曾推測《臨川先生文集》卷六十五至七十部分即

《淮南雜說》。〔註30〕劉成國考述王安石著作，論及《淮南雜說》時，亦傾向於認可侯外廬的判斷，認為「雖然未必是全部，但《臨川先生文集》六十五至七十諸卷應該有相當一部分是屬於《淮南雜說》的」，並且從《雜說》內容特點與文集編纂過程的角度，提出兩點論據。〔註31〕但根據《精騎》收錄王安石文集及《淮南雜說》的情況，這一說法恐怕不能成立。

首先，此次輯得《淮南雜說》佚文二十九條，計二千餘字，沒有一條見於《臨川先生文集》卷六十五至七十。

其次，《精騎》卷二分為「王荊公文集」與「雜說」兩個部分。前者應當是節錄自宋代某種版本的王安石文集。現存王安石文集的宋代版本主要有《臨川先生文集》與《王文公文集》（即龍舒本）兩種。〔註32〕若將二本與《精騎》對勘，可以發現《精騎》節錄篇目的先後次序與龍舒本卷一至卷三十六幾乎完全相符。〔註33〕可見，《精騎》編者正是利用龍舒本，擇選篇目，節錄文句。因為《精騎》在「文集」部分後，又有獨立的「雜說」部分，可見龍舒本中並未包含《淮南雜說》的內容。而《臨川先生文集》雖與龍舒本編次不同，但收錄篇目相近。該本卷六十五至七十的篇目，全見於龍舒本卷二十五至三十二中。因此，可以認為《臨川先生文集》卷六十五至七十中同樣不存在《淮南雜說》的內容。

綜論之，《淮南雜說》未曾編入《臨川先生文集》或《王文公文集》等文集系統，而是獨立流傳，前人舊說應當予以修正。

除此之外，這些佚文重要的價值，更在於其中反映的《淮南雜說》與王安石早期思想的特色。關於這一點，前人曾根據楊繪徵引的三條佚文已經作出一些研究。但此次輯得《淮南雜說》計有二千餘言，遠遠超過了前輩學者所掌握的材料範圍，對於豐富學界關於《淮南雜說》思想內容的認識，具有重要的意義。

新輯得《淮南雜說》佚文中所見的思想內容，可以歸納為三個方面：一

〔註30〕侯外廬主編：《中國思想通史》（北京：人民出版社，1959年），第四卷上冊，頁446。

〔註31〕劉成國：《荊公新學研究》（上海：上海古籍出版社，2006年），頁85。

〔註32〕關於王安石文集的編撰、版本及流傳，可參祝尚書：《宋人別集敘錄（增訂本）》（北京：中華書局，2020年），頁301～318。

〔註33〕唯有一處顛倒，即第三十六、三十七條出於卷九二，第三十八條出於卷九〇，這應是偶致舛誤。參王安石著，唐武點校：《王文公文集》（上海：上海人民出版社，1974年）。

者，推尊孟子，接續道統；二者，論究道德性命之學；三者，回向三代，變革法度。以下分述之。

一、推尊孟子，接續道統

如前文所述，王安石撰就《淮南雜說》一書，時人皆將他與孟子相比，這顯示該書與《孟子》的思想內容有高度相合之處。綜觀此次新輯得的佚文，確實頗可見早年的王安石對於孟子尊奉推舉的態度。如其中一條曰：

> 甚哉，君子之難知也。故淳于髡得齊王於眉睫之間，而不足以知孟子。（君子小人）

此處將孟子稱許作「君子」，而對孟子不為世人所知而感到遺憾。而另一條亦曰：

> 或曰：「能言拒楊墨者，孟子也；能言拒佛老者，韓子也。吾以謂韓子之功，猶孟子也。」「亦嘗聞伐燕之語乎？以燕伐燕者，韓子也，為天吏以伐燕者，孟子也。」（言）

此處以對話問答的形式展開，有人認為孟子、韓愈分別排拒楊墨、佛老學說，在儒學發展的歷史上俱是有功，故將韓愈與孟子相比。但是王安石並不認可，他引孟子曾言「以燕伐燕」的典故，〔註34〕指出韓愈雖攻訐佛老有功，但自身學說亦有不純粹之處，於儒家學說的闡釋發明無多（具體可能是指性命之學方面）；而孟子則是「天吏」，排拒楊墨，昌明正學，功績遠非韓愈可比擬。「天吏」一語見於《孟子》，曰：「無敵於天下者，天吏也。」趙岐注曰：「天吏者，天使之也。為政當為天所使，誅伐無道，故謂之天吏也。」〔註35〕王安石是將孟子視作尊奉天道，受天之所降大任的人，是儒家道統真正的承載者與傳承者。

〔註34〕《公孫丑下》曰：「沈同以其私問曰：燕可伐與？孟子曰：可。子噲不得與人燕，子之不得受燕於子噲。有仕於此，而子悅之，不告於王而私與之吾子之祿爵。夫士也，亦無王命而私受之於子，則可乎？何以異於是？齊人伐燕，或問曰：勸齊伐燕，有諸？曰：未也。沈同問：燕可伐與？吾應之曰：可。彼然而伐之也。彼如曰：孰可以伐之？則將應之曰：為天吏，則可以伐之。今有殺人者，或問之曰：人可殺與，則將應之曰：可。彼如曰：孰可以殺之？則將應之曰：為士師，則可以殺之。今以燕伐燕，何為勸之哉。」參見〔漢〕趙岐注，〔宋〕孫奭疏：《孟子注疏》（臺北：藝文印書館，1981年，影印清嘉慶二十年江西南昌府學刊本），頁81上欄。

〔註35〕〔漢〕趙岐注，〔宋〕孫奭疏：《孟子注疏》（臺北：藝文印書館，1981年，影印清嘉慶二十年江西南昌府學刊本），頁64上欄。

　　歐陽脩當年頗為賞識王安石，於〈贈王介甫〉一詩中將王氏與韓愈相比，稱許道：「翰林風月三千首，吏部文章二百年。」〔註36〕在北宋初期的儒學復興與古文運動的語境中，與韓愈相提並論，在當時已屬最高等級的評價。〔註37〕但是王安石對這一評價不以為然，他在〈奉酬永叔見贈〉中回應道：

　　欲傳道義心猶在，強學文章力已窮。他日若能窺孟子，終身何敢望韓公？〔註38〕

將這兩聯詩句與以上《淮南雜說》的佚文對讀，可以得見早年的王安石便已不屑文章聲名，而是期冀超邁韓愈，徑直接續孟子道統絕學。

　　另外一條材料更可見王安石的思想與孟子聲氣相通，其曰：

　　孔子曰：「微管仲，吾其披髮左衽矣。」假今之世不為管仲所為，則民左衽，君子為之乎？曰：「不為也。」不為可謂仁乎？曰：「天將必大任我乎，吾不必為管仲所為。必為管仲所為，而後可以免民左衽，則吾雖不為管仲，其憂非管仲乎？」（仁說）

這則佚文仿擬了《孟子》中公孫丑與孟子對話的場景與文本結構。在〈公孫丑上〉中，弟子公孫丑問孟子：假使得以操柄齊國，是否會為管仲之政？面對弟子將自己與管仲相比，孟子頗為不滿，直言：「管仲，曾西之所不為也，而子為我願之乎？」直截了當地表達了對於管仲的輕視。〔註39〕而在〈公孫丑下〉中，孟子亦言：「湯之於伊尹，桓公之於管仲，則不敢召。管仲且猶不可召，而況不為管仲者乎？」〔註40〕更是進一步表達了對於管仲的不屑，以及自己「不為管仲」的堅決意志。

　　此條佚文與公孫丑問孟子的語境極為類似，而王安石也給出了與孟子一樣的答案：不為管仲。王安石隱含的意思即是自己不屑於管仲的「以力假仁」的霸道，他期待的是繼承孟子志業，接續道統，昌明仁義，實現王道。

〔註36〕〔宋〕歐陽脩著，洪本健校箋：《居士外集》，卷7，《歐陽脩詩文集校箋》（上海：上海古籍出版社，2009年），頁1475頁。

〔註37〕參見高光敏：《北宋時期對韓愈接受之研究》（臺灣師範大學國文研究所博士論文，2004年），頁73～99。

〔註38〕〔宋〕王安石：《臨川先生文集》，卷22，收入王水照主編：《王安石全集》第五冊（上海：復旦大學出版社，2017年），頁465。

〔註39〕〔漢〕趙岐注，〔宋〕孫奭疏：《孟子注疏》（臺北：藝文印書館，1981年，影印清嘉慶二十年江西南昌府學刊本），頁51下欄。

〔註40〕〔漢〕趙岐注，〔宋〕孫奭疏：《孟子注疏》（臺北：藝文印書館，1981年，影印清嘉慶二十年江西南昌府學刊本），頁73下欄。

　　王安石《淮南雜說》推尊孟子，有著重要的思想史意義。在先唐時期，孟子其人其書的地位並不尊顯，《孟子》的經典化與孟學地位的抬升，「始於唐而完成於宋」，周予同於《群經概論》中將此過程稱作「孟子的升格運動」，〔註41〕這一觀點目前已成為學界共識。〔註42〕《淮南雜說》的寫作時間大約在慶曆間，正是北宋「尊孟」思潮興起與發展的關鍵階段。王安石在《淮南雜說》中極力推尊孟子，肯定孟子傳承儒家道統，對推動當時士人「尊孟」的思想潮流，以及孟子聖賢地位的形成皆有重要的意義。〔註43〕

　　王安石既已明確宣稱尊奉孟子，期冀繼承道統，與之相應則勢必在《淮南雜說》書中對於孟子的思想有所繼承與闡發。故孟子思想中最具特色的，如關於心性之學的思考，以及針對治道的討論，自然是《淮南雜說》一書題中應有之義，以下兩點便是這一傾向的體現。

二、論究道德性命之學

　　就目前所見文獻而論，孔子很少直接談論性命相關的議題。故《論語》言：「子罕言利與命與仁。」〔註44〕又言：「夫子之言性與天道，不可得而聞也。」〔註45〕但到了孟子的時代，關於性命的討論則成了當時人普遍關心的話題，《孟子》書中亦可見頗多論究性命之學的內容。〔註46〕

〔註41〕周予同著，朱維錚編：《周予同經學史論著選集》（上海：上海人民出版社，1996年），頁289～290。

〔註42〕關於這方面的研究較多，參見夏長樸：〈孟子與宋儒〉，收入氏著：《李覯與王安石研究》（臺北：大安出版社，1989年），附錄，頁257～294頁。夏長樸：〈尊孟與非孟——試論宋代孟子學之發展及其意義〉，收入氏著：《北宋儒學與思想》（臺北：大安出版社，2015年），頁139～211。徐洪興：〈孟子升格運動〉，收入氏著：《思想的轉型——理學發生過程研究》（上海：上海人民出版社，1996年），頁92～123。

〔註43〕夏長樸在論述孟子學說在宋代振興進而盛行的原因時，將之歸納為三點，認為其中最直接的原因應是「王安石的大力提倡」，但限於材料，夏先生關於《淮南雜說》在此間的意義，較少申說，本文所論，正可進一步補充、證成夏先生所論。參見夏長樸：〈尊孟與非孟——試論宋代孟子學之發展及其意義〉，收入氏著：《北宋儒學與思想》（臺北：大安出版社，2015年），頁177～183。

〔註44〕程樹德：《論語集釋》（北京：中華書局，1990年），卷17，頁565。

〔註45〕程樹德：《論語集釋》（北京：中華書局，1990年），卷9，頁318。

〔註46〕關於孟子性命學說的研究頗多，不容全面綜述，可參考錢穆：《四書釋義》第五章〈孟子之性善論〉，收入《錢賓四先生全集》第二冊（臺北：聯經出版有限公司，1998年），頁251～266。〔美〕江文思、安樂哲編：《孟子心性之學》（北京：社會科學文獻出版社，2005年）。

　　王安石《淮南雜說》對於孟子思想多有繼承與闡發，新輯得佚文中即可見多處討論心性話題的內容。其中有一條曰：

> 古者受命之君，未嘗無符瑞也。古之人因其有以著之，所以明天命之不可以力求也。或以為符瑞之說用，則後世之姦人託是以欺世，而莫之能禦也。夫古之人教後世，未嘗不至於誠善也，能以誠善遺後世，而不能止後世矯託以濟其姦者也。惟其得志於天下，則能以義禁之耳。且使彼詐力以饗天下者，欲符瑞之說焉，則彼之命不可以力求矣，其所以矯託以欺世，惟不信故也。故符瑞之說行，姦人固有畏天命而止者，符瑞之說廢，終不能止姦人干非其命也。（義命）

該條佚文文末題曰「義命」，可見《淮南雜說》中原有一篇專門討論「義命」的問題。「義命」之說是儒家思想的核心論題，但「義」與「命」二者對舉，似最早出自《孟子》一書。《孟子·萬章上》曰：

> 孔子進以禮，退以義，得之不得曰有命。而主癰疽與侍人瘠環，是無義無命也。〔註47〕

關於這條材料的詮釋，諸家意見歧異頗多，此處不展開。但可以確定的是，王安石《淮南雜說》中倡言「義命」問題，應當是受到《孟子》的影響，書中對於孟子關心的話題，展開了進一步的討論。

　　但由於文獻散佚，目前關於「義命」的討論，僅得見以上一條文字，或無法完整地展現王安石《淮南雜說》中關於「義命」的看法。就該條佚文而論，王安石關心的似乎是「天命」與「符瑞」的問題。王安石肯定了「符瑞」存在的合理性，認為「符瑞」正可展現「天命」不能以力違拗，姦人也會因畏天命而停止矯託以欺世。但「天命」與「義」的關係與連接為何，該條佚文似乎未能完整展現。

　　新輯得佚文中尚有多條討論「心」的文字，體現出王安石重視心的作用，主張在心上作工夫的學術觀點，其中一條曰：

> 今徒曰：「無心則莫怨，莫怨則莫害」，是亦不足以為知矣。夫莠之敗，田無心也，田者不怨也，而豈能使之勿耨乎？夫苟無心而已，則其不得戕於物也，幸矣。（治心）

〔註47〕〔漢〕趙岐注，〔宋〕孫奭疏：《孟子注疏》（臺北：藝文印書館，1981年，影印清嘉慶二十年江西南昌府學刊本），頁171下欄。

該條佚文末題曰「治心」，可知《淮南雜說》中原有一篇專門討論「治心」問題。王安石藉由對話問答的方式，反對有人提出「無心則莫怨，莫怨則莫害」的觀點，他以田無心不怨，卻仍遭耕耨為例，指出「無心」只會「得狀於物」，隱含的意思是人不應走向老莊主張「無心」的虛靜無為之論，而是應當積極地主理內心、主宰自我，應講致用而重有為。推測〈治心〉篇中應還有王安石關於「治心」方法與途徑的討論，但該條佚文中未能展現。

另有一條同樣體現王安石重視心的作用，曰：

> 人之所學，學改其觀而已矣。夫樓船之載，其物如山，及船一轉，
> 則如山之物莫不易嚮，心亦如是。夫平生之多聞廣見，博學詳說，
> 皆聚於心，心觀忽遷，則曩之多廣詳博者，盡隨而改。

此篇強調的是「心」與「學」的關係，提出倘若心觀忽遷，即便學識多廣詳博，也不免盡隨而改，故王安石仍是強調人應該主動積極地治心、主理內心，惟以努力在心上作工夫，方能意志堅定，學問堅實。

王安石此說實承自孟子之說而來，《孟子‧告子上》曰：

> 耳目之官不思，而蔽於物。物交物，則引之而已矣。心之官則思，
> 思則得之，不思則不得也。此天之所與我者。先立乎其大者，則其
> 小者不能奪也，此為大人而已矣。〔註48〕

孟子認為：耳目之觀，應接於物，故往往隨物而遷，為利慾所蔽；惟有「立乎大者」，在心上作工夫，樹立心的統帥作用，方能不被物慾所蔽，而成就「大人」。王安石的論說與孟子頗為相似，由這條佚文可見，王安石心性學說實與孟子一脈相承。

王安石重視「心」的觀點，還散見於《臨川先生文集》之中，如他在《除依前左僕射觀文殿大學士集禧觀使謝表》自稱言：「學止求心，行多違俗。」再如《易泛論》言：「心，體之主也。」《禮樂論》言：「氣之所稟命者，心也。視之能必見，聽之能必聞，行之能必至，思之能必得，是誠之所至也。……誠生於心。」〔註49〕這些論述可以與《淮南雜說》佚文互相發明，足見王安石主張在「心」上作工夫，重視「心」的統帥作用的思想特色。但若細究源流，

〔註48〕〔漢〕趙岐注，〔宋〕孫奭疏：《孟子注疏》（臺北：藝文印書館，1981年，影印清嘉慶二十年江西南昌府學刊本），頁204上欄。

〔註49〕分別參見〔宋〕王安石：《臨川先生文集》，卷58，頁1085；卷63，頁1150；卷66，頁1199。以上均收入王水照主編：《王安石全集》第六冊（上海：復旦大學出版社，2017年）。

《淮南雜說》一書是王安石最早表現這些思想的文獻，是他重視「心」的思想的源頭，足見《淮南雜說》的價值所在。

三、回向三代，變革法度

傳統儒家素有「內聖外王」之說，即在道德性命的內聖學說的基礎之上，得以發展出政治事功的外王事業。〔註50〕上文述及王安石關於道德性命之學的討論，屬於「內聖」、「體」的一面，而其政治主張與作為則屬於「外王」、「用」的一面。「經世致用」是王安石思想中十分重要的面向，〔註51〕而他確實是宋儒中最接近「得君行道」的一位，在熙寧間有機會將自己的政治理想付諸實踐，變法立制。

據余英時的研究，仁宗朝中期以來的士大夫群體有著一個共同的政治思想，即「回向三代」，回復上古三代的禮樂制度、道德風俗；而王安石《上仁宗皇帝言事書》則可被視作這一思潮的最後結晶。〔註52〕但王安石「回向三代」的政治理想很早就已見雛形。在他早年所作的《淮南雜說》中，便可見頗多對於上古三代以及當時聖賢的尊奉推舉。如其中一條曰：

> 見唐虞禪即以為公天下，見禹湯繼即以為私天下，以禪為公，則以繼為私矣。此小人不知聖人，而以利心量禹、湯、文、武、周公以為私其子孫而已，何其陋哉。（禮運天下為家說）

時人或以為唐、虞禪讓是「公天下」，而禹、湯傳於子孫則是「私天下」，其中有高下之別，但王安石認為這是以後人之私心，妄自揣測禹、湯、文、武、周公等上古聖賢。在王氏看來，唐、虞、禹、湯、文、武、周公等上古君主皆可視作聖人，可見他的「三代觀」及對於上古聖賢的推舉。〔註53〕另一

〔註50〕陳弱水將之歸納為：「王」與「聖」之間存在著「跡本關係」，聖與所以成其為聖的心性本體是「本」，理想的政治、社會秩序是「跡」；兩者之間有著「由本顯跡」的直接關聯。參見陳弱水：〈「內聖外王」觀念的原始糾結與儒家政治思想的根本疑難〉，收入氏著：《公共意識與中國文化》（臺北：聯經出版有限公司，2005年），頁316。

〔註51〕夏長樸認為：「檢討王安石的思想，可以發現積極有為與重視致用是其中很重要的一個特色。」參見夏長樸：〈論王安石的致用思想〉，收入氏著：《李覯與王安石研究》（臺北：大安出版社，1989年），頁151。

〔註52〕參余英時：《朱熹的歷史世界：宋代士大夫政治文化的研究》（臺北：允晨文化，2003年），頁254～270。

〔註53〕這亦與王安石的「聖人觀」相關，王安石認為所有的聖人皆等同，沒有任何差異；各聖人表現在外的特色不同，是因時而變所致，「達事之宜而通其變」而

條則曰：

> 三代之法律，不若漢世之密；三代之境土，不若漢世之廣；三代之
> 取斂，不若漢世之巧；三代之宮室，不若漢世之侈。以漢世修法律
> 之精工，議三代之禮樂；以漢世開闢境土之勞苦，講三代之田祿；
> 以漢世務取斂之奇巧，論三代之賦役；以漢世修宮室之功力，復三
> 代之制度，吾見其有餘矣，惜哉。

在該條佚文中，王安石將漢代的禮樂制度與上古三代進行比較，對漢世未能
復古而感到惋惜，一方面蘊含了「漢唐」遠不如「三代」的歷史觀，另一方面
隱微地表達出企圖變革當下的社會制度，期冀回向上古三代禮樂制度的政治
理想與抱負。

如何「回向三代」，在王安石看來，顯然是需要通過政治手段，變革法
度，改易風俗。《淮南雜說》佚文中頗多涉及社會改革與教化的內容，其中有
一條曰：

> 化賤者易，化貴者難，化勞者易，化逸者難。故公子之信厚，如《麟
> 趾》國君之仁，如《騶虞》所以為周召之終。
> 俗之所榮，罰之不能止；俗之所恥，賞之不能誘。故君子無為也，
> 反身以善俗而已矣。（刑罰）

該條佚文應出自名為「刑罰」的篇章，從中可知，王安石對於國家治理的態
度，顯然更傾向於儒家的教化，而非法家的刑罰，而個中關鍵在於「善俗」的
主張。王安石日後在辭去相位的謝表《謝手詔令視事表》中有一句名言曰：

> 論善俗之方，始欲徐徐而變革；思愛日之義，又將汲汲於施為。〔註54〕

由此條佚文可知，「善俗」作為王安石政治思想中一個十分重要的觀念，
淵源有自，在早期著作《淮南雜說》中即已成型。

但王安石畢竟以在熙寧年間主持政治改革而著稱，在「善俗」與「施為」
的抉擇間，顯然傾向於後者。《淮南雜說》作為王氏早期思想的代表著作，其

已。是故在王氏看來，唐、虞禪讓與禹、湯傳於子孫，亦皆是權時而變，並無
高下之別，也就不難理解了。參見〔宋〕王安石：〈三聖人〉，《臨川先生文集》，
卷 64，收入王水照主編：《王安石全集》第六冊（上海：復旦大學出版社，2017
年），頁 1161。另參考夏長樸關於王安石「聖人觀」的研究，夏長樸：〈王安
石思想與孟子的關係〉，收入氏著：《李覯與王安石研究》（臺北：大安出版社，
1989 年），頁 186～203。

〔註54〕〔宋〕王安石：《臨川先生文集》，卷 60，收入王水照主編：《王安石全集》第
六冊（上海：復旦大學出版社，2017 年），頁 1120。

中也出現了多處關於變革現行法度，企圖恢復三代之治的論述。其中有一條
佚文曰：

治世之法必有可革，亂世之法必有可因。

這則佚文中體現出一種辯證的思維，即使是亂世，其制度法令仍有可學習之
處，反之即使是治世，其制度法令仍有可待改革完善的空間。日後，王安石在
主持政治改革時，往往遭到舊黨人士以「祖宗成法、盡善盡美」為名的政治攻
訐，王安石「治世之法必有可革」的說法，顯然是為其政治改革張本。

但更為重要的是，王安石以經典詮釋作為思想資源，為其改革變法提供
一種理論上的支持。如新輯得佚文中有一條曰：

九三不如九五之得尊位大中，未占有孚，是以言而後能革也。不待
言而能革者，革之上也；待言而後能革者，革之次也。（革言三就）

該條佚文文末題曰「革言三就」，出自《周易‧革卦》，可知此篇是針對「革」
卦而展開的義理闡說。

翻檢王安石《易解》，存在一段類似的文字，可以與之對讀。〔註55〕其曰：

九三：征凶。貞厲。革言三就，有孚。《象》曰：「革言三就」，又何
之矣。革之為道，宜剛中而已，九三剛過中，故「征凶貞厲」。以過
中之剛，其能革物也必矣，故「革言三就」。則雖過中而不失正，故
「有孚」。其稱三者，眾辭也，言從革者眾，而有成功也。三過中，
是以言而後能革，革之次也。九五尊位，盛德不言而能革，革之上
也。有位無德，有德無位，必至於告戒丁寧，然後能感喻其人而成
革之功也。《盤庚》、《大誥》之所以革民者，不可謂未占有孚也。所
謂不言者非無言也，其所待於言也略矣。〔註56〕

〔註55〕晁公武《郡齋讀書志》謂《易解》為王安石「少作」，其言曰：「介甫三經義皆
頒學官，獨《易解》自謂少作未善，不專以取士。故紹聖後復有龔原、耿南仲
注《易》。三書偕行於場屋。」（〔宋〕晁公武著，孫猛校證：《郡齋讀書志》，
上海古籍出版社，1990年，卷1，頁41。）高克勤考證嘉祐二年（1057）時，
王安石已經撰就《易解》，則該書的寫作時間應當在嘉祐以前。（見高克勤：
〈王安石著述考〉，收入氏著《王安石與北宋文學研究》，上海：復旦大學出版
社，2006年，頁65～67。）《淮南雜說》撰寫於慶曆間，與《易解》的成書時
間接近，俱屬於王安石早年思想的範疇，故二書的文字內容與思想風貌相近，
是十分合理的。通過二書的對讀，可抉發王安石早年的思想特色。

〔註56〕劉成國：《王安石〈易解〉輯佚》，收入氏著：《荊公新學研究》（上海：上海古
籍出版社，2006年），附錄，頁297。

孔穎達疏曰：「革者，改變之名也，此卦明改制革命，故曰革也。」〔註57〕綜合兩條針對《革卦》的詮解材料，可以大致呈現王安石關於改革、革命的看法。所謂「革言三就」，一般將之解釋為實施社會改革應審慎對待，經多次輿論宣導而取得眾人的信服後，方可著手進行。王安石言「以過中之剛，其能革物也必矣」，「從革者眾，而有成功」，對於該說予以了肯定；但同時又在前人舊說的基礎上，提出了新的觀點。王安石認為經輿論宣傳後方才實施改革，乃是改革之次者；聖人居位而主持改革，不待輿論宣導而自成改革之功，才是改革之上者。所謂「不待言而能革者，革之上也；待言而後能革者，革之次也」，新輯得《淮南雜說》佚文中的這句話，可以說很好地概括了王安石變法思想的內容與特色。

從王安石藉由解釋易卦而闡述改革理論的過程中，可以看到王安石作為政治改革家所具有的超乎尋常的膽識與氣魄。鄧廣銘曾標舉王安石的「三不足」之說，即「天變不足畏，祖宗不足法，人言不足恤」。〔註58〕如今學界雖對王安石是否真的說過「三不足」之語多有爭議，〔註59〕但從此次輯得《淮南雜說》中「不待言而能革者，革之上也；待言而後能革者，革之次也」的佚文可見，王安石對於政治改革的無畏精神與自信膽識，則是毫無疑義的。

第四節　結語

在當下學界，關於王安石的研究著述已經相當豐富，但作為王安石早年著述與思想代表的《淮南雜說》，卻因文獻散佚而經常為研究者所忽視。儘管鄧廣銘、金生楊、丁四新等學者根據楊繪徵引的三條佚文，對《淮南雜說》的思想內容進行了一定的分析，但畢竟受到材料限制，尚有未盡人意之處。

本文利用臺北國家圖書館藏《精騎》一書，輯得二十九條、二千餘字的王安石《淮南雜說》佚文，極大地拓展了研究材料的範圍，為《淮南雜說》與王安石早期思想的研究開拓出新的學術空間。

〔註57〕〔魏〕王弼、〔晉〕韓康伯註，〔唐〕孔穎達等疏：《周易注疏》（臺北：藝文印書館，1981年，影印清嘉慶二十年江西南昌府學刊本），頁111上欄。

〔註58〕鄧廣銘：《北宋政治改革家王安石》（北京：生活·讀書·新知三聯書店，2007年），頁92～111。

〔註59〕參見王榮科：〈王安石提出「三不足」之說質疑〉，《復旦學報》（社會科學版），2000年第1期，頁47～55。

　　本文根據篇目次序，提出《精騎》中的「文集」部分是抄錄自龍舒本《王文公文集》，而與抄錄自《淮南雜說》的「雜說」部分明顯獨立。進而檢討了此前學界關於「《臨川先生文集》卷六十五至七十部分即《淮南雜說》」的舊說，認為《淮南雜說》的內容並未編入《王文公文集》或《臨川先生文集》等文集系統，而是獨立流傳。

　　本文進而針對新輯得佚文進行分析，將王安石《淮南雜說》的思想內容及特色歸納為三個方面：一者，推尊孟子，接續道統；二者，論究道德性命之學；三者，回向三代，變革法度。這豐富了學界關於王安石思想早期形態的認識，同時對於研究王安石思想的發展與演變，有著重要的意義。書中頗多論究道德性命之學的內容，尤其反映出王安石主張在心上做工夫，重視心的統帥作用的觀點，可以說是日後王安石心性學說之濫觴。書中關於經世致用及政治改革的論述，特別集中體現為「變革法度，回向三代」的觀點，與他之後的變法思想以及政治上的具體施為，同樣是一脈相承。

　　若將《淮南雜說》置於北宋學術思想發展的脈絡之中，同樣體現出重要的意義。王安石在書中多次提及孟子，表現出推尊孟子、期冀接續道統的職志，正因如此，時人將之與孟子相比。中唐至北宋間，存在著一個《孟子》的經典化與孟學地位抬升的過程，而王安石《淮南雜說》正是作為北宋「孟子升格運動」中的重要組成部分，推動了孟子學說的流行與學術地位的抬升。同時，《淮南雜說》開兩宋討論心性之學的風氣之先，由於成書後在士人階層間頗為流行，推動了北宋中期士人談論道德性命學說的風氣，以至於「天下之士，始原道德之意，窺性命之端」，在北宋心性之學的發展脈絡中亦具有重要的意義。

原載《第十二屆全國高校史哲論壇論文集》，

長沙：嶽麓書院，2021 年 6 月，頁 496～516。

附：《淮南雜說》補輯七則

　　在《精騎》之外，李霖《道德真經取善集》（以下簡作「取善集」）、劉惟永《道德真經集義》（以下簡作「集義」）保存多則王安石《雜說》佚文，可供輯佚、研究。二書均收入《道藏》，茲利用《道藏》本補輯《淮南雜說》佚文七則。

一

《雜說》曰：上德無為而無以為，羲皇也；上仁為之而無以為，堯舜也；上義為之而有以為，湯武也。上義，下德也。或曰：湯武大聖人也，謂之下德，可乎？曰：聖人之所同者，心也。德之所以有上下者，時也。大聖人者，易地則皆然。（《取善集》卷六）〔註60〕

二

《雜說》曰：正可以治一國而已，奇可以用五兵而已，唯其無事者，然後可以取天下。故曰：取天下常以無事。及其有事，不足以取天下。然而湯放、武伐，亦可以無事乎？曰：然。則湯、武者，順乎天，應乎人，其放伐也，猶放伐一夫爾，未聞有事也。（《取善集》卷九）〔註61〕

三

《雜說》：無名者，太始也，故為天地之父。有名者，太極也，故為萬物之母。天地，萬物之合。萬物，天地之離。於父言天地，則萬物可知矣。於母言萬物，則天地亦可知矣。（《集義》卷一王安石《老子注》引）〔註62〕

四

《雜說》：「萬物負陰而抱陽，衝氣以為和」，則衝者陰陽之和也。陰為虛，陽為盈，道之體則衝，而其用之則或不盈，其體衝也。故有欲、無欲同謂之玄，其用之不盈也。（《集義》卷九王雱《老子訓傳》引）〔註63〕

五

《雜說》：以其淵深，而常生於物也。故曰：「似萬物之宗」。（《集義》卷九王雱《老子訓傳》引）〔註64〕

〔註60〕《道藏》（北京：文物出版社，上海：上海書店，天津：天津古籍出版，1988年），第 13 冊，頁 889。

〔註61〕《道藏》（北京：文物出版社，上海：上海書店，天津：天津古籍出版，1988年），第 13 冊，頁 913。

〔註62〕《道藏》（北京：文物出版社，上海：上海書店，天津：天津古籍出版，1988年），第 14 冊，頁 90。

〔註63〕《道藏》（北京：文物出版社，上海：上海書店，天津：天津古籍出版，1988年），第 14 冊，頁 180。

〔註64〕《道藏》（北京：文物出版社，上海：上海書店，天津：天津古籍出版，1988

六

《雜說》：彼銳則挫之，紛則解之，光則和之，塵則同之。非有也，
非無也。（《集義》卷九王雱《老子訓傳》引）〔註65〕

七

《雜說》：動善時，蓋因時而動，動之善也。《書》亦曰：「慮善以動，
動惟厥時。」《詩》美南仲，「薄伐西戎」，而言「嘤嘤草蟲，趯趯阜
螽」者，以其動而則應也。自非因時而動，孰能至於此乎？（《集義》
卷十三劉仲平《老子注》引）〔註66〕

第一、二則佚文，採自李霖《取善集》。李霖生卒年不詳，但《取善集》
書前有金大定壬辰（十二年，1172）劉允升之序，可知成書於金代中期。王安
石《雜說》見晁公武《郡齋讀書志》著錄，後者終成書於南宋孝宗淳熙七年至
十四年（1180～1187）之間，則當時《雜說》尚存於世，李霖很可能曾寓目
《雜說》原書，故採錄其中與《老子》相關的解說，收入書中。

第三至七則佚文，採自劉惟永《集義》。這五則文字原為王安石《老子
注》、王雱《老子訓傳》、劉仲平《老子注》所徵引，後又被劉惟永輾轉收入《集
義》之中。劉惟永《集義》成書於元貞二年（1296），此時《雜說》或已散佚，
故劉惟永應當未見《雜說》原書，僅據他書轉引。

新輯得佚文均以「雜說」標目，這與時人如程頤、楊繪、劉弇等徵引該書
時徑稱「雜說」的慣例相符。但對其是否出自王安石著述，或仍有疑慮，以下
略作分疏。

首先，就文句結構而言，新輯得佚文與從他書中輯得的《雜說》佚文頗有
相似之處。這主要體現在兩方面。第一，先引述第三者的意見而後展開反駁及
申論的形式。這種形式在《雜說》佚文中頗為常見，如《精騎》存錄佚文的第
八則先引述「今徒曰」的觀點，隨後反駁該觀點，進而提出自己關於主理內心
的論述。同書第九則先引述「或曰」的觀點，繼而反駁並提出自己認為韓愈無
法與孟子相比的觀點。而新輯得佚文中亦存在同樣的形式，如第一則先引述
「或曰」認為湯武聖人不宜謂之下德的觀點，而後提出聖人其心等同，因時而

年），第 14 冊，頁 180。

〔註65〕《道藏》（北京：文物出版社，上海：上海書店，天津：天津古籍出版，1988
年），第 14 冊，頁 180。

〔註66〕《道藏》（北京：文物出版社，上海：上海書店，天津：天津古籍出版，1988
年），第 14 冊，頁 241。

異的看法，針對自己的「聖人」觀展開申說。

　　第二，以並置的判斷句比較不同人事物之間差別的形式。如《精騎》存錄佚文第八則云：「能言拒楊墨者，孟子也；能言拒佛老者，韓子也。」同書第九則云：「萬物不能憂者，至樂也；萬物不能樂者，至憂也。」此為《雜說》中習見的判斷句，後半句為某一特定名詞，前半句則是該名詞的解釋說明，作者通過並置此類判斷句來比較不同人事物，如孟子與韓子、至樂與至憂之間的差別。新輯得佚文中亦有同樣的句式，如第一則云：「上德無為而無以為，羲皇也；上仁為之而無以為，堯舜也；上義為之而有以為，湯武也。」無論是判斷句的結構，還是利用並置進行比較的形式，皆與《雜說》佚文一致。

　　其次，就思想內容而言，新輯得佚文也存在與王安石思想息息相通之處。以新輯得佚文的第一則為例，其云：「或曰：湯武大聖人也，謂之下德，可乎？曰：聖人之所同者，心也。德之所以有上下者，時也。大聖人者，易地則皆然。」此論出自《孟子·離婁下》，可見其受《孟子》思想影響頗深，這符合王安石《雜說》與《孟子》之間的承繼關係（詳見前文）。此外，這則佚文與《精騎》存錄另一則佚文反映的思想頗為接近，後者云：「見唐虞禪即以為公天下，見禹湯繼即以為私天下，以禪為公，則以繼為私矣。此小人不知聖人，而以利心量禹、湯、文、武、周公以為私其子孫而已，何其陋哉。」王安石提出唐、虞、禹、湯、文、武、周公皆為聖人，其心等同，因時而異，故無高下之別，這與上引新輯得佚文中所謂「聖人之所同者，心也；德之所以有上下者，時也」，可以說是一脈相承。這兩則佚文均反映出王安石獨到的「聖人觀」。他在〈三聖人〉更為具體地闡述了這一觀念，文中指出所有的聖人皆等同，沒有任何差異；各聖人表現在外的特色不同，是因時而變所致，「達事之宜而通其變」而已。〔註67〕從《雜說》到〈三聖人〉，可見這是王安石一以貫之的思想。

　　再以第二則佚文為例，其云：「然而湯放、武伐，亦可以無事乎？曰：然。則湯、武者，順乎天，應乎人，其放伐也，猶放伐一夫爾，未聞有事也。」此論出自《周易·革卦·象》「湯武革命，順乎天而應乎人」〔註68〕，以及《孟

〔註67〕〔宋〕王安石：〈三聖人〉，《臨川先生文集》，卷64，收入王水照主編：《王安石全集》第六冊（上海：復旦大學出版社，2017年），頁1161。

〔註68〕〔魏〕王弼、〔晉〕韓康伯註，〔唐〕孔穎達等疏：《周易注疏》（臺北：藝文印書館，1981年，影印清嘉慶二十年江西南昌府學刊本），頁111下欄。

子・梁惠王下》「殘賊之人，謂之一夫。聞誅一夫紂矣，未聞弒君也」〔註69〕。可見，此說乃是發揮《周易》與《孟子》中的「革命」思想而來。而這又與楊繪〈論王安石之文有異志奏〉保存的一則《雜說》佚文頗為相近，其曰：「有伊尹之志，而放君可也。有周公之功，而代兄可也。」〔註70〕二者均肯定湯、武、伊尹、周公等上古聖賢之心志與功業，認為他們順天應人，無可非議。兩則佚文在思想上息息相通，當是同出於王安石《雜說》。

　　綜合上述，可以認為《取善集》、《集義》中存錄的七則佚文確是出自王安石佚著《雜說》。

　　需要說明的是，蒙文通曾利用《取善集》、《集義》等書輯錄王安石《老子注》佚文，其中將部分《雜說》佚文作為《老子注》佚文收入。蒙氏《〈王介甫老子注佚文〉前言》謂：「劉惟永《集義》引《王注》中別有「全義」、「雜說」、「字說」，足見介甫原書之體制，而王元澤注中有「新說」一條，《集義》中又有「丞相新說」一條，知亦介甫書佚文，亦錄入焉。李霖書仲介甫注外有「字說」，有「新說」，有「雜說」，知皆介甫書也，亦並取之。」〔註71〕可見，蒙氏認為「雜說」並非獨立著作，而是王安石《老子注》的一部分，是該書四種體製之一（另三種為「全義」、「字說」、「新說」）。

　　蒙氏此說有可議之處。首先，《雜說》、《字說》均見《郡齋讀書志》等書目著錄，可見其曾單行於世，不當與《老子注》相混。其次，新輯得第一、二則佚文採自李霖《取善集》，原書體例為《老子》原文下，標注「《雜說》曰」云云。與之相較，凡於徵引王安石《老子注》處，皆標注「舒王曰」，於徵引王雱《老子訓傳》處，皆標注「王元澤曰」。由是可見，《雜說》當是與《老子注》、《老子訓傳》平行且獨立的著作，而非《老子注》的一部分。

　　至於《老子注》中為何出現《全義》、《雜說》、《字說》的文句，這應當認為是王安石在《老子注》中徵引自己早年的著述，以證成己說。

　　《雜說》與王安石經解之間存在語句相似、內容相近的情況，這頗值得注

〔註69〕〔漢〕趙岐注，〔宋〕孫奭疏：《孟子注疏》（臺北：藝文印書館，1981年，影印清嘉慶二十年江西南昌府學刊本），頁42上欄。

〔註70〕〔宋〕楊繪：〈論王安石之文有異志奏〉，見曾棗莊、劉琳主編：《全宋文》（上海：上海辭書出版社、合肥：安徽教育出版社，2006年），第72冊，卷1562，頁56。

〔註71〕蒙文通：《道書輯校十种》，收入《蒙文通文集》第六卷（成都：巴蜀書社，2006年），頁674。

意，《精騎》中存錄的佚文，即與王安石《易解》、《論語解》中的部分文句相近。此次從《取善集》、《集義》等書中輯得《雜說》佚文，可以證實是後出的經解採用先出的《雜說》中的文句，有助於進一步釐清《雜說》的體例及與王安石經解之間的關係。

首先，新輯得佚文為詮解《老子》文本的片段，從中可以看到《雜說》的行文模式與體例，乃是針對某一具體的思想命題，緊密圍繞文本的語句展開論說。如佚文第一則取《老子》「上德無為而無以為」，「上仁為之而無以為」，「上義為之而有以為」三句，分別比之為羲皇、堯舜、湯武，進而展開論說。再如第三則緊扣《老子》「無名，天地之始，有名，萬物之母」句立論，第五則專為詮解「似萬物之宗」句。

其次，這種緊扣文本解說的體例，與經注、經解的形式頗為相近，這也使得王安石後來在編輯經解著述時，很自然地就將早年所著《雜說》的文句採錄進來。根據第三至七則佚文所反映王安石《老子注》、王雱《老子訓傳》、劉仲平《老子注》都曾徵引、採錄《雜說》文句的事實，可以明確得出新學經解曾採錄《雜說》舊文成書的結論。

原載《理論界》，2022 年第 10 期，頁 75～82。

引用書目

本目錄中，基本文獻依撰著者時代進行編次；中文專書、單篇論文、學位論文等則依作者姓氏筆畫排列。至於外文著作，置於中文著作之後；日文著作以作者姓氏筆畫為序，西文著作則以作者首字母為序。

一、基本文獻

1. 春秋・孫武撰，三國・曹操等注，楊丙安校理：《十一家注孫子校理》，北京：中華書局，1999 年。

2. 漢・許慎著，清・段玉裁注，許惟賢整理：《說文解字注》，南京：鳳凰出版社，2015 年。

3. 漢・班固撰，唐・顏師古注，中華書局編輯部點校：《漢書》，北京：中華書局，1962 年。

4. 漢・趙岐注，宋・孫奭疏：《孟子注疏》，臺北：藝文印書館，1981 年，影印清嘉慶二十年江西南昌府學刊本。

5. 三國・何晏集解，宋・邢昺疏：《論語注疏》，臺北：藝文印書館，1981 年，影印清嘉慶二十年江西南昌府學刊本。

6. 三國・王弼、晉・韓康伯註，唐・孔穎達等疏：《周易注疏》，臺北：藝文印書館，1981 年，影印清嘉慶二十年江西南昌府學刊本。

7. 晉・陳壽撰，南朝宋・裴松之注，中華書局編輯部點校：《三國志》，北京：中華書局，1982 年。

8. 梁・蕭統編，唐・李善注：《文選》，上海：上海古籍出版社，1986 年。

9. 梁・劉勰著，黃叔琳注，李詳補注，楊明照校注拾遺：《增訂文心雕龍校注》，北京：中華書局，2012 年。

10. 唐・房玄齡等撰，中華書局編輯部點校：《晉書》，北京：中華書局，1974年。

11. 唐・魏徵、唐・令狐德棻撰，中華書局編輯部點校：《隋書》，北京：中華書局，1973年。

12. 唐・韓愈著，劉真倫、岳珍校注：《韓愈文集彙校箋注》，北京：中華書局，2010年。

13. 唐・柳宗元撰，尹占華、韓文奇校注：《柳宗元集校注》，北京：中華書局，2013年。

14. 宋・姚鉉編：《重校正唐文粹》，上海：商務印書館，1922年，四部叢刊初編本。

15. 宋・蔡襄：《端明集》，臺北：臺灣商務印書館，1983年，景印文淵閣四庫全書本。

16. 宋・柳開撰，李可風點校：《柳開集》，北京：中華書局，2015年。

17. 宋・沈括撰，金良年點校：《夢溪筆談》，北京：中華書局，2015年。

18. 宋・歐陽脩著，李逸安點校：《歐陽脩全集》，北京：中華書局，2001年。

19. 宋・蘇洵著，曾棗莊、金成禮箋注：《嘉祐集箋注》，上海：上海古籍出版社，1993年。

20. 宋・曾鞏撰，陳杏珍、晁繼周點校：《曾鞏集》，北京：中華書局，1984年。

21. 宋・程顥、程頤：《二程集》，北京：中華書局，1981年。

22. 宋・蘇軾著，孔凡禮點校：《蘇軾文集》，北京：中華書局，1992年。

23. 宋・蘇轍著，陳宏天、高秀芳點校：《蘇轍集》，中華書局，1990年。

24. 宋・黃庭堅：《豫章先生文集》，日本內閣文庫藏南宋初年刻本。

25. 宋・黃庭堅：《豫章黃先生文集》，臺北國家圖書館藏宋孝宗時刊寧宗時修補本。

26. 宋・馬永卿輯，明・王崇慶解：《元城語錄解》，上海：商務印書館，1939年，叢書集成初編本。

27. 宋・葉夢得：《石林詩話》，北京：中華書局，1991年。

28. 宋・葉夢得撰，宇文紹奕考異，侯忠義點校：《石林燕語》，北京：中華書局，1984年。

29. 宋・胡寅著，劉依平校點：《讀史管見》，長沙：嶽麓書社，2011年。

30. 宋‧李燾撰，上海師範大學古籍整理研究所、華東師範大學古籍整理研究所點校：《續資治通鑑長編》，北京：中華書局，2004 年。

31. 宋‧洪邁撰，孔凡禮點校：《容齋隨筆》，北京：中華書局，2005 年。

32. 宋‧胡仔：《苕溪漁隱叢話》，北京：人民文學出版社，1962 年。

33. 宋‧林之奇編，宋‧呂祖謙集注：《東萊集注類編觀瀾文集》，北京清華大學圖書館藏清光緒十年〔1884〕方功惠碧琳琅館影宋刻本。

34. 宋‧林之奇編，宋‧呂祖謙集注：《東萊集注觀瀾文集》，收入黃靈庚、吳戰壘主編：《呂祖謙全集》第十冊，杭州：浙江古籍出版社，2008 年。

35. 宋‧晁公武著，孫猛校證：《郡齋讀書志校證》，上海：上海古籍出版社，1990 年。

36. 宋‧佚名編：《精騎》，臺北國家圖書館藏南宋孝宗光宗間（1127～1279）刻本。

37. 宋‧呂祖謙：《東萊呂太史文集》，收入黃靈庚主編：《呂祖謙全集》第一冊，杭州：浙江古籍出版社，2008 年。

38. 宋‧呂祖謙：《左氏博議》，收入黃靈庚主編：《呂祖謙全集》第六冊，杭州：浙江古籍出版社，2008 年。

39. 宋‧呂祖謙編，齊治平點校：《宋文鑑》，北京：中華書局，1992 年。

40. 宋‧呂祖謙、宋‧朱熹編，宋‧葉采集解，程水龍校注：《近思錄集解》，北京：中華書局，2017 年。

41. 宋‧呂祖謙選評，宋‧蔡文子增注：《增注東萊呂成公古文關鍵》，北京：北京圖書館出版社，2005 年，《中華再造善本》影印中國國家圖書館藏宋刻本。

42. 宋‧呂祖謙選評：《古文關鍵》，臺北：臺灣商務印書館，1983 年，景印文淵閣四庫全書本。

43. 宋‧呂祖謙選評：《古文關鍵》，收入黃靈庚主編：《呂祖謙全集》第十一冊，杭州：浙江古籍出版社，2008 年。

44. 宋‧朱熹編：《中庸輯略》，臺北：臺灣商務印書館，1983 年，景印文淵閣四庫全書本。

45. 宋‧朱熹撰：《晦庵先生朱文公文集》，收入《朱子全書》第二十三冊，上海：上海古籍出版社、合肥：安徽教育出版社，2002 年。

46. 宋‧樓昉選評：《迂齋先生標注崇古文訣》，日本靜嘉堂文庫藏宋刻本。

47. 宋・樓昉選評：《迂齋先生標注崇古文訣》，臺北國家圖書館藏元刻本。

48. 宋・樓昉選評：《迂齋先生標注崇古文訣》，北京：北京圖書館出版社，2005 年，《中華再造善本》影印中國國家圖書館藏元刻本。

49. 宋・樓昉選評：《崇古文訣》，臺北：臺灣商務印書館，1983 年，景印文淵閣四庫全書本。

50. 宋・真德秀編：《文章正宗》，北京：北京圖書館出版社，2005 年，《中華再造善本》影印中國國家圖書館藏元刻明修本。

51. 宋・真德秀編：《文章正宗》，臺北：臺灣商務印書館，1983 年，景印文淵閣四庫全書本。

52. 宋・衛湜：《禮記集說》，臺北：臺灣商務印書館，1983 年，景印文淵閣四庫全書本。

53. 宋・陳振孫撰，徐小蠻、顧美華點校：《直齋書錄解題》，上海：上海古籍出版社，1987 年。

54. 宋・李心傳：《建炎以來繫年要錄》，北京：中華書局，1988 年。

55. 宋・岳珂撰，朗潤點校：《愧郯錄》，北京：中華書局，2016 年。

56. 宋・岳珂：《桯史》，北京：中華書局，1981 年。

57. 宋・陳傅良撰，宋・方逢辰批點：《蛟峰批點止齋論祖》，濟南：齊魯書社，1997 年，四庫全書存目叢書影印中國南京圖書館藏明成化六年（1470）刻本。

58. 宋・陳傅良著，周夢江點校：《陳傅良文集》，杭州：浙江大學出版社，1999 年。

59. 宋・陳耆卿著，曹莉亞點校：《陳耆卿集》，杭州：浙江大學出版社，2010 年。

60. 宋・陳耆卿：《嘉定赤城志》，臺北：臺灣商務印書館，1983 年，景印文淵閣四庫全書本。

61. 宋・張世南撰，張茂鵬點校：《游宦紀聞》，北京：中華書局，1981 年。

62. 宋・葉適著，劉公純、王孝魚、李哲夫點校：《葉適集》，北京：中華書局，2010 年。

63. 宋・葉適：《習學記言序目》，北京：中華書局，1977 年。

64. 宋・樓鑰著，顧大朋點校：《樓鑰集》，杭州：浙江古籍出版社，2010 年。

65. 宋・王十朋：《王十朋全集》，上海：上海古籍出版社，2012 年。

66. 宋‧袁采:《袁氏世範》,臺北:新文豐出版公司,1985 年,叢書集成新編本。

67. 宋‧江少虞:《宋朝事實類苑》,上海:上海古籍出版社,1981 年。

68. 宋‧陸游撰,李劍雄、劉德權點校:《老學庵筆記》,北京:中華書局,2019 年。

69. 宋‧楊萬里著,辛更儒箋校:《楊萬里集箋校》,北京:中華書局,2007 年。

70. 宋‧張淏撰,張宗祥校錄:《雲谷雜記》,北京:中華書局,1958 年。

71. 宋‧周輝撰,劉永翔校注:《清波雜志校注》,北京:中華書局,1994 年。

72. 宋‧周密撰,張茂鵬點校:《齊東野語》,北京:中華書局,1983 年。

73. 宋‧趙昇著,王瑞來點校:《朝野類要》,北京:中華書局,2000 年。

74. 宋‧劉克莊著,辛更儒箋校:《劉克莊集箋校》,北京:中華書局,2011 年。

75. 宋‧黎靖德編,王星賢點校:《朱子語類》,北京:中華書局,1986 年。

76. 宋‧羅璧:《羅氏識遺》,北京:中華書局,1991 年,影印叢書集成初編本。

77. 宋‧舊題岳珂:《刊正九經三傳沿革例》,北京:中華書局,1985 年,影印叢書集成初編本。

78. 宋‧吳子良:《林下偶談》,北京:中華書局,1985 年,影印叢書集成初編本。

79. 宋‧祝穆撰,宋‧祝洙增訂,施和金點校:《方輿勝覽》,北京:中華書局,2003 年。

80. 宋‧祝穆編:《古今事文類聚》,臺北:臺灣商務印書館,1983 年,景印文淵閣四庫全書本。

81. 宋‧羅大經撰,王瑞來點校:《鶴林玉露》,北京:中華書局,1983 年。

82. 宋‧王應麟著,張驍飛點校:《詞學指南》,北京:中華書局,2010 年。

83. 宋‧王應麟撰,武秀成、趙庶洋校證:《玉海藝文校證》,南京:鳳凰出版社,2013 年。

84. 宋‧劉黻著,陳光熙點校:《劉黻集》,上海:上海科學院出版社,2006 年。

85. 宋‧湯漢編:《東澗先生妙絕今古文選》,北京:北京圖書館出版社,2005 年,《中華再造善本》影印中國國家圖書館藏元刻本。

86. 宋·劉辰翁著，吳企明校注：《劉辰翁詞校注》，上海：上海古籍出版社，2015 年。

87. 宋·袁樞編，宋·蔡文子撮要：《袁氏通鑑紀事本末撮要》，北京：北京圖書館出版社，2005 年，《中華再造善本》影印中國國家圖書館藏宋刻本。

88. 宋·黃榦：《勉齋集》，臺北：臺灣商務印書館，1983 年，景印文淵閣四庫全書本。

89. 宋·黃震：《黃氏日抄》，臺北：臺灣商務印書館，景印文淵閣四庫全書本，1983 年。

90. 宋·鄧牧：《伯牙琴》，臺北：臺灣商務印書館，景印文淵閣四庫全書本，1983 年。

91. 宋·陽枋：《字溪集》，臺北：臺灣商務印書館，1983 年，景印文淵閣四庫全書本。

92. 宋·黃公度：《知稼翁集》，臺北：臺灣商務印書館，1983 年，景印文淵閣四庫全書本。

93. 宋·王柏：《魯齋集》，臺北：臺灣商務印書館，1983 年，景印文淵閣四庫全書本。

94. 宋·徐經孫：《矩山存稿》，臺北：臺灣商務印書館，1983 年，景印文淵閣四庫全書本。

95. 宋·魏天應編選，宋·林子長箋解：《論學繩尺》，臺北：臺灣商務印書館，1983 年，景印文淵閣四庫全書本。

96. 宋·佚名編：《策學繩尺》，中國國家圖書館藏清鈔本。

97. 宋·魏齊賢、葉棻編：《五百家播芳大全文粹》，臺北：臺灣商務印書館，1983 年，景印文淵閣四庫全書本。

98. 宋·佚名編：《附釋文互注禮部韻略》，上海：上海商務印書館，1934 年，四部叢刊續編影印常熟瞿氏鐵琴銅劍樓藏宋刊本。

99. 宋·蔡元定：《西山公集》，收入明·蔡元鼎輯：《蔡氏九儒書》，濟南：齊魯書社，1997 年，四庫全書存目叢書影印遼寧省圖書館藏清雍正十一年（1733）蔡氏重刻本。

100. 宋·劉遠可輯：《璧水群英待問會元》，上海：上海古籍出版社，2002 年，續修四庫全書影印南京圖書館藏明麗澤堂活字本。

101. 宋·佚名編：《群書會元截江網》，臺北：臺灣商務印書館，1983 年，景

印文淵閣四庫全書本。

102. 宋‧梁克家纂修:《淳熙三山志》,北京:中華書局,1990 年,宋元方志叢刊影印明崇禎十一年(1638)刻本。

103. 宋‧陳霖纂修:《南康府志》,上海:上海古籍書店,1972 年,《天一閣藏明代方志選刊》影印明正德十五年(1520)刻本。

104. 宋‧劉壎:《隱居通議》,北京:中華書局,1985 年,影印叢書集成初編本。

105. 宋‧陳耆卿著,曹莉亞點校:《陳耆卿集》,杭州:浙江大學出版社,2010 年。

106. 宋‧戴表元:《剡源戴先生文集》,臺北:臺灣商務印書館,1983 年,景印文淵閣四庫全書本。

107. 宋‧舒岳祥:《閬風集》,臺北:臺灣商務印書館,1983 年,景印文淵閣四庫全書本。

108. 宋‧劉震孫編:《新編諸儒批點古今文章正印》,臺北故宮博物院藏南宋咸淳九年(1273)刻本。

109. 宋‧方頤孫編:《繡藻文章百段錦》,中國國家圖書館藏明嘉靖元年(1522)刻本。

110. 宋‧方頤孫編:《繡藻文章百段錦》,臺北國家圖書館藏明嘉靖元年(1522)刻本。

111. 宋‧方頤孫編:《太學新編繡藻文章百段錦》,上海:上海古籍出版社,續修四庫全書影印中國國家圖書館藏明弘治刻本。

112. 宋‧王霆震編:《新刻諸儒批點古文集成前集》,北京:北京圖書館出版社,2005 年,《中華再造善本》影印中國國家圖書館藏宋刻本。

113. 宋‧王霆震編:《古文集成》,臺北:臺灣商務印書館,1983 年,景印文淵閣四庫全書本。

114. 宋‧謝枋得選評:《疊山先生批點文章軌範》,北京:北京圖書館出版社,2005 年,《中華再造善本》影印中國國家圖書館藏元刻本。

115. 宋‧謝枋得選評:《文章軌範》,臺北:臺灣商務印書館,1983 年,景印文淵閣四庫全書本。

116. 宋‧舊題饒輝編:《圈點龍川水心二先生文粹》,臺北國家圖書館藏宋刻本。

117. 宋・虞祖南編次，宋・虞夔箋注：《二十先生回瀾文鑑》，中國南京圖書館藏宋刻本。

118. 宋・虞祖南編次，宋・虞夔箋注：《二十先生回瀾文鑑》，中國寧波天一閣博物館藏明鈔本。

119. 宋・馬栝等編：《類編標注文公先生經濟文衡》，北京：北京圖書館出版社，2005年，《中華再造善本》影印清華大學圖書館藏元泰定元年（1324）刻本。

120. 金・王若虛著，胡傳志、李定乾校注：《滹南遺老集校注》，瀋陽：遼海出版社，2006年。

121. 元・佚名編：《類編層瀾文選》，北京：北京圖書館出版社，2005年，《中華再造善本》影印上海圖書館藏元雲坡家塾刻本。

122. 元・譚金孫等編：《新刊增入文筌諸儒奧論策學統宗》，臺北國家圖書館藏元刻本。

123. 元・趙孟頫著，錢偉彊校點：《趙孟頫集》，杭州：浙江古籍出版社，2012年。

124. 元・潘昂霄：《金石例》，臺北：商務印書館，1983年，景印文淵閣四庫全書本。

125. 元・吳澄：《吳文正集》，臺北：臺灣商務印書館，1983年，景印文淵閣四庫全書本。

126. 元・吳師道：《敬鄉錄》，臺北：臺灣商務印書館，1983年，景印文淵閣四庫全書本。

127. 元・方回：《桐江續集》，臺北：臺灣商務印書館，1983年，景印文淵閣四庫全書本。

128. 元・程端禮：《程氏家塾讀書分年日程》，上海：商務印書館，1934年，四部叢刊續編影印常熟瞿氏鐵琴銅劍樓藏元刊本。

129. 元・馬端臨撰：《文獻通考》，北京：中華書局，2011年。

130. 元・脫脫等撰，中華書局編輯部點校：《宋史》，北京：中華書局，1985年。

131. 元・袁桷著，楊亮校注：《袁桷集校注》，北京：中華書局，2012年。

132. 元・袁桷撰：《延祐四明志》，臺北：成文出版社，1983年，中國方志叢書影印清咸豐四年（1854）刊本。

133. 元・王惲撰，楊曉春點校：《玉堂嘉話》，北京：中華書局，2006年。

134. 明・彭大翼：《山堂肆考》，臺北：臺灣商務印書館，1983 年，景印文淵閣四庫全書本。

135. 明・吳訥：《文章辨體序說》，北京：人民文學出版社，1962 年。

136. 明・何喬新：《椒邱文集》，臺北：臺灣商務印書館，1983 年，景印文淵閣四庫全書本。

137. 明・朱舜水著，朱謙之整理：《朱舜水集》，北京：中華書局，1981 年。

138. 明・羅貫中著，清・毛宗崗批評：《毛宗崗批評三國演義》，濟南：齊魯書社，2014 年。

139. 明・唐順之著，馬美信、黃毅點校：《唐順之集》，杭州：浙江古籍出版社，2014 年。

140. 明・茅坤編：《唐宋八大家文鈔》，臺北：臺灣商務印書館，1983 年，景印文淵閣四庫全書本。

141. 明・應廷育：《金華先民傳》，民國十三年（1924）續金華叢書本。

142. 明・馮繼科纂修：《建陽縣志》，上海：上海古籍書店，1962 年，《天一閣藏明代方志選刊》影印明嘉靖三十二年（1533）刻本。

143. 清・錢謙益：《牧齋初學集》，上海：上海古籍出版社，2009 年。

144. 清・清高宗弘曆選，允祿等編：《御選唐宋文醇》，臺北：臺灣商務印書館，1983 年，景印文淵閣四庫全書本。

145. 清・蔡世遠編：《古文雅正》，臺北：臺灣商務印書館，1983 年，景印文淵閣四庫全書本。

146. 清・彭瑞元等撰，徐德明標點：《天祿琳琅書目後編》，上海：上海古籍出版社，2007 年。

147. 清・永瑢等撰：《四庫全書總目》，北京：中華書局，1965 年。

148. 清・董誥等編：《全唐文》，北京：中華書局，1983 年。

149. 清・季振宜：《季蒼葦藏書目》，上海：商務印書館，1935 年，叢書集成初編本。

150. 清・郭尚先：《芳堅館題跋》，杭州：浙江人民美術出版社，2018 年。

151. 清・閻若璩：《尚書古文疏證》，上海：上海書店出版社，2012 年。

152. 清・徐松輯：《宋會要輯稿》，北京：中華書局，1957 年。

153. 清・錢泰吉：《曝書雜記》，北京：中華書局，1985 年，影印叢書集成初編本。

154. 清・倪燦：《宋史藝文志補》，上海：商務印書館，1935 年，叢書集成初編本。

155. 清・黃宗羲：《明文海》，北京：中華書局，1987 年。

156. 清・黃宗羲原撰，清・全祖望補修，陳金生、梁運華點校：《宋元學案》，北京：中華書局，1986 年。

157. 清・王梓材、清・馮雲濠編撰，沈芝盈、梁運華點校：《宋元學案補遺》，北京：中華書局，2012 年。

158. 清・全祖望撰，朱鑄禹彙校集注：《全祖望集彙校集注》，上海：上海古籍出版社，2018 年。

159. 清・趙翼：《陔餘叢考》，北京：中華書局，1963 年。

160. 清・厲鶚：《宋詩紀事》，北京：中華書局，1983 年。

161. 清・王拯：《歸方評點史記合筆》，哈佛大學燕京圖書館藏清光緒元年（1875）刻本。

162. 清・薛熙纂、何潔輯：《明文在》，臺北：臺灣華文書局，1967 年。

163. 清・姚鼐著，劉季高點校：《惜抱軒詩文集》，上海：上海古籍出版社，2010 年。

164. 清・姚鼐纂集，胡士明、李祚唐標校：《古文辭類纂》，上海：上海古籍出版社，2016 年。

165. 清・曾國藩著，王澧華點校：《曾國藩詩文集》，上海：上海古籍出版社，2005 年。

166. 清・曾國藩編：《經史百家簡編》，光緒十七年（1891）求實齋叢書本。

167. 清・章學誠著，葉瑛校注：《文史通義校注》，北京：中華書局，1985 年。

168. 清・章學誠撰，葉瑛校注，靳斯點校：《校讎通義》，北京：中華書局，1985 年。

169. 清・陸心源：《儀顧堂題跋　續跋》，北京：中華書局，1990 年。

170. 清・陸心源著，馮惠民整理：《儀顧堂書目題跋彙編》，北京：中華書局，2009 年。

171. 清・吳楚材、吳調侯編：《古文觀止》，北京：中華書局，1959 年。

172. 清・丁丙：《善本書室藏書志》，北京：中華書局，1990 年。

173. 清・何文煥輯：《歷代詩話》，北京：中華書局，1981 年。

174. 清・葉德輝著：《書林清話》，北京：中華書局，1957 年。

175. 清‧吳曾祺：《文體芻言》，收入氏著：《涵芬樓文談》，上海：商務出版社，1933 年。

176. 清‧石景芬等纂：《饒州府志》，臺北：成文出版社，1975 年，中國方志叢書影印清同治十一年（1872）刊本。

177. 清‧汪元祥等纂：《樂平縣志》，臺北：成文出版社，1975 年，中國方志叢書影印清同治九年（1870）刻刊本。

178. 清‧區作霖纂修：《餘干縣志》，臺北：成文出版社，1975 年，中國方志叢書影印清同治十一年（1872）刊本。

179.《全宋詩》，北京：北京大學出版社，1998 年。

180.《全宋文》，上海：上海辭書出版社、合肥：安徽教育出版社，2006 年。

181.《全元文》，南京：江蘇古籍出版社，1998 年。

182.《道藏》，北京：文物出版社，上海：上海書店，天津：天津古籍出版，1988 年。

二、近人論著

（一）專書論著

1. 于北山：《楊萬里年譜》，北京：中華書局，2017 年。

2. 王水照：《走馬塘集》，上海：復旦大學出版社，2016 年。

3. 王汎森：《思想是生活的一種方式：中國近代思想史的再思考》，北京：北京大學出版社，2018 年。

4. 王基倫：《宋代文學論集》，臺北：臺灣學生書局，2016 年。

5. 王瑞來：《近世中國：從唐宋變革到宋元變革》，太原：山西教育出版社，2015 年。

6. 王瑞來：《士人走向民間：宋元變革與社會轉型》，桂林：廣西師範大學出版社，2023 年。

7. 王重民：《中國善本書提要》，上海：上海古籍出版社，1983 年。

8. 王國維：《靜安文集續編》，收入《王觀堂先生全集》第五冊，臺北：臺灣大通書局，1976 年。

9. 王夢鷗：《傳統文學論衡》，臺北：時報文化，1987 年。

10. 孔凡禮撰：《蘇軾年譜》，北京：中華書局，1998 年。

11. 中國古籍總目編纂委員會編：《中國古籍總目　集部》，北京：中華書局，

2012 年。

12. 中華再造善本工程編纂出版委員會編著：《中華再造善本總目提要・唐宋編》，北京：國家圖書館出版社，2013 年。

13. 中華再造善本工程編纂出版委員會編著：《中華再造善本總目提要・金元編》，北京：國家圖書館出版社，2013 年。

14. 天一閣博物館編：《天一閣博物館藏古籍善本書目》，北京：國家圖書館出版社，2016 年。

15. 仇小屏：《《古文關鍵》文章論》，臺北：萬卷樓圖書公司，2010 年。

16. 包偉民：《走向自覺：中國近古歷史研究論集》，北京：中華書局，2019 年。

17. 史偉：《宋元之際士人階層分化與詩學思想研究》，北京：人民文學出版社，2013 年。

18. 向達：《唐代長安與西域文明》，北京：生活・讀書・新知三聯書店，1957 年。

19. 任競澤：《宋代文體學研究論稿》，北京：商務印書館，2011 年。

20. 全漢昇：《中國經濟史論叢》，香港：新亞研究所，1972 年。

21. 朱迎平：《宋代刻書產業與文學》，上海：上海古籍出版社，2008 年。

22. 朱剛：《唐宋「古文運動」與士大夫文學》，上海：復旦大學出版社，2013 年。

23. 余英時：《朱熹的歷史世界：宋代士大夫政治文化的研究》，北京：生活・讀書・新知三聯書店，2011 年。

24. 余敦康：《漢宋易學解讀》，北京：中華書局，2017 年。

25. 何忠禮：《南宋科舉制度史》，北京：人民出版社，2009 年。

26. 何寄澎：《北宋的古文運動》，上海：上海古籍出版社，2011 年。

27. 吳錚強：《文本與書寫：宋代的社會史──以杭州、溫州等地方為例》，北京：社會科學文獻出版社，2019 年。

28. 吳承學：《中國古典文學風格學》，北京：北京大學出版社，2011 年。

29. 吳承學：《近古文章與文體學研究》，廣州：廣東教育出版社，2020 年。

30. 李華瑞：《宋史論集》，保定：河北大學出版社，2001 年。

31. 李裕民：《宋史考論》，北京：科學出版社，2009 年。

32. 李德輝：《全唐文作者小傳正補》，瀋陽：遼海出版社，2011 年。

33. 李弘祺：《學以為己：傳統中國的教育》，香港：香港中文大學出版社，2012 年。

34. 李建軍：《宋代浙東文派研究》，北京：中華書局，2013 年。

35. 谷曙光：《貫通與駕馭：宋代文體學述論》，北京：人民文學出版社，2016 年。

36. 杜海軍：《呂祖謙文學研究》，北京：學苑出版社，2003 年。

37. 杜澤遜：《四庫存目標注》，上海：上海古籍出版社，2007 年。

38. 沈俊平：《舉業津梁：明中葉以後坊刻制舉用書的生產與流通》，臺北：臺灣學生書局，2009 年。

39. 沈松勤：《唐宋詞社會文化學研究》，杭州：浙江大學出版社，2007 年。

40. 辛德勇：《中國印刷史研究》，北京：生活・讀書・新知三聯書店，2016 年。

41. 苗書梅：《宋代官員的選任與管理制度》，開封：河南大學出版社，1996 年。

42. 周勛初：《文史探微》，收入《周勛初文集》第三卷，南京：江蘇古籍出版社，2000 年。

43. 周予同著，朱維錚編：《周予同經學史論著選集》，上海：上海人民出版社，1996 年。

44. 林申清編著：《中國藏書家印鑒》，上海：上海書店出版社，1997 年。

45. 林巖：《北宋科舉考試與文學》，上海：上海古籍出版社，2006 年。

46. 林崗：《明清小說評點》，北京：北京大學出版社，2012 年。

47. 屈萬里、昌彼得著，潘美月增訂：《圖書板本學要略》，臺北：中國文化大學出版部，1986 年。

48. 侯外盧等主編：《宋明理學史》，北京：人民出版社，1997 年。

49. 胡昭曦：《宋理宗　宋度宗》，長春：吉林文史出版社，1996 年。

50. 胡昭曦：《旭水齋存稿》，成都：四川大學出版社，2012 年。

51. 故宮博物院編：《國立故宮博物院善本舊籍總目》，臺北：故宮博物院，1983 年。

52. 南京圖書館編：《南京圖書館珍本圖錄》，南京：江蘇人民出版社，2007 年。

53. 祝尚書：《宋代科舉與文學考論》，鄭州：大象出版社，2006 年。

54. 祝尚書：《宋代文學探討集》，鄭州：大象出版社，2006 年。

55. 祝尚書：《宋代科舉與文學》，北京：中華書局，2008 年。

56. 祝尚書：《北宋古文運動發展史》，北京：北京大學出版社，2012 年。

57. 祝尚書：《宋元文章學》，北京：中華書局，2013 年。

58. 祝尚書：《宋代文學探討集續編》，上海：復旦大學出版社，2019 年。

59. 祝尚書：《宋人總集敍錄（增訂本）》，北京：中華書局，2019 年。

60. 祝尚書：《宋人別集敍錄（增訂本）》，北京：中華書局，2020 年。

61. 柳立言：《宋代的家庭與法律》，上海：上海古籍出版社，2008 年。

62. 侯雅文：《李夢陽的詩學與和同文化思想》，臺北：大安出版社，2009 年。

63. 侯體健：《劉克莊的文學世界──晚宋文學生態的一種考察》，上海：復旦大學出版社，2013 年。

64. 侯體健：《士人身份與南宋詩文研究》，上海：復旦大學出版社，2018 年。

65. 陳寅恪：《金明館叢稿初編》，北京：生活·讀書·新知三聯書店，2001 年。

66. 陳寅恪：《金明館叢稿二編》，北京：生活·讀書·新知三聯書店，2001 年。

67. 陳來：《朱熹書信編年考證》，上海：上海人民出版社，1989 年。

68. 陳來：《宋明理學》，上海：華東師範大學出版社，2004 年。

69. 陳垣：《史諱舉例》，收入《陳援菴先生全集》第十三冊，臺北：新文豐出版公司，1993 年。

70. 陳植鍔：《北宋文化史述論》，北京：中國社會科學出版社，1992 年。

71. 陳弱水：《公共意識與中國文化》，臺北：聯經出版有限公司，2005 年。

72. 夏長樸：《李覯與王安石研究》，臺北：大安出版社，1989 年。

73. 夏長樸：《北宋儒學與思想》，臺北：大安出版社，2015 年。

74. 高克勤：《王安石與北宋文學研究》，上海：復旦大學出版社，2006 年。

75. 徐洪興：《思想的轉型──理學發生過程研究》，上海：上海人民出版社，1996 年。

76. 莫友芝撰，傅增湘訂補，傅熹年整理：《藏園訂補邵亭知見傳本書目》，北京：中華書局，2009 年。

77. 莫友芝：《宋元舊本書經眼錄》，上海：上海古籍出版社，2009 年。

78. 郭英德：《中國古代文體學論稿》，北京：北京大學出版社，2005 年。

79. 郭紹虞：《中國文學批評史》，上海：上海古籍出版社，1979 年。

80. 郭紹虞：《宋詩話輯佚》，北京：中華書局，1980 年。

81. 張鈞衡：《適園藏書志》，臺北：廣文書局，1968 年。

82. 張乃熊：《菦圃善本書目》，臺北：廣文書局，1969 年。

83. 張秀民：《中國印刷史》，上海：上海人民出版社，1989 年。

84. 張智華：《南宋的詩文選本研究》，北京：北京師範大學出版社，2002 年。

85. 張伯偉：《唐五代詩格彙考》，南京：江蘇古籍出版社，2002 年。

86. 張廣達：《史家、史學與現代學術》，桂林：廣西師範大學出版社，2008 年。

87. 張金嶺：《晚宋時期財政危機研究》，成都：四川大學出版社，2001 年。

88. 張金嶺：《宋理宗研究》，北京：人民出版社，2008 年。

89. 張政烺：《文史叢考》，北京：中華書局，2012 年。

90. 張海鷗：《宋代文章學與文體形態研究》，廣州：中山大學出版社，2018 年。

91. 張健：《宋代文學論考》，北京：中華書局，2019 年。

92. 宿白：《唐宋時期的雕版印刷》，北京：文物出版社，1999 年。

93. 梁庚堯：《宋代科舉社會》，臺北：臺灣大學出版中心，2015 年。

94. 國家圖書館特藏組編：《國家圖書館善本書志初稿　子部二》，臺北：臺北國家圖書館，1998 年。

95. 國家圖書館特藏組編：《國家圖書館善本書志初稿　集部四》，臺北：國家圖書館，1998 年。

96. 曹明綱：《賦學論稿》，上海：上海古籍出版社，2012 年。

97. 曹南屏：《閱讀變遷與知識轉型：晚清科舉考試用書研究》，北京：社會科學文獻出版社，2018 年。

98. 馮志泓：《北宋古文運動的形成》，上海：上海古籍出版社，2009 年。

99. 黃寬重：《晚宋朝臣對國是的爭議：理宗時代的和戰、邊防與流民》，臺北：臺灣大學文學院，1978 年。

100. 黃寬重：《孫應時的學宦生涯：道學追隨者對南宋中期政局變動的因應》，臺北：臺灣大學出版中心，2018 年。

101. 黃寬重：《藝文中的政治》，臺北：臺灣商務印書館，2019 年。

102. 葛兆光：《中國思想史導論：思想史的寫法》，上海：復旦大學出版社，2013 年。

103. 葛兆光：《中國思想史第二卷：七世紀至十九世紀中國的知識、思想與信仰》，上海：復旦大學出版社，2013 年。

104. 傅增湘：《藏園羣書經眼錄》，北京：中華書局，2009 年。

105. 傅增湘:《藏園羣書題記》,上海:上海古籍出版社,1989 年。

106. 楊慶存:《宋代散文研究》,北京:人民文學出版社,2002 年。

107. 蒙文通:《史學甄微》,收入蒙默編:《蒙文通全集》第二卷,成都:巴蜀書社,2015 年。

108. 蒙文通:《道書輯校十種》,收入蒙默編:《蒙文通文集》第六卷,成都:巴蜀書社,2015 年。

109. 鄧廣銘:《鄧廣銘治史叢稿》,北京:北京大學出版社,2010 年。

110. 鄧廣銘:《北宋政治改革家王安石》,北京:生活·讀書·新知三聯書店,2007 年。

111. 鄧小南:《朗潤學史叢稿》,北京:中華書局,2010 年。

112. 漆俠:《宋學的發展和演變》,保定:河北人民出版社,2002 年。

113. 聞一多:《神話與詩》,收入《聞一多全集》第一冊,北京:生活·讀書·新知三聯書店,1983 年。

114. 鄭騫:《永嘉室雜文》,臺北:洪範書店,1993 年。

115. 廖可斌:《復古派與明代文學思潮》,臺北:文津出版社,1994 年。

116. 魯迅:《集外集》,收入《魯迅全集》第七卷,北京:人民文學出版社,2006 年。

117. 潘吉星:《中國造紙史》,上海:上海人民出版社,2009 年。

118. 劉薔:《天祿琳琅知見書錄》,北京:北京大學出版社,2017 年。

119. 劉成國:《荊公新學研究》,上海:上海古籍出版社,2006 年。

120. 劉成國:《王安石年譜長編》,北京:中華書局,2018 年。

121. 駱兆平編著:《天一閣遺存書目》,北京:中華書局,1996 年。

122. 錢基博:《版本通義》,臺北:臺灣商務印書館,1985 年。

123. 錢穆:《四書釋義》,收入《錢賓四先生全集》第二冊,臺北:聯經出版有限公司,1998 年。

124. 錢穆:《宋明理學概述》,收入《錢賓四先生全集》第九冊,臺北:聯經出版有限公司,1998 年。

125. 錢穆:《中國學術思想史論叢(四)》,收入《錢賓四先生全集》第十九冊,臺北:聯經出版有限公司,1998 年。

126. 鄺健行:《科舉考試文體論稿——律賦與八股文》,臺北:臺灣書店,1999 年。

127. 戴聯斌：《從書籍史到閱讀史：閱讀史研究的理論與方法》，北京：新星出版社，2017 年。

128. 謝水順、李珽：《福建古代刻書》，福州：福建人民出版社，1997 年。

129. 羅宗強：《隋唐五代文學思想史》，上海：上海古籍出版社，1986 年。

130. 羅聯添：《唐代文學論集》，臺北：學生書局，1989 年。

131. 羅根澤：《中國文學批評史》，上海：上海古籍出版社，1984 年。

132. 嚴紹璗：《日本藏宋人文集善本鉤沈》，杭州：杭州大學出版社，1996 年。

133. 蘇精：《近代藏書三十家》，臺北：傳記文學出版社，1983 年。

134. 饒宗頤：《中國史學上之正統論》，北京：中華書局，2015 年。

135. 龔宗傑：《明代文話研究》，北京：中華書局，2019 年。

136. 龔延明：《宋代官制辭典》，北京：中華書局，1997 年。

137. 龔延明、祖慧編著：《宋代登科總錄》，桂林：廣西師範大學出版社，2014 年。

138. 龔鵬程：《詩史本色與妙悟》，臺北：臺灣學生書局，1993 年。

139. 龔鵬程：《文學批評的視野》，武漢：華中師範大學出版社，2011 年。

140. 〔日〕小野四平：《韓愈と柳宗元──唐代古文序說》，東京：汲古書院，1995 年。

141. 〔日〕川合康三：劉維治、張劍、蔣寅譯：《終南山的變容：中唐文學論集》，上海：上海古籍出版社，2013 年。

142. 〔日〕井上進：《中國出版文化史：書物世界と知の風景》，名古屋：名古屋大學出版會，2002 年。

143. 〔日〕內藤湖南著，林曉光譯：《東洋文化史研究》，上海：復旦大學出版社，2016 年。

144. 〔日〕內山精也著，朱剛、張淘、劉靜等譯，慈波校譯：《廟堂與江湖：宋代詩學的空間》，上海：復旦大學出版社，2017 年。

145. 〔日〕古林森廣：《中国宋代の社会と経済》，東京：國書刊行會，1995 年。

146. 〔日〕吉川幸次郎著，鄭清茂譯：《宋詩概說》，臺北：聯經出版有限公司，2012 年。

147. 〔日〕阿部隆一：《增訂中國訪書志》，東京：汲古書院，1983 年。

148. 〔日〕禿氏祐祥：《東洋印刷史序說》，京都：平樂寺書店，1951 年。

149.〔日〕近藤一成：《宋代中国科挙社会の研究》，東京：汲古書院，2009年。

150.〔日〕河田羆著，杜澤遜等點校：《靜嘉堂秘籍志》，上海：上海古籍出版社，2016年。

151.〔日〕藤田豐八著，池田宏編：《劍峯遺草》，東京：國書刊行会，1974年。

152.〔日〕島田虔次：《朱子学と陽明学》，東京：岩波書店，1967年。

153.〔日〕高津孝著，潘世聖等譯：《科舉與詩藝：宋代文學與士人社會》，上海：上海古籍出版社，2013年。

154.〔日〕楠本正繼：《宋明時代儒学思想の研究》，千葉：広池学園出版部，1962年。

155.〔日〕喬秀岩：《文獻學讀書記》，北京：生活・讀書・新知三聯書店，2018年。

156.〔日〕靜嘉堂文庫編：《靜嘉堂文庫宋元版圖錄　解題篇》，東京：汲古書院，1992年。

157.〔美〕艾爾曼：《經學、科舉、文化史：艾爾曼自選集》，北京：中華書局，2010年。

158.〔美〕卡特著，吳澤炎譯：《中國印刷術的發明和它的西傳》，北京：商務印書館，1957年。

159.〔美〕包筠雅著，劉永華譯：《文化貿易：清代至民國時期四堡的書籍交易》，北京：北京大學出版社，2015年。

160.〔美〕江文思、安樂哲編：《孟子心性之學》，北京：社會科學文獻出版社，2005年。

161.〔美〕伊沛霞著，趙世瑜、趙世玲、張宏豔譯：《插圖劍橋中國史》，濟南：山東畫報出版社，2001年。

162.〔美〕何谷理著，劉詩秋譯：《明清插圖本小說閱讀》，北京：生活・讀書・新知三聯書店，2019年。

163.〔美〕何予明著譯：《家園與天下：明代書文化與尋常閱讀》，北京：中華書局，2019年。

164.〔美〕周紹明著，何朝暉譯：《書籍的社會史：中華帝國晚期的書籍與士人文化》，北京：北京大學出版社，2009年。

165.〔美〕柏文莉著，劉雲軍譯：《權力關係：宋代中國的家族、地位與國家》，

南京：江蘇人民出版社，2015 年。

166. 〔美〕高彥頤著，李達生譯：《閨塾師——明末清初江南的才女文化》，南京：江蘇人民出版社，2005 年。

167. 〔美〕賈志揚：《宋代科舉》，臺北：東大圖書公司，1995 年。

168. 〔美〕賈晉珠著，邱葵、鄒秀英、柳穎、劉倩、李國慶譯：《謀利而印：11 至 17 世紀福建建陽的商業出版者》，福州：福建人民出版社，2019 年。

169. 〔美〕劉子健：《兩宋史研究彙編》，臺北：聯經出版有限公司，1987 年。

170. 〔美〕劉子健著，趙冬梅譯：《中國轉向內在：兩宋之際的文化轉向》，南京：江蘇人民出版社，2002 年。

171. 〔比利時〕魏希德著，胡永光譯：《義旨之爭：南宋科舉規範之折衝》，杭州：浙江大學出版社，2016 年。

172. 〔法〕布爾迪厄著，包亞明譯：《文化資本與社會煉金術：布爾迪厄訪談錄》，上海：上海人民出版社，1997 年。

173. 〔法〕熱奈特，史忠義譯：《熱奈特論文選》，開封：河南大學出版社，2009 年。

174. 〔法〕羅杰・夏蒂埃著，吳泓緲、張璐譯：《書籍的秩序：14 至 18 世紀的書寫文化與社會》，北京：商務印書館，2013 年。

175. Benjamin A. Elman. *A Cultural History of Civil Examinations in Late Imperial China*. Berkeley: University of California Press, 2000.

176. Daniel Gardner. *Learning to be a sage: selections from the Conversations of Master Chu, Arranged Topically*, CA: University of California Press, 1990.

177. Donald F. McKenzie. *Bibliography and the Sociology of Texts*. New York: Cambridge University Press, 1999.

178. Ellen Neskar. *Politics and Prayer: Shrines to Local Former Worthies in Sung China (960-1279)*, Cambridge, MA: Harvard University Asia Center, 2001.

179. Lee Sukhee. *Negotiated Power: The State, Elites, and Local Governance in Twelfth- to Fourteenth-Century China*. Cambridge, MA: Harvard University Asia Center, 2014.

180. Linda Walton. *Academies and Society in Southern Sung China*. Honolulu: University of Hawaii Press, 1999.

181. Ping-ti Ho. *The Ladder of Success in Imperial China: Aspects of Social*

Mobility, 1368~1911. New York: Columbia University Press, 1962.

182. Paul Jakov Smith and Richard von Glahn. edit, *The Song-Yuan-Ming Transition in Chinese History.* Cambridge, MA: Harvard University Press, 2003.

183. Robert Hymes. *Statesmen and Gentlemen: The Elite of Fu-Chou, Chiang-Hsi, in Northern and Southern Sung.* New York: Cambridge University Press, 1986.

（二）單篇論文

1. 丁四新：〈王安石性命論思想研究〉，《思想與文化》，2014 年第 1 輯，頁 165～168。

2. 于曉川：〈《崇古文訣》的「中和」文章觀〉，《文藝理論研究》，2015 年第 4 期，頁 200～208。

3. 王榮科：〈王安石提出「三不足」之說質疑〉，《復旦學報》（社會科學版），2000 年第 1 期，頁 47～55。

4. 王水照：〈文話：古代文學批評的重要學術資源〉，《四川大學學報》（哲學社會科學版），2005 年第 4 期，頁 63～67。

5. 王水照、慈波：〈宋代：中國文章學的成立〉，《復旦學報》（社會科學版），2009 年第 2 期，頁 21～31。

6. 王春燕：〈樓昉《崇古文訣》版本考述〉，《中國典籍與文化》，2018 年第 4 期，頁 88～104。

7. 王一樵：〈近二十年明清書籍、印刷與出版文化相關研究成果評述〉，《明代研究》第 26 期（2016 年 6 月），頁 165～198。

8. 中國第一歷史檔案館編：《溥儀賞溥傑宮中古籍及書畫目錄（上）》，《歷史檔案》，1996 年第 1 期，頁 88～96。

9. 方震華：〈破怨氣與回天意──濟王爭議與南宋後期政治（1225～1275）〉，《新史學》第 27 卷第 2 期（2016 年 6 月），頁 1～38。

10. 朱漢民：〈《近思錄》的道學體系與思想特色〉，《北京大學學報》（哲學社會科學版），2022 年第 3 期，頁 5～13。

11. 岑天翔：〈郭祥正研究新論──以佚文〈醉吟先生傳〉的利用為中心〉，（臺北）《中國文學研究》第 51 期（2021 年 2 月），頁 117～154。

12. 岑天翔：〈臺北故宮博物院藏宋刻孤本《文章正印》考論〉，收入郭英德主編：《斯文》第七輯，北京：社會科學文獻出版社，2021 年。

13. 岑天翔：〈《全宋文》失收宋人佚文三十五篇的輯佚與考證——以《文章正印》的利用為中心〉，《澳門文獻信息學刊》，2021 年第 2 期。

14. 岑天翔：〈王安石《淮南雜說》的輯佚與討論——以臺北國圖藏《精騎》的利用為中心〉，「第十二屆全國高校史哲論壇」，長沙：湖南大學嶽麓書院，2021 年 6 月 5 日。

15. 李學智：〈臺大藏宋版《西山先生真文忠公文章正宗》〉，《圖書館學刊》第 1 期（1967 年 4 月），頁 77～79。

16. 李弘毅：〈《文章正宗》的成書、流傳及文化價值〉，《西南師范大學學報》（哲學社會科學版），1997 年第 2 期，頁 110～114。

17. 李弘毅：〈殘宋本《文章正宗》考述〉，《文獻》，2009 年第 1 期，頁 180～181。

18. 李裕民：〈《圈點龍川水心二先生文粹》研究〉，《歷史文獻研究》第 37 輯（2016 年 9 月），頁 297～306。

19. 李仁淵：〈閱讀史的課題與觀點：實踐、過程、效應〉，收入蔣竹山主編：《當代歷史學新趨勢》，臺北：聯經出版有限公司，2019 年，頁 71～114。

20. 李由：〈樓昉《崇古文訣》版本新考〉，《文獻》，2017 年第 4 期，頁 7～17。

21. 李由：〈新見呂祖謙佚文輯考〉，《澳門文獻信息學刊》，2020 年第 2 期，頁 30～41。

22. 李由：〈商業化運作與南宋古文評點的演變〉，《文學遺產》，2021 年第 4 期，頁 81～94。

23. 李昇：〈《觀瀾文集》「東萊集注」與南宋偽注現象〉，《文學遺產》，2020 年第 4 期，頁 101～105。

24. 何俊：〈鄭伯熊與南宋紹淳年間洛學的復振〉，《復旦學報》（社會科學版），2010 年第 4 期，頁 38～46。

25. 沈俊平：〈元代坊刻考試用書的生產活動〉，《書目季刊》第 44 卷第 2 期（2010 年 9 月），頁 43～80。

26. 吳承學：〈宋代文章總集的文體學意義〉，《中國社會科學》，2009 年第 2 期，頁 201。

27. 吳承學：〈現存評點第一書——論《古文關鍵》的編選、評點及其影響〉，《文學遺產》，2003 年第 4 期，頁 72～84。

28. 吳承學：〈評點之興──文學評點的形成與南宋的詩文評點〉，《文學評論》，1995 年第 1 期，頁 24～33。

29. 吳承學：〈中國文章學成立與古文之學的興起〉，《中國社會科學》，2012 年第 12 期，頁 138～156。

30. 呂振宇：〈《經濟文衡》版本述考〉，《歷史文獻研究》第 33 輯，上海：華東師範大學出版社，2014 年，頁 213～227。

31. 金生楊：〈論王安石《淮南雜說》中的「異志」思想〉，《四川大學學報》（哲學社會科學版），2002 年第 6 期，頁 89～93。

32. 林嵒：〈宋代科舉競爭：一個區域分析的角度〉，《新宋學》第三輯，上海：上海人民出版社，2014 年，頁 65～83。

33. 林嵒：〈宋季元初科舉存廢的文學史意義〉，《中國文化研究所學報》第 61 期（2015 年 7 月），頁 131～155。

34. 林嵒：〈南宋科舉、道學與古文之學：兼論南宋知識話語的分立與合流〉，《中山大學學報》（社會科學版），2013 年第 6 期，頁 14～24。

35. 昌彼得：〈志存文獻名留宛委──悼念沈仲濤先生〉，《故宮文物月刊》第 124 期（1993 年 7 月），頁 4～9。

36. 周良霄：〈程朱理學在南宋、金、元時期的傳播及其統治地位的確立〉，《文史》第 37 輯，北京：中華書局，1993 年，頁 139～168。

37. 周夢江：〈論鄭伯熊的學術思想〉，《溫州師範學院學報》（哲學社會科學版），2006 年第 1 期，頁 1～6。

38. 周愚文：〈宋代科舉報考人數與錄取人數失衡問題因應對策之分析〉，《教育研究集刊》第 58 輯第 3 期（2012 年 9 月），頁 105～138。

39. 周生春、孔祥來：〈宋元圖書的刻印、銷售價與市場〉，收入周生春、何朝暉編：《「印刷與市場」國際會議論文集》，杭州：浙江大學出版社，2012 年，頁 55～72。

40. 韋胤宗：〈閱讀史：材料與方法〉，《史學理論研究》，2018 年第 3 期，頁 109～117。

41. 胡昭曦：〈略論晚宋史的分期〉，《四川大學學報》（哲學社會科學版），1995 年第 1 期，頁 103～108。

42. 胡琦：〈宋元理學家讀書法與「唐宋八大家的經典化」〉，《中國文哲研究集刊》第 52 期（2018 年 3 月），頁 1～43。

43. 秦曼儀：〈書籍史方法論的反省與實踐——馬爾坦和夏提埃對於書籍、閱讀及書寫文化史的研究〉，《臺大歷史學報》第 41 期（2008 年 6 月），頁 257～314。

44. 翁同文：〈相臺岳氏九經三傳刻梓人為岳浚考〉，收入宋史座談會編：《宋史研究集》第十一輯，臺北：國立編譯館，1979 年，頁 489～504。

45. 徐建委：〈戰國秦漢間的「公共素材」與周秦漢文學史敘事〉，《中山大學學報》（社會科學版），2012 年第 6 期，頁 1～9。

46. 涂豐恩：〈明清書籍文化史的研究回顧〉，《新史學》第 20 卷第 1 期（2009 年 3 月），頁 181～215。

47. 陳漢文：〈評張智華《南宋的詩文選本研究》〉，《漢學研究》第 23 卷第 2 期（2005 年 12 月），頁 505～509。

48. 陳良中：〈東陽陳大猷《書集傳》學術價值謅議〉，《圖書情報工作》，2012 年第 23 期，頁 144～148。

49. 陳良中：〈《書集傳》作者陳大猷籍里及學派歸屬考論〉，《揚州大學學報》（人文社會科學版），2013 年第 4 期，頁 64～76。

50. 許媛婷：〈南宋時期的出版市場與流通空間——從科舉用書及醫藥方書的出版談起〉，《故宮學術季刊》第 28 卷第 3 期（2011 年春），頁 109～137。

51. 梁庚堯：〈南宋教學行業興盛的背景〉，收入宋史座談會編：《宋史研究集》第三十輯，臺北：國立編譯館，2000 年，頁 317～343。

52. 梁庚堯：〈士人在城市：南宋學校與科舉文化價值的展現〉，收入劉翠溶、石守謙主編：《經濟史、都市文化與物質文化：第三屆國際漢學會議論文集歷史組》，臺北：中央研究院歷史語言研究所，2002 年，頁 265～326。

53. 張智華：〈樓昉《崇古文訣》三種版本系統〉，《文獻》，2001 年第 3 期，頁 120～127。

54. 張其凡：〈試論宋代政治史的分期〉，收入鄧廣銘、王雲海等主編：《宋史研究論文集》，開封：河南大學出版社，1993 年，頁 354～370。

55. 張其凡、趙冉：〈二十世紀以來晚宋史研究回顧與展望〉，《中國史研究動態》，2012 年第 4 期，頁 28～35。

56. 張仲民：〈從書籍史到閱讀史——關於晚清書籍史／閱讀史研究的若干思考〉，《史林》，2007 年第 5 期，頁 151～180。

57. 張培鋒、黃文翰：〈北宋文學家馬存考論〉，《南開學報》（哲學社會科學版），2020 年第 6 期，頁 131～141。

58. 張海鷗：〈宋代的名字說與名字文化〉，《中山大學學報》（社會科學版），2013 年第 5 期，頁 16～30。

59. 許雅惠：〈宋、元《三禮圖》的版面形式與使用——兼論新舊禮器變革〉，《臺大歷史學報》第 60 期（2017 年 12 月），頁 57～117。

60. 葉文舉：〈「學歐平淡，不可不學他淵源」——論呂祖謙《古文關鍵》對歐文的選評及其文道觀〉，《南京師範大學文學院學報》，2020 年第 3 期，頁 70～80。

61. 黃文翰：〈北宋文學家馬存佚文輯考——補《全宋文》的重要遺漏〉，《圖書館雜志》，2020 年第 11 期，頁 120～127。

62. 彭國忠：〈宋代文格與《蕭藻文章百段錦》〉，《安徽大學學報》（哲學社會科學版），2013 年第 6 期，頁 31～38。

63. 楊玉成：〈劉辰翁：閱讀專家〉，《國文學誌》第 3 期（1996 年 6 月），頁 199～248。

64. 慈波：〈《論學繩尺》版本再探〉，《文學遺產》，2015 年第 4 期，頁 94～102。

65. 慈波：〈問對之術：《策學繩尺》與宋末科舉策試〉，《文學遺產》，2021 年第 4 期，頁 107～119。

66. 蓋琦紓：〈南宋古文評點的「關鍵」、「文法」與「文勢」之分析——以《古文關鍵》、《崇古文訣》為中心〉，《淡江中文學報》第 38 期（2018 年 6 月），頁 81～112。

67. 漆子揚、馬智全：〈從《文章正宗》的編選體例看真德秀的選學觀〉，《湖南大學學報》（社會科學版），2008 年第 2 期，頁 88～91。

68. 廖咸惠：〈體驗「小道」：宋代士人生活中的術士與數術〉，《新史學》第 20 卷第 4 期（2009 年 12 月），頁 1～57。

69. 鞏本棟：〈南宋古文選本的編纂及其文體學意義——以《古文關鍵》、《崇古文訣》、《文章正宗》為中心〉，《文學遺產》，2019 年第 6 期，頁 52～65。

70. 鞏本棟：〈《古文關鍵》考論〉，《文學遺產》，2020 年第 5 期，頁 44～53。

71. 鞏本棟：〈論《宋文鑑》〉，《中國文化研究》，2012 年第 1 期，頁 43～58。

72. 劉祥光：〈中國近世地方教育的發展——徽州文人、塾師與初級教育〉，《中央研究院近代史研究所集刊》第 28 期（1997 年 12 月），頁 1～45。

73. 劉祥光：〈時文稿：科舉時代的考生必讀〉，《近代中國史研究通訊》第 22 期，頁 49～68。

74. 劉祥光：〈兩宋士人與卜算文化的成長〉，收入蒲慕洲主編：《鬼魅神魔：中國通俗文化側寫》，臺北：麥田出版社，2010 年，頁 221～277。

75. 劉祥光：〈印刷與考試：宋代考試用參考書初探〉，《政治大學歷史學報》第 17 期（2000 年 5 月），頁 57～90。

76. 劉祥光：〈宋代的時文刊本與考試文化〉，《臺大文史哲學報》第 75 期（2011 年 11 月），頁 35～86。

77. 劉成國：〈文以明道：韓愈〈原道〉的經典化歷程〉，《文史哲》，2019 年第 3 期，頁 42～64。

78. 劉成國：〈宋代字說研究〉，《文學遺產》，2013 年第 6 期，頁 64～76。

79. 魏美月：〈研易樓主沈仲濤捐贈宋版圖書始末〉，《故宮文物月刊》第 13 期（1984 年 4 月），頁 138～143。

80. 嚴復：〈嚴幾道與熊純如書札節鈔〉，《學衡》第 13 期（1923 年 1 月）。

81. 羅書華：〈從文道到意法：呂祖謙與散文學史的重要轉折——兼說《古文關鍵》之「關鍵」的含義〉，（長沙）《中國文學研究》，2013 年第 3 期，頁 72～77。

82. 〔日〕近藤一成：〈宋代中國の科舉社會と解額——南宋吉州の場合〉，《歷史學研究》第 977 號（2018 年 11 月），頁 44～54。

83. 〔美〕史樂民：〈宋元明過渡問題〉，收入〔美〕伊沛霞、姚平主編：《當代西方漢學研究集萃：中古史卷》，上海：上海古籍出版社，2016 年，頁 247～286。

84. 〔美〕艾爾曼著，劉曉藝譯：〈科舉考試與帝制中國晚期的政治、社會與文化〉，收入伊沛霞、姚平主編：《當代西方漢學研究集萃：思想文化卷》，上海：上海古籍出版社，2016 年，頁 153～186。

85. 〔美〕周啟榮著，楊凱茜譯：〈為功名寫作：晚明的科舉考試、出版印刷與思想變遷〉，收入伊沛霞、姚平主編：《當代西方漢學研究集萃：思想文化史卷》，上海：上海古籍出版社，2016 年，頁 217～244。

86. 〔美〕周啟榮：〈明清印刷書籍成本、價格及其商品價值的研究〉，《浙江

大學學報》（人文社會科學版），2010 年第 1 期，頁 5～17。

87.〔美〕羅友枝著，黃靜華譯：〈帝制晚期文化的經濟及社會基礎〉，收入〔美〕伊沛霞、姚平主編：《當代西方漢學研究集萃：思想文化史卷》，上海：上海古籍出版社，2016 年，頁 287～320。

88. Benjamin A. Elman. "The Changing Role of Historical Knowledge in Southern Provincial Civil Examinations During the Ming and Ching." *Journal of Social Science and Philosophy* 5, no.1 (1992): 269~319.

89. Edward. A. Kracke. Jr. Region, "Family and Individual in the Chinese Examination System". In *Chinese Thought and Institutions*, edited by John K. Fairbank, 251~268. Chicago: University of Chicago Press, 1967.

90. Hilde De Weerdt. "Canon Formation and Examination Culture: The Construction of Guwen and Daoxue Canons". *Journal of Sung-Yuan Studies*, no.29 (1999): 91~134.

91. Patricia Buckley Ebrey. "Neo-Confucianism and the Chinese Shih-Ta-Fu", *American Asian Review* 4, no.1 (1986).

92. Peter K. Bol. "Neo-Confucianism and Local Society, Twelfth to Sixteenth Century: A Case Study". In *The Song-Yuan-Ming Transition in Chinese History*. edited by Paul Jakov Smith and Richard von Glahn. Cambridge, MA: Harvard University Press, 2003.

93. Robert Darnton. "What Is the History of Books?" *Daedalus* 111, no.3 (1982): 65~83.

94. Robert Hartwell. "Demographic, Political and Social Transformation of China, 750~1550". *Harvard Journal of Asiatic Studies*, no.42 (1982): 365~442.

（三）學位論文

1. 孔瑞：《〈太學新編黼藻文章百段錦〉研究》，上海：華東師範大學古籍研究所碩士學位論文，方笑一先生指導，2015 年。

2. 呂湘瑜：《通代古文評點選本研究》，新北：天主教輔仁大學中國文學系博士學位論文，王令樾先生指導，2007 年。

3. 呂宜軒：《呂祖謙的舉業教學》，臺北：政治大學中國文學研究所學位論文，劉祥光先生指導，2010 年。

4. 李慧芳：《謝枋得之散文及《文章軌範》研究》，桃園：中央大學中國文

學系碩士學位論文，王次澄先生指導，2008 年。

5. 金菊園：《《少微通鑑》早期版本研究——以宋元時代的文本演變為中心》，上海：復旦大學中國古典文獻學碩士學位論文，陳正宏先生指導，2013 年。

6. 姜贊洙：《中國刻本《古文真寶》的文獻學研究》，上海：復旦大學中國古典文獻學博士學位論文，陳正宏先生指導，2005 年。

7. 張秋娥：《宋代文章評點研究》，武漢：武漢大學中國古典文獻學博士學位論文，羅積勇先生指導，2010 年。

8. 張秀惠：《南宋古文評點研究》，臺北：政治大學中國文學研究所碩士學位論文，黃景進先生指導，1986 年。

9. 黃庭霈：《張乃熊藏書研究》，臺北：臺灣大學圖書資訊學系碩士學位論文，潘美月先生指導，2009 年。

10. 葉蕾：《謝枋得《文章軌範》綜合研究》，南京：南京大學中國古代文學碩士學位論文，張伯偉先生指導，2011 年。

11. 鄧婉瑩：《《文章軌範》研究——以其版本流傳和文化傳承功能為中心》，上海：復旦大學中國古代文學碩士學位論文，查屏球先生指導，2010 年。

後　記

　　我是一位「小鎮做題家」。這是我曾經的一段經歷，也是我至今的身分認同。

　　「小鎮做題家」，是數年前中國網路上流行的一個語詞，指出身小鎮或小城市，高中以前在標準化考試體系下，憑藉優異的做題能力，得以進入大學，乃至繼續深造的一群人。但隨著進入大城市學習、工作，他們離開以做題為重心的「簡單環境」後，開始認識到自身思維眼界的局限、文化及社會資本的匱乏，於是陷入困擾與自我否定之中。「小鎮做題家」這一富有自嘲色彩的稱呼，便是在這種自我否定下的產物。

　　我記得自己初接觸到「小鎮做題家」一詞時，仿佛並擊中了一般，覺得這個概念不但可以準確地對應我的經歷，而且可以為我目前所面臨的困境作出解釋。

　　我出生於浙江東北部的一座小鎮，十五歲進入家鄉的一所重點高中學習。這是一所很典型的「縣中」，它擁有不俗的高考成績，但其背後則是大量的時間投入、重複性的做題訓練、準軍事化的學校管理，以提高學生標準化考試能力、取得高考優良成績為唯一目標。雖然在我就讀的三年間，這所學校已經嘗試作出一些朝向多元化「素質教育」的改革，但是中國城鄉教育資源的巨大差距，以及國人寄託在高考上的跨越階層的虛幻想像，始終制約著這些教育改革的展開與落實。

　　回憶我的高中三年，重複著這樣的學習生活：六點十五起床，經歷一個小時的早自習、一日八節高強度的正課，三小時的晚自習，直至十點左右才能回到宿舍休息；校園實行封閉式管理，每兩週才能有一或兩天的週末時間回

家；每月、每季都有全校的統一考試，臨近高考更是增至每週考試。當我和臺灣、日本的友人說起這些經歷時，他們都露出難以置信的神情；但我相信這對中國數以百萬計的縣中學生而言決不陌生，而是極為尋常之事。

大量的在校時間，都被用於重複性的做題訓練。那些習題冊、教輔書的名字，如《數學精編》、《五年高考三年模擬》、《王後雄學案》等等，還清晰地留在我的記憶中。我就像本書研究對象的宋代舉子一般，每日揣摩、研習屬於我們這個時代的「科舉參考書」。一冊習題做完則接著另一冊，白天在做題，晚上也在做題；平日在做題，假日也在做題；日常不斷訓練、提高做題能力，繼而在校內考試中得到檢驗與補強；這一切都是為一個最高目標在努力——在高考中更好地做題。

不否認在做題之餘，我也收穫與同學、師長的情誼，留存有諸多美好的記憶，那並不能說是一段十分灰暗的時光。但令我擔憂的是，十二年中、小學的做題經歷，使得「做題」已經滲入我日常的行為及思考之中，成為一種習慣性的模式。就如佛教所言的「習氣」一般，在我的「識」中留下痕跡，持續熏染著我的本性。

憑藉這種做題能力，我在高考中取得不俗的成績，得以進入一所重點大學；延續著做題家的慣性，二〇一八年，我至臺灣大學留學，後又進入日本大阪大學攻讀博士學位，期間還曾赴美國參加耶魯大學主辦的國際學術會議。可以說曾經訓練出的做題能力及思維，助我一路走到了很遠的地方。

但與此同時，我也逐漸意識到做題家思維所帶來的局限性。在生活上，我將做題思維帶入人際關係、親密關係之中，曾一度使我頗為困擾，不得不藉助專業的心理咨詢。在學術上，我也陷入瓶頸，意識到繼續依靠做題能力，自己將無法走得更遠，也無法做出突破性的成果。

回顧個人經歷，我試著將之問題化，作出些許分析。

做題家思維最核心的一項特徵，我認為是計量化的思維方式。我們善於將一件事或一項目標拆解成若干「可完成」的小部分，每一部分對應著一定的分數，最後構成一場一百分的考試。今天取得十分，明天取得二十分，後天再取得十分，堅信通過重複這樣的方式最終能夠獲得滿分一百分。事實上，我在規定時間內順利完成碩士學位論文以及這部書稿，都頗受益於這種做題模式。誠然，這種模式能幫助我產出一些成果，在績效主義盛行的當下，不為無益；但隨著年歲的增長，我愈發覺得學術研究應該避免做題模式——重複性完成多

個小成果，最終真的能導出一個高分的結果麼？我認為是不可能的。

　　在做題家思維的驅動下，我追求「短、平、快」，即投入少、週期短、見效快的課題，傾向於重複而非創新已有的方法及概念。本書所收幾篇稀見文獻輯佚、珍本書籍考證的論文都多少有些這種功利化的色彩，而得出的成果說實話也不太可能在學術史上留下重要的印記。更有甚者，這使得我養成一種思維上的惰性，逐漸失去深度思考事物本質、以及一些結構性大問題的能力，最終可能陷入停滯與自我重複的困境。如果可以再作一次選擇的話，與其選擇重複那些「可完成」的小課題，我更願意去試著挑戰那些「看起來不可完成」的問題。

　　如果還有另外一項特徵的話，我想可能是對於環境的妥協性、調和性。與宋代舉子一樣，小鎮做題家亦以揣摩出題者意圖為能事，答卷時其目的不在於給出一個最適當的解答，而是力求符合「標準答案」或者是對應到所謂的「採分點」。對應到我自身，我在研究過程中也不乏揣摩時下潮流、學界好惡，忍不住地為自己的研究裝飾上一些風行的方法及理論以期炫人耳目，而缺乏對這些理論的批判性思考。而在期刊投稿過程中，亦以發表為第一要務，卻將自己最寶貴的學術論點作為「可協商」之物。記得自己幾度陷入猶豫中：是按照審稿人意見亦步亦趨地修改，以符合學界一般性的認知？還是堅持自己較為特別的想法，保持觀點的破壞性色彩？最終我都選擇了前者。我想這也與曾經養成的做題應試思維不無關係。這種揣摩思維以及對環境的調和性，最終可能導致研究成果缺乏思想銳利度，趨向平庸。

　　以上雖有自我否定的成分，但其實我個人對「小鎮做題家」的經歷沒有厭惡之情，反而抱有深厚的感情——我認識到它對我的幫助，也認識到它對我的束縛，它就是我人生的一部分。就像自己身體及性格上的一些缺點，我試著接受、與之和解。

　　但作為一名研究者，還是需要思考如何克服做題家思維的局限，以實現自我救贖。我對於這個問題沒有答案。但我想，認識到問題本身便是走出解決問題的第一步。我可以做到的是，繼續努力保持這種反身性的思考。

　　以上是我——一位人類學愛好者與門外漢——呈上的一份不成熟的「自我民族志」。權當是在認識自我的旅途上留下的記錄。

二〇二四年春

於大阪大學中國文學研究室